10|18

12, avenue d'Italie — Paris XIIIe

Sur l'auteur

Hubert Selby Jr. est né à Brooklyn en 1928. À seize ans, il s'engage dans la marine marchande, mais, atteint de tuberculose, il démissionne et est hospitalisé durant quatre ans, de 1946 à 1950. La maladie, l'alcool, la drogue, les hôpitaux psychiatriques et même la prison font partie de sa vie jusqu'au jour où il achète une machine à écrire et décide d'écrire. En 1964, *Last Exit to Brooklyn* paraît aux États-Unis et rencontre immédiatement un très vif succès. Il publie ensuite d'autres romans – *Retour à Brooklyn* (adapté pour le cinéma par Darren Aronofsky, sous le titre *Requiem for a Dream*), *La Geôle, Le Démon* –, toujours salués par la critique. Après un silence de près de trente ans, son dernier ouvrage, *Le Saule,* a paru en France en 1999.

Hubert Selby Jr. est mort à Los Angeles le 26 avril 2004.

LE DÉMON

PAR

HUBERT SELBY Jr.

Traduit de l'américain
par Marc GIBOT

10 18

« Domaine étranger »
dirigé par Jean-Claude Zylberstein

Du même auteur
aux Éditions 10/18

La geôle, nº 1491
► Le démon, nº 1606
Retour à Brooklyn, nº 1660
Last Exit to Brooklyn, nº 2393

Titre original : *The Demon*

ISBN 2-264-00578-5

Ce livre est dédié à Bill
qui m'a aidé à comprendre
qu'il faut savoir s'incliner pour vaincre.

Un homme obsédé
est un homme possédé du démon.

Heureux homme, celui qui supporte l'épreuve ! Sa valeur une fois reconnue, il recevra la couronne de vie que le Seigneur a promise à ceux qui l'aiment.

Que nul, s'il est éprouvé, ne dise : « C'est Dieu qui m'éprouve. » Dieu en effet n'éprouve pas le mal, il n'éprouve non plus personne. Mais chacun est éprouvé par sa propre convoitise qui l'attire et le leurre. Puis la convoitise, ayant conçu, donne naissance au péché, et le péché, parvenu à son terme, enfante la mort.

Épître de saint Jacques I : 12-15.

Je cherche Yahvé, il me répond
et de toutes mes frayeurs me délivre.

Qui regarde vers lui resplendira
et sur son visage point de honte.
Un pauvre a crié, Yahvé écoute
et de toutes ses angoisses, il le sauve.

Psaume 34 : 5-7.

1

Ses amis l'appelaient Harry. Mais Harry n'enculait pas n'importe qui. Uniquement des femmes... des femmes mariées.

Avec elles, on avait moins d'emmerdements. Quand elles étaient avec Harry, elles savaient à quoi s'en tenir. Pas question d'aller dîner ou prendre un verre. Pas question de baratin. Si c'est ce qu'elles attendaient, elles se foutaient dedans ; et si elles commençaient à lui poser des questions sur sa vie, ou à faire des allusions à une liaison possible, il se barrait vite fait. Harry refusait toute attache, toute entrave, tout embêtement. Ce qu'il voulait, c'était baiser quand il avait envie de baiser, et se tirer ensuite, avec un sourire et un geste d'adieu.

Il trouvait que coucher avec une femme mariée était beaucoup plus jouissif. Pas parce qu'il baisait les femmes d'un autre, ça Harry s'en foutait, mais parce qu'il devait prendre certaines précautions pour ne pas être découvert. Il ignorait toujours ce qui pouvait se produire, et son appréhension augmentait son excitation.

Parfois, Harry White se prenait à songer aux nombreux couples dont l'union était menacée en raison de rapports sexuels médiocres ou tourmentés.

Il devait bien y avoir des millions de femmes qui marchaient aux tranquillisants pour oublier leurs frustrations. Sans parler des milliers, voire des centaines de milliers, qui se trouvaient dans les hôpitaux psychiatriques après une dépression due à une vie inexistante ou peu satisfaisante. Songez donc à tous ces foyers brisés, à tous ces orphelins qui coulent une vie sans joie, tout ça faute d'orgasme.

Harry n'était pas précisément un chaud partisan du M.L.F., mais il était intimement convaincu que les femmes étaient victimes d'une injustice.

Après tout, c'est un fait reconnu et universellement accepté, la plupart des hommes donnent des coups de canif dans le contrat, comme on dit ; ils aiment bien faire la noce avec les copains et s'offrir une petite partie de cul. Et pourtant, la femme est censée rester à la maison pour s'occuper des gosses, et doit supplier son noceur de mari de lui faire l'amour de temps en temps. Et si, lasse d'attendre les étreintes sporadiques, maladroites et indigentes de son époux, elle s'avise de lui trouver, disons, un substitut, elle est vilipendée, traînée dans la boue, battue et parfois même, c'est bien triste à dire, tuée. Non, Harry n'était certes pas un militant convaincu du M.L.F., mais il était conscient de l'injustice criante de cette situation.

Alors, humblement, avec les faibles moyens dont il disposait, il faisait son possible pour la réparer, ou tout au moins, pour y remédier dans une certaine mesure. Dieu seul savait combien de vies il avait sauvées dans l'exercice de son sacerdoce. Pas seulement des vies conjugales, des vies tout court peut-être. Qui sait combien de femmes sont encore en vie et heureuses parce que Harry White, poursuivant sa vocation sans relâche, leur a épargné la folie ou la mort en crevant l'abcès de leurs anxiétés, de leurs angoisses et de leurs frustrations.

Harry travaillait dans le centre de Manhattan, et il lui fallait pratiquement deux heures pour faire l'aller-retour entre son domicile et son bureau. Pourtant, il continuait à vivre chez ses parents à Brooklyn. Bien des fois, surtout le lundi matin, quand il se sentait vaseux après un week-end particulièrement chargé, il avait songé à s'installer dans un appartement proche de son lieu de travail, d'où il pourrait se rendre à son bureau facilement en quelques minutes d'autobus ; mais à chaque fois, le temps de recouvrer assez d'énergie

pour se lancer dans de fastidieuses recherches, il n'éprouvait plus le besoin de déménager. Il analysait longuement la situation, soupesait soigneusement les avantages et les inconvénients, et décidait de n'en rien faire. Selon lui, avant de se mettre en quête d'un appartement, il y avait deux solutions à envisager :
1. Vivre avec quelqu'un ; ou
2. vivre seul.

Or, dans le cas de petit 1, il y a deux possibilités : ce quelqu'un peut être :
a) un bonhomme
b) une bonne femme.

En réalité, petit b) est à écarter d'emblée. Pas question de partager un appartement avec une bonne femme. Si elle n'est qu'une amie, leurs relations ne resteront pas platoniques bien longtemps.

Et si elle est plus qu'une amie, ce qui à la longue est inévitable, ça ne pourra que compliquer la vie de Harry. Inutile donc de réfléchir cent ans pour éliminer cette solution-là.

Reste petit a) : la possibilité de partager l'appartement avec un autre type. Quels sont les avantages ? En fait, il n'y en a qu'un : tu partages le loyer, et tu peux t'offrir un plus bel appartement.

En réalité, l'avantage n'est pas bien grand. Harry avait un bon salaire, et cet aspect du problème était secondaire.

Quels sont les inconvénients ? Eh bien, ils sont nombreux. Il faudra que tu lui fasses confiance pour payer la moitié des factures ; il aura peut-être une petite amie qui finira bien par te faire du gringue, et ça créera des problèmes à n'en plus finir... et des tas d'autres raisons.

Mais la raison essentielle, celle qui rendait inutile un examen approfondi des autres, était que Harry ne voulait surtout pas que sa vie fût régie ou gênée en aucune manière par les désirs ou les besoins d'autrui.

Ce qui ne nous laisse guère que petit 2, puisque Harry, manifestement, ne pouvait que vivre seul. Quels en sont les avantages ?

Aucun, si ce n'est d'habiter à proximité de son bureau. Il

n'était pas question d'amener des femmes chez lui. La dernière chose à faire était de laisser une femme connaître son adresse. Seigneur ! elles ne cesseraient de le harceler. Il voyait ça d'ici : elles lui téléphoneraient à toute heure du jour ou de la nuit, ou viendraient chez lui quand elles avaient le feu au cul. Ou, après une scène de ménage, leurs maris s'entendraient dire qu'elles partaient, qu'elles avaient trouvé un homme merveilleux qui allait prendre soin d'elles et des enfants et... Oh non, pas de ça, non merci.

Alors, à quoi ça t'avance ? À rien sinon à te retrouver dans ta situation actuelle avec en prime les frais supplémentaires et les diverses servitudes qu'impose un appartement. Il faudra toujours que tu ailles chez elles, ou chez leurs amies, ou à l'hôtel, et tu ne feras guère que dormir ou prendre quelques instants de repos dans ton appartement. Non, d'un point de vue stratégique, c'était décidément un mauvais calcul.

Et sur un plan pratique, le calcul n'était pas meilleur. Chez ses parents, il n'avait pas à faire la cuisine, le ménage, les courses, à se soucier de ce qu'il devrait acheter en rentrant du bureau, autant de choses qui entraînaient une dépense d'énergie qu'il préférait consacrer à des choses plus essentielles.

Outre ces diverses considérations, il y avait le fait qu'il était enfant unique ; en vivant sous le même toit que ses parents, il les rendait heureux.

Harry avait analysé la situation, examiné le problème sous tous les angles possibles assez souvent pour comprendre que déménager n'était pas une solution.

Et derrière toute sa logique et tous ses raisonnements, au-delà de sa perception consciente, Harry White était tiraillé, poussé par un motif impérieux qui, en définitive, influait plus sur sa décision que tous les autres arguments : le besoin de sécurité. C'était en fait la seule VRAIE raison de sa décision. Non pas la sécurité que procure le cordon ombilical mais la sécurité qui le protégeait contre lui-même. En son for intérieur, encore qu'il se refusât à l'admettre, Harry savait bien que la tentation a une façon de fondre sur vous au moment où vous êtes incapable d'y faire face ou de la repousser, et Dieu sait dans quelle situation effroyable il pourrait alors se mettre...

Mais il savait aussi que, quelles que fussent les circonstances ou les tentations, il ne ramènerait jamais une femme chez ses parents au milieu de la nuit en leur expliquant qu'il la protégeait contre son mari qui ne la comprenait pas, et refusait, ainsi que ses enfants, de lui donner l'amour dont elle avait désespérément besoin.

Non, cela Harry ne le ferait jamais. Ce serait par trop embarrassant. Tout bien considéré, deux heures de trajet tous les jours n'étaient pas la mer à boire. Cela présentait des avantages. Des avantages évidents.

Le samedi, il y avait un match de softball[1]. Certains des types qui traînaient chez Casey, un bar de la Troisième Avenue, devaient rencontrer les mecs de chez Swenson, un bar de la Cinquième Avenue. Harry ne buvait pas, mais il passait souvent chez Casey parce que les types de son quartier, les types avec qui il avait grandi, y traînaient fréquemment, et il jouait au softball avec eux lorsqu'il était là le samedi.

Le match d'aujourd'hui était un événement car il allait démontrer la supériorité d'un bar sur l'autre ; d'un quartier sur l'autre ; des Irlandais sur les Schpountz. En plus des manifestations de chauvinisme, il y avait quelques centaines de dollars en jeu.

Le match devait commencer à onze heures du matin sur le terrain de la Soixante-cinquième Rue et dès dix heures les deux équipes s'y trouvaient, au grand complet, avec les équipements, les amis et les caisses de bière.

C'était une belle journée, et une foule de plus en plus nombreuse se pressait sur le terrain pour assister au match. Des gosses à vélo ou en patins à roulettes criant à leurs copains de s'amener pour voir les grands jouer au softball ;

1. Variété de base-ball jouée avec une équipe de dix joueurs sur un terrain réduit. (*N.d.T.*)

et des passants s'arrêtaient pour regarder à travers le grillage qui entourait le stade.

Les deux équipes avaient fini de s'échauffer et étaient prêtes à jouer, mais il fallut retarder le match de quelques minutes pour donner le temps aux deux types qui détenaient l'argent des paris de se mettre d'accord. Quand tout fut arrangé, la partie put commencer.

Harry ne jouait plus régulièrement, mais il restait l'un des meilleurs joueurs du quartier. Pour la simple raison qu'il buvait moins que les autres joueurs, d'une équipe comme de l'autre, et, de ce fait, était en meilleure condition physique pendant la seconde partie du match, au moment où ça comptait vraiment. À l'aile droite, il n'y avait pas meilleur que lui et, à la batte, il était fantastique, surtout sur les balles difficiles. Et Harry avait l'impression qu'il allait faire un bon match aujourd'hui car il se sentait remarquablement détendu et de bonne humeur, d'une humeur à jouer au softball.

Les Casey gagnèrent le tirage au sort et choisirent de passer à la batte en second ; ils laissèrent leurs bières à la garde de leurs amis et allèrent prendre leurs places sur le terrain en trottinant au milieu des cris et des encouragements — Allez les gars, allez-y, faites-moi voler cette balle, faites-la-moi voler !...

Et leur lanceur Steve s'échauffa tandis que les joueurs de champ se faisaient quelques passes. Un barman dont c'était le jour de congé alla, en se dandinant, se placer derrière le lanceur, pendant que les deux autres arbitres se dirigeaient, l'un vers la première base, l'autre vers la troisième, et le match commença.

Au cours de la première manche, les choses allèrent mal pour les Casey car Steve ne parvenait pas à ajuster son tir et la partie prenait des allures de désastre. Les trois premiers adversaires marquèrent trois points sans coup férir, Steve ayant loupé le but neuf fois avant d'en mettre une dessus. La seule lueur d'espoir était que, même si le troisième batteur avait marqué un point, Steve avait réussi à placer deux balles sur cinq. Le reste de l'équipe l'encourageait, lui criait de se concentrer, de prendre son temps. On est avec toi Steve, mon pote, n'est tous avec toi. Celle-là, c'est la bonne, Steve, mon p'tit pote. Y voit rien, c'mec, Steve. Montre-lui un peu à c'manchot...

Et Steve regarda son *catcher*[1] tandis que Tête de Lard, un gigantesque Norvégien rouquin, prenait place à côté du but en faisant des moulinets avec sa batte.

Les Swenson hurlaient et s'époumonaient, le menton dégoulinant de bière. Ils sentaient que le coup de grâce était proche et étaient presque certains maintenant de gagner dès la première manche. Vas-y, fais-lui bouffer. Vas-y, mon pote, balance-moi cette balle au-dessus du grillage. Allez, allez ! On va tous marquer, tous. En faisant tourner sa batte comme si c'était un cure-dents, Tête de Lard adressa à Steve un rictus qui découvrit ses dents jaunes, le mettant au défi de le laisser frapper dans la balle. Steve se concentra longuement et lança une balle haute à effet et Tête de Lard attendit et fit un moulinet titanesque accompagné de tout son poids, et lorsque la batte frappa la balle, on eut l'impression qu'elle allait se rompre en mille morceaux et la balle s'éleva rapidement en direction du grillage sur la gauche du terrain.

---

1. Le base-ball, ou sa variante, le softball, se joue à neuf (ou dix) joueurs sur un terrain dont la forme rappelle celle de l'as de carreau. Le batteur, après avoir frappé dans la balle lancée par le *pitcher* (lanceur), doit faire le tour complet des quatre bases pour marquer un point (*run*). Quatre des coéquipiers du lanceur se tiennent sur les bases ; celui qui se tient derrière le batteur porte le nom de *catcher*. Les autres joueurs de l'équipe se répartissent sur le terrain. Leur rôle est d'attraper la balle frappée par le batteur avant qu'elle ne touche le sol. Dans le cas contraire, ils doivent la ramasser le plus vite possible et la lancer vers l'une des bases avant que le batteur n'ait eu le temps d'y parvenir. Dans un cas comme dans l'autre, le batteur est éliminé. Le rôle du lanceur consiste à lancer la balle au batteur de telle façon que celui-ci ne puisse la frapper ou la frappe mal. Pour être jugée bonne, la balle adressée par le lanceur doit passer au-dessus du « but » (*plate*) qui est en fait une plaque de bois posée sur le sol. Lorsque trois batteurs ont été éliminés (une « manche »), les deux équipes échangent leur rôle, celle qui battait passant sur le terrain et vice versa. (*N.d.T.*)

Tout le monde regardait, les bouteilles de bière s'arrêtant à mi-chemin des bouches, les yeux suivant la trajectoire courbe de la balle qui sortit des limites du terrain, une douzaine de gamins courant pour la ramasser ; la balle était faute. En voyant que son coup était mauvais, Tête de Lard saisit sa batte et reprit place dans la cage[1] après avoir adressé un sourire mauvais au lanceur, le visage empreint d'une expression de défi peu rassurante. Tape droit devant et c'est bon, vieux. Vas-y, lance c'te balle, Steve, c't'un tocard ce mec. Hé, lanceur, cette fois tu vas y avoir droit. Allez Steve, il la verra même pas, c't'espèce d'orang-outan.

Steve et Tête de Lard se fixèrent quelques instants, puis Steve cracha et se concentra lentement de nouveau et alors il lança la balle vers le but à une vitesse incroyable. Tête de Lard pivota et frappa la balle de plein fouet avec une force inouïe, mais une fraction de seconde trop tard pour l'expédier par-dessus le grillage sur la gauche du terrain.

La balle fila vers le grillage du côté droit du terrain et les spectateurs poussèrent des OOOOOOOOHH et des AAAAAHHHHHH, et les Swenson sautèrent en l'air et hurlèrent et crièrent à tue-tête et les joueurs qui se trouvaient aux bases un, deux et trois se mirent à courir comme des dératés et Harry, qui jouait centre-droit, démarra à fond de train vers le grillage à l'extrémité droite du terrain à l'instant où la batte touchait le sol. Les entraîneurs des Swenson faisaient des grands gestes et criaient à leurs joueurs de courir, mais cours donc fils de pute, et le type qui se trouvait sur la troisième base avait achevé son tour de terrain et celui de la seconde base était pratiquement arrivé lui aussi quand Harry sauta, sa main gantée loin au-dessus de sa tête, et s'écrasa contre le grillage une fraction de seconde avant la balle qui atterrit dans son gant. Harry rebondit contre le grillage, tenant la balle à deux mains et la serrant contre lui tandis qu'il roulait sur le ciment, se releva rapidement et lança la balle à son coéquipier qui gardait la première base et qui

1. Le batteur se tient dans une sorte de cage grillagée destinée à protéger les spectateurs. (*N.d.T.*)

n'eut aucun mal à éliminer ses deux adversaires directs mais ne put transmettre la balle aux autres bases en raison de la pagaille qui régnait sur le terrain, chaque joueur essayant de regagner la base qu'il venait de quitter, celui qui revenait à la première poussant Tête de Lard dans les jambes du premier baseman qui ne put poursuivre son action. Harry avait suivi la phase de jeu, tandis que son cerveau lui disait que la silhouette et la voix qu'il avait perçues alors qu'il s'écrasait contre le grillage étaient celles d'une femme, une femme qui se tenait derrière le grillage...

Ouais, et elle avait des cheveux blonds et elle portait un short et un corsage à dos nu, et à en juger par ce que Harry avait entrevu du coin de l'œil, il lui semblait qu'elle avait aussi une belle paire de nichons. Harry se retourna et elle était toujours là. Il regarda plus attentivement et remarqua une poussette avec un bébé dedans. Harry s'approcha du grillage et resta là, à demi tourné vers le terrain.

La débandade était terminée et le batteur suivant avait pris place dans la cage quand Harry sourit à la femme. Bonjour.

Bonjour — sourire et petit signe de tête —, j'ai cru que vous alliez passer à travers le grillage.

Harry haussa les sourcils et son sourire s'élargit. Si j'avais su que vous étiez là, je l'aurais fait.

Le match avait repris, mais les gens, d'un côté comme de l'autre, étaient tellement surexcités après la phase de jeu précédente que personne ne s'aperçut que Harry se tenait toujours au fond du terrain à droite alors que le batteur adverse était droitier.

Sally — elle fit un signe de tête vers la petite fille dans la poussette — semblait penser que c'était une sorte de plaisanterie. Elle s'est mise à glousser. J'ai l'impression qu'il lui en faut peu pour l'amuser.

Tous deux rirent. Le score était de 2 à 0 en faveur de Steve qui expédia une dernière balle en plein au-dessus du but et le batteur frappa avec une heure de retard et les Casey se mirent à huer, à hurler et à s'asperger de bière.

Tandis que les deux équipes changeaient de place, les Casey criant et donnant de grandes claques dans le dos de Steve, la femme montra le terrain de la tête et demanda ce qui se passait. Harry se tourna vers elle et sourit. Eh bien, ils viennent d'éliminer le troisième. Maintenant, c'est à notre tour de battre. Elle fit mine de partir et Harry lui dit de rester. Ce n'est que la première manche. Vous allez voir du très bon softball aujourd'hui.

J'ai bien peur de ne pas y connaître grand-chose. Gentil sourire.

Harry se laissa aller contre le grillage et la fixa un instant puis lui dit qu'il pouvait lui apprendre tout ce qu'elle ignorait. Restez là et je serai de retour dans quelques minutes. Nous ne sommes jamais très bons en début de partie. Elle sourit et Harry partit en trottant le long de la touche tandis que ses amis et ses coéquipiers l'encourageaient et lui donnaient des claques dans le dos.

Harry devait battre en cinquième position, et pendant qu'il attendait son tour sur la touche, il observait la femme derrière le grillage du coin de l'œil. Elle était pas mal. Pas mal du tout. Une belle paire de nichons et un beau cul bien rond... C'était pas non plus une gamine. Probablement quelques années de plus que Harry, la trentaine peut-être. Pourvu que nos trois joueurs soient sortis rapidement, que je puisse retourner là-bas voir ce qui se passe. Harry se désintéressa complètement du match jusqu'au moment où il entendit le hurlement de la foule et les jurons autour de lui et comprit que le troisième homme venait de se faire éliminer et qu'il était temps pour eux de reprendre leurs places sur le terrain. Et il partit en trottinant joyeusement le long de la ligne de touche droite.

Bonjour vous, en s'appuyant contre le grillage avec un sourire.

Vous n'êtes pas resté parti bien longtemps. Elle s'approche du grillage et lui rend son sourire.

Ouais, eh bien... en fait — haussement d'épaules accompagné d'un large sourire — c'était voulu, pour que je puisse revenir plus vite.

Mais pourquoi auriez-vous fait cela ?

Pour vous voir. Après...

Hé Harry, reste pas là ! Amène-toi, pour l'amour du ciel.

Ouais, ouais, voilà. Surtout ne partez pas tout de suite, et il alla en courant vers le centre du terrain, jetant des regards en arrière, et continua à l'observer de temps à autre pendant toute la durée de la manche.

Steve tenait la forme maintenant et les trois joueurs de Swenson furent éliminés en un rien de temps sur des balles en cloche faciles à rattraper.

Les Casey quittèrent le terrain en se congratulant bruyamment, et Harry retourna au grillage.

Rentrez donc ! Vous pourriez vous asseoir sur le banc là-bas.

Oh, non, je ne peux pas. J'ai des tas de choses à faire et...

Par une si belle journée ? Allez, venez, vous serez notre fétiche porte-bonheur.

Son sourire se changea en un petit rire heureux. Personne ne m'a jamais donné ce nom-là.

Ah, vous voyez bien, ça vous...

Hé, Harry, ça va être à toi. Allez viens, magne-toi le train.

Ouais, ouais, j'arrive. L'entrée est là-bas ; et il courut vers la cage, regardant par-dessus son épaule et souriant en la voyant se diriger vers l'endroit indiqué. Steve lui donna une bourrade dans le bras. Tu vas t'envoyer cette nana, hein ?

Si tu insistes.

Allez, laisse tomber. Faut qu'on batte ces salauds-là. J'ai misé vingt-cinq dollars sur nos chances.

T'en fais pas — une grande claque dans le dos de Steve —, on ne peut pas perdre, je m'sens en pleine forme.

Leur premier joueur se fit éliminer, et, tout en se dirigeant vers la cage, Harry regarda autour de lui et aperçut une tête blonde au-dessus de la haie bordant l'allée qui menait au terrain. Harry se sentait bien et parfaitement déconcentré ; il fit quelques moulinets avec sa batte et regarda le lanceur. Les balles de ce gars-là ne lui avaient jamais posé de problèmes et il s'écarta pour laisser passer la première qui était trop haute. Avant de se remettre en position, il jeta un coup d'œil alentour et vit la femme tourner au coin de l'allée et pénétrer sur le terrain. Les deux équipes criaient à tue-tête et Harry reprit sa place, et, d'un formidable coup de batte, il expédia la balle vers la gauche du terrain, et seule une belle action du centre de l'équipe adverse l'empêcha de dépasser la seconde base. Harry resta là, écoutant les hurlements de joie de ses coéquipiers et de ses amis et observant la femme qui poussa le landau jusqu'au dernier banc le long de la ligne de touche droite et s'assit. Le batteur suivant fut éliminé, mais celui d'après expédia la balle vers le centre droit, pas très loin, et Harry contourna en trombe la troisième base et arriva comme un bolide sur la dernière au moment où le *catcher* recevait la balle, et Harry plongea, les deux pieds en avant, s'écorchant la cheville sur le ciment. Les Casey hurlaient et s'égosillaient, et Harry sautillait à cloche-pied, respirant à petits coups à travers ses dents serrées, et il faisait jouer sa cheville douloureuse tandis que ses amis lui donnaient des claques dans le dos. Il resta assis sur le banc pendant que le troisième batteur se faisait éliminer, puis partit en trottinant à cloche-pied vers le terrain. En reprenant sa place à l'aile droite, il fit un signe de la main à la blonde qui lui sourit.

Au cours de cette manche-ci, Steve fit encore un malheur, et, quand les deux équipes changèrent de place, Harry alla s'asseoir à côté de la blonde. À propos, je m'appelle Harry, en souriant et en s'approchant d'elle.

Elle sourit et lui dit qu'elle s'appelait Louise ; et voici ma fille, Sally, en se penchant pour remettre en place le chapeau de la petite afin de la protéger du soleil.

Harry lui montra sa cheville écorchée, tourna la blessure en dérision, et ils continuèrent à bavarder jusqu'à ce qu'il fût temps pour Harry de reprendre sa place sur le terrain, et, au moment de se lever, il posa sa main ouverte à l'intérieur de la cuisse, à la limite du short, et exerça une légère pression de la paume et des doigts en la regardant dans les yeux un instant, puis il partit en courant.

Entre les manches, Harry vint lui tenir compagnie, et quand il s'assit sur le banc pendant la cinquième manche, elle lui déclara qu'elle devait partir. Son visage prit aussitôt une expression peinée et désespérée. Vous ne pouvez pas nous abandonner maintenant, vous êtes notre porte-bonheur. Vous ne voudriez pas que nous perdions le match, n'est-ce pas ?

Elle sourit et le regarda bien en face, les yeux à demi fermés. Mon mari sera de retour dans quelques heures, et j'ai des choses à faire.

Harry lui rendit son regard et était sur le point de répliquer quand Steve lui cria : Amène-toi, Harry, c'est toi qui commences. Harry lui répondit d'un signe de la main — ouais, ouais, j'arrive — puis, posant de nouveau la main sur sa cuisse, restez encore une minute. Harry courut vers la cage, se mit en position et laissa passer trois bonnes balles sans faire un geste. Il laissa tomber la batte et retourna au banc. Alors, vous devez vraiment partir ?

Oui. Nous sortons ce soir et il y a des choses que je dois absolument faire.

Harry la fixa un moment. Je devrais peut-être vous raccompagner.

Mais, et votre match ?

Oh, ils n'ont pas besoin de moi. De toute manière, vu la façon dont Steve lance ses balles aujourd'hui, le point que nous avons marqué devrait suffire. Elle eut un petit haussement d'épaules et sourit. Eh bien, si vous y tenez. Bien sûr. Partez devant et je vous rejoindrai à la sortie. Louise s'éloigna en poussant le landau, et Harry alla trouver Steve et lui dit qu'il devait s'en aller.

Comment ça tu dois t'en aller ? Tu n'peux pas partir maintenant !

Je suis désolé, Steve, mais j'dois vraiment partir. J'ai quelque chose à faire... et de toute façon, ma jambe me fait un mal de chien.

Oh, arrête tes conneries, espèce de salaud ! Ta jambe n'a rien du tout.

Oh, dis, Steve, oublie-moi un peu, tu veux ? J'te dis que j'dois partir, un point c'est tout.

Ouais, tu dois partir. Tu veux que j'te dise quelque chose,

Harry, tu n'es qu'une tête de nœud, ouais, un gros nœud, avec des oreilles.

Oh, écrase, Steve, c'est pas...

Tu sais foutrement bien combien de fric on a parié sur ce match mais tu t'en branles de nous voir perdre notre pognon du moment que tu peux fourrer ton nez dans le con d'une bonne femme. Et prends ça dans les gencives.

J'te répète que j'dois partir et c'est tout. Ça n'a rien à voir avec une nana, et je tiens à peine debout avec cette cheville. J'suis pas...

Aaahhh, arrête tes conneries, en s'éloignant avec un geste dégoûté vers Harry, tu m'débectes. Hey, Vinnie ! VINNIE !

Ouais ?

Viens voir.

Harry s'éloigna en boitillant tandis que les équipes changeaient de côté et que Steve disait à Vinnie de jouer à l'aile droite.

Et Harry, qu'est-ce qu'il a ?

C't'enfant de putain ? Il tuerait père et mère pour tirer sa crampe.

Harry entendit la remarque de Steve, faiblement mais distinctement, et, de rage, il tordit son gant dans ses mains tandis qu'il quittait le stade en boitillant aussi vite que possible, chassant les paroles de Steve de son esprit en songeant à Louise et à la distance qui le séparait du terrain et de la haie, essayant mentalement de la réduire en se forçant à penser qu'il lui suffisait de tourner au coin de la haie pour être hors de la vue des deux équipes, du stade et de Steve, pour ne plus percevoir les cris de la foule que comme une clameur indistincte, et pour oublier tout ce qui avait un rapport avec le match. Dans sa hâte, il traversa plus qu'il ne contourna la haie, le visage cinglé au passage par une petite branche, et sa claudication s'atténua et il accéléra le pas en entendant le bruit des enfants qui jouaient dans la rue et des voitures qui passaient, et il vit Louise qui marchait lentement dans l'allée devant lui. Il se mit à courir et la rattrapa rapidement.

Votre ami semblait en colère.

Qui, Steve ? Nan. Il aime bien crier, v'là tout. Mais une chose est certaine.

Quoi donc ?

J'prendrais volontiers une tasse de café.

Elle le fixa quelques instants, puis sourit. Ça ne devrait pas poser de problème, j'en ai toujours au chaud.

Bon, en souriant et lui caressant le dos de la main du bout des doigts, où habitez-vous ?

Dans la Septième Avenue, à deux pas d'ici.

Quand ils arrivèrent au coin de la rue, elle s'arrêta, lui donna l'adresse et le numéro de l'appartement. Je préférerais que nous n'entrions pas ensemble, que vous attendiez quelques minutes.

Il lui sourit et acquiesça. Bien sûr, je comprends.

Tandis que Louise poursuivait son chemin, Harry tourna à gauche, fit le tour du pâté de maisons pour être certain d'arriver au moins cinq minutes après elle. Combien de fois avait-il procédé de la sorte, y trouvant toujours un plaisir accru ? Cette attente, cette impatience, cette subite chaleur dans le ventre, et ce vague sentiment de crainte, d'appréhension provoqué par l'élément d'incertitude qui demeurait toujours dans chacune de ces aventures : elle n'habitait peut-être pas à l'endroit indiqué, ou les choses n'allaient pas se passer comme il le pensait ; son mari pouvait être là, ou rentrer à l'improviste, ou encore tout cela pouvait n'être qu'une plaisanterie douteuse. Bien des événements pouvaient se produire, qui jusqu'alors ne s'étaient jamais produits ; mais savoir que tout pouvait arriver ne faisait qu'accroître son excitation. C'est d'un pas allègre qu'il descendit la Septième Avenue.

Ce soir-là, Harry devait aller au cinéma du quartier avec deux amis. Après le dîner, il s'étendit sur son lit en attendant l'heure de partir. Il éprouvait un vague sentiment de malaise dont il ne s'expliquait pas la cause. Ce n'était pas ce qu'il avait mangé — il n'avait pas d'indigestion et son estomac n'était même pas barbouillé. À vrai dire, il ne savait pas ce qu'il avait. Il ressentait simplement une sorte de malaise. Et cela n'avait aucun rapport avec rappelez-moi son nom... Lois... euh... Louise. Cela avait été aussi banal que d'avaler son dîner. Elle avait mis la gosse au lit pour la sieste, et ils avaient fait l'amour, Harry refusant la tasse de café qu'elle lui offrait, voulant être sûr de pouvoir prendre son temps et partir avant de se trouver nez à nez avec le mari. Au lit, elle n'était ni pire ni meilleure que bien d'autres — du genre actif et qui en redemande. Leurs ébats avaient été plutôt longs et fougueux ; pour un après-midi, il n'y avait pas à se plaindre.

Non, ce n'était pas ça. En fait, il n'y avait même pas eu une de ces scènes embarrassantes où le gosse se réveille et arrive en se dandinant dans la chambre pour demander à sa maman de lui faire un câlin. Tout s'était passé comme sur des roulettes. Et il ne pensait pas que cela eût un rapport avec le match non plus. Il était inutile de s'en faire pour ça. Ce n'était qu'un match parmi tant d'autres, encore qu'il eût bien aimé connaître le résultat final. Il avait songé, un moment, à appeler quelqu'un pour savoir, mais n'avait pu se résoudre à le faire, se sentant vaguement gêné. Il finirait bien par apprendre le résultat... En tout cas, il ne voulait pas faire tout un plat de cette histoire. Ça n'en valait pas la peine. Et même s'ils avaient perdu, ce n'était pas sa faute. Il avait marqué un point, non ? Il ne faut pas exiger l'impossible. La plupart des autres ne pouvaient pas se vanter d'en avoir fait autant en tout cas. Il n'y avait absolument aucune raison pour qu'il terminât le match. Oh, et puis merde ! ça finira bien par passer. Va au cinoche et oublie tout ça.

Après la séance, ils s'arrêtèrent chez Casey pour voir ce qui se passait. Harry savait déjà qu'ils avaient gagné, et, comme il avait trouvé le second film extrêmement drôle, il était d'excellente humeur. Ils se joignirent au reste de la bande et Harry donna une grande claque dans le dos de Steve.

J'ai appris que vous leur aviez mis la pâtée à ces cloches.

1 à 0 n'est pas précisément une victoire écrasante.

Qu'est-ce que ça peut faire, vous les avez battus, non ?

Ouais. Pas grâce à toi.

Allons Steve, tu vas pas recommencer.

Si j'étais pas le meilleur lanceur de softball de Brooklyn, on aurait p'têt' pas gagné le match.

Alors, pourquoi tu râles ?

Steve sourit à Harry et lui tapota l'épaule. — J'râle pas. J'comprends, Harry. Un mec qui bande pense plus, pas vrai ? Qu'importe le flacon pourvu qu'on ait l'ivresse — il rit. Mais tu sais quel est l'ennui avec toi ? ôtant sa main de l'épaule de Harry, l'ennui, c'est qu't'es pas loyal envers tes amis.

Qu'est-ce que ça veut dire, pas loyal ?

Ça veut dire pas loyal. Nous sommes tous copains. On a grandi dans l'même quartier et tout et tout, mais toi, ça n'te fait ni chaud ni froid.

Oh, écrase ! Je suis aussi loyal que toi ou que n'importe qui — et Harry savait qu'il disait la vérité. Il y avait souvent pensé, et connaissait ses sentiments pour ses amis —, peut-être même plus.

Ouais, ça s'peut, mais à te voir, on ne le dirait pas. T'es p'têt' intelligent, et tout ça, mais t'es quand même un beau salaud. Et si t'en es pas un, tu vas m'payer un verre.

Harry sourit, et jeta un billet sur le comptoir pour payer sa tournée.

Harry avait un bon emploi et il aimait son travail. La société qui l'employait était d'une taille correspondant parfaitement à ses besoins et à ses ambitions : grande mais pas gigantesque ; suffisamment grande pour offrir des perspectives de croissance et d'avancement illimitées, mais pas gigantesque au point de l'engloutir et de le transformer en un numéro anonyme sur une carte IBM. De plus, comme la société exerçait ses activités dans des domaines très divers, son travail n'était jamais ennuyeux mais, au contraire, intéressant et stimulant, chaque dossier étant différent du précédent.

Harry avait commencé à travailler pour la Lancet Corporation dès la fin de ses études supérieures au Brooklyn

College. Il avait profité des dispositions du *GI bill*[1], se spécialisant en gestion administrative, acquérant quelques notions de comptabilité, si bien que lorsqu'un représentant de la Lancet Corporation avait eu un entretien avec lui pendant sa dernière année à l'université, il était apparu qu'il pouvait rendre de grands services à la société et vice versa ; le lendemain de la remise des diplômes, Harry se présentait à la Lancet pour suivre le stage de formation.

Harry était d'un naturel aimable ; il n'eut aucun mal à s'adapter à son travail et à tous ses collègues, et à se faire aimer de ses proches collaborateurs. Au cours des deux années passées au service de la société, Harry avait rapidement gravi les échelons, et il était indéniablement l'un des jeunes cadres les plus prometteurs de la maison. La première chose que fit Harry à la fin de son stage de formation à la Lancet fut de suivre des cours du soir pour étudier l'économie. Il avait le sentiment que, non seulement cela l'aiderait dans son travail, mais que cela ferait bonne impression sur ceux qu'il était bon d'impressionner et, dans un cas comme dans l'autre, son calcul s'avéra exact.

L'avenir apparaissait plein de promesses, le chemin sans embûches, et Harry White y songeait parfois, brièvement, non pas avec gratitude ou humilité, mais avec impatience, voulant avancement et argent, richesse et prestige, tout de suite.

À l'époque où Harry termina ses études au Brooklyn College, il ne dormait que le strict minimum ; non qu'il dût bûcher plus qu'un autre pour réussir ses examens, mais parce qu'il avait une vie amoureuse particulièrement bien remplie. Lorsqu'il commença à travailler pour la société Lancet, et comme il l'avait fait au début de ses études universitaires, il fit vœu d'abstinence (hum !) mais, le temps passant, il prit de l'aisance, de l'assurance, l'attrait de la nouveauté s'émoussa, et, petit à petit, il redevint Harry le

---

1. À la fin de la Seconde Guerre mondiale, les soldats américains (les GI) se virent offrir la possibilité de faire des études, aux frais du gouvernement fédéral. Le texte de loi fut baptisé : *GI bill*, loi GI. (*N.d.T.*)

Baiseur. Cependant, exception faite de certains lundis matin où il arrivait au bureau l'œil injecté et vague, ses activités « extraprofessionnelles » ne lui attiraient pas d'ennuis. Il avait toujours une bouteille de collyre dans le tiroir de son bureau et, chaque fois qu'il en faisait usage, il prenait un air dégagé pour dire à ses collègues que ses yeux rouges étaient dus à une maladie oculaire congénitale. À vrai dire, il ne se demandait même pas s'ils croyaient à son histoire, mais il se sentait mieux après l'avoir racontée.

Harry se comportait en employé modèle depuis un an environ, exerçant ses talents de séducteur pendant les seuls week-ends, quand il se surprit à être parfois distrait au bureau. Non par la présence de ses collègues féminines, mais par un sentiment de fébrilité qui s'emparait de lui ; il s'aperçut qu'il consultait la pendule de plus en plus tôt, attendant cinq heures avec une impatience croissante. Ses week-ends se prolongèrent bientôt jusqu'au lundi, puis commencèrent le vendredi, et, pour finir, incapable de résister à son penchant, il lui devint impossible de se contenter de certains soirs dans la semaine.

Ce même penchant conduisit finalement Harry à expédier son déjeuner aussi vite que possible pour déambuler ensuite à travers les rues. Mais il ne faisait pas le rapport entre cette nouvelle habitude — il l'avait prise sans en avoir conscience — et les démangeaisons qui le prenaient parfois. Simplement, il aimait se promener, surtout quand il faisait beau, et, inconsciemment, il emboîtait toujours le pas d'une quelconque nana, et la suivait jusqu'à ce qu'il fût l'heure de regagner son bureau.

Bientôt, Harry cessa de prendre ses repas à la cafétéria qui se trouvait dans l'immeuble ; il téléphonait à l'avance et commandait un sandwich, puis il passait le prendre et marchait jusqu'à Central Park, et il s'asseyait sur un banc et déjeunait. C'était indéniablement beaucoup plus agréable que de faire la queue dans ce restaurant bondé et d'avaler un sandwich dans le bruit et la fumée ; alors il parcourait les quelques centaines de mètres qui le séparaient du parc et regardait les canards troubler le reflet des gratte-ciel dans l'eau du lac.

Harry aimait plus que tout les premières belles journées de printemps où l'on pouvait reléguer les lourds manteaux d'hiver au fond de la penderie, et sortir vêtu d'un pull ou d'une veste légère. Et les couleurs ! oh, oui, Harry adorait les couleurs printanières. Non pas tellement celles des arbres et des fleurs, encore que Harry aimât les regarder, ainsi que les oiseaux ; mais il n'était pas ce qu'on appelle un amoureux de la nature, même s'il ne manquait jamais de faire remarquer qu'il aimait les choses naturelles... *au naturel*[1]. Les couleurs printanières que Harry préférait se trouvaient sur les robes vives des femmes qui arpentaient les rues, leurs corps enfin libérés du carcan des lourds vêtements d'hiver, les jupes légères dévoilant la courbe du mollet, moulant leurs formes épanouies, leurs yeux brillants, leurs visages souriants tandis que la brise gonflait leurs cheveux, plaquait les robes sur le doux arrondi du ventre et sur l'intérieur des cuisses, là où elles se rejoignent au niveau du mont de Vénus. Aaaaaaah, printemps, printemps, saison bénie où la terre et toutes les créatures renaissent à la vie, et où l'imagination des jeunes gens vagabonde !

Et on ne pouvait rêver plus belle journée de printemps qu'aujourd'hui. Il y avait le ciel bleu, ponctué de quelques nuages, et les oiseaux qui survolaient le lac et se perdaient dans les arbres, et une jolie jeune femme, assise sur un banc, non loin de la rive. Harry termina son repas, jeta les restes dans une boîte à ordures et alla s'accroupir au bord du lac, juste en face de la jeune femme. Il brassa l'eau de ses doigts quelques instants, puis se retourna lentement et contempla ostensiblement ses jambes croisées, fixant avec insistance l'endroit où la ligne de la jambe se perd dans l'arrondi de la fesse. Il ne fit rien pour dissimuler la direction de son regard, au contraire, et, au bout d'un instant, elle décroisa les jambes, sans le regarder, et tira sur sa jupe qui dévoilait la moitié des cuisses. Harry ne détourna pas les yeux, et,

1. En français dans le texte.

lorsqu'elle commença à manifester de l'impatience, il se leva et se dirigea vers le banc en la fixant dans les yeux, un large et chaleureux sourire aux lèvres. Il avait lu quelque part que l'arme la plus efficace de Wyatt Earp[1] était le regard de ses yeux bleu clair qui semblait transpercer et paralyser ses adversaires. Harry ne s'y prenait pas autrement. Il dévisageait les femmes d'un œil lubrique. Elle essaya de garder les yeux braqués droit devant elle, mais ne put s'empêcher de suivre son approche. Il s'assit à côté d'elle et elle se prépara à entendre l'habituelle entrée en matière, du genre : Quelle belle journée, ou : Vous avez bien quelques minutes, mais au lieu de cela, Harry lui lança : Votre mari a bien de la chance.

Elle tourna la tête et le contempla, surprise, un sourire adoucissant ses traits. Je ne comprends pas.

Eh bien, la dévisageant avec concupiscence un instant, puis souriant et faisant un geste de la main, je veux dire qu'en rentrant, il vous trouve à la maison. Elle lui lança un regard interrogateur, mais sa bouche était déjà moins crispée. Harry eut un sourire étincelant. Il ne doit même pas voir passer les journées en sachant que vous l'attendez.

Elle rejeta légèrement la tête en arrière et laissa échapper un : Ah oui, parlons-en !

Allons, voyons, ne me dites pas le contraire.

Vous plaisantez, levant les sourcils et souriant d'un air affecté.

Pas le moins du monde. Je suis sérieux. Je suis sûr qu'il est content de travailler en sachant que vous serez là pour l'accueillir quand il rentrera.

Elle se dérida et eut un petit rire, et Harry sentit que son corps se détendait peu à peu, et il lui sourit. Eh bien vous alors, vous n'êtes pas banal, un vrai plaisantin, dit-elle avec un hochement de tête et un sourire.

Oh, vous ne devriez pas dire cela, se posant la main sur la poitrine, d'un geste théâtral, vous me fendez le cœur. Elle

1. Shérif célèbre dans l'histoire de l'Ouest américain pour sa rapidité à sortir son arme. (*N.d.T.*)

éclata de rire et, tandis que Harry l'observait, du coin de l'œil, il vit plusieurs pigeons qui volaient au-dessus d'eux, et il se demanda ce qu'elle ferait et de quoi elle aurait l'air si l'un d'eux lui chiait soudain sur la tête, ou en plein sur le nez... puis il réalisa, au même instant, que l'oiseau pourrait aussi lui chier dessus, et il chassa cette image de son esprit et se mit à songer que tout n'allait manifestement pas pour le mieux entre elle et son mari. Il sourit et fit un geste de la main : Vous voyez ce que je veux dire ? Votre rire vient de me faire comprendre que la vie vaut la peine d'être vécue.

Elle sourit et hocha la tête — eh bien vous alors —, puis elle se leva après avoir regardé sa montre.

Vous ne partez pas déjà ?

Mais si, c'est l'heure de retourner au bureau.

Oh, quel dommage ! l'air triste et désemparé.

Désolée, avec un grand sourire, mais le boulot, c'est le boulot. Vous êtes plus drôle que toute une bande de singes, mais il faut que je parte.

Laissez-moi du moins appeler mon carrosse pour vous éviter de marcher dans ces ruelles sordides.

Vous êtes incroyable, souriant et commençant à remonter l'allée en direction de la Cinquième Avenue.

Je vous en prie, ne vous moquez point, vous pourriez être agressée par quelque coupe-jarret. Elle rit de plus belle, et il fit une profonde courbette accompagnée d'un ample geste du bras. Accordez-moi au moins le droit de vous protéger, Milady.

En voilà une façon de me traiter, pouffant derechef.

Eh bien — il prit un air peiné —, si vous ne voulez pas que je fasse avancer mon carrosse, accepteriez-vous un pousse-pousse, en la regardant dans les yeux avec une gravité feinte, une bicyclette — hochement de tête et gloussement —, un tapis roulant — nouveau sourire —, ou bien, il étendit les bras, un petit avion ?

Non merci, vraiment. Je crois qu'il est plus sûr de traverser la rue par mes propres moyens.

Bon, comme vous voudrez — il sourit. Vous venez souvent au bord du lac à l'heure du déjeuner ?

Euuuuuhhhhh, elle haussa les épaules, ça dépend.

Eh bien, disons demain, à la même heure, sur le même banc.

Qui sait ? haussement d'épaules et sourire — s'il fait beau, peut-être.

Oh, il fera beau, je vous le garantis.

Je dois partir. Elle lui sourit une dernière fois, et se mêla à la foule des passants qui traversaient la rue.

Harry la suivit des yeux, et, quand elle se retourna avant de pénétrer dans l'immeuble, il lui adressa un signe de la main et un sourire, puis se dirigea vers son bureau.

Il était beaucoup plus en train et détendu maintenant qu'une heure auparavant. Il arriva avec dix minutes de retard, sans même y prendre garde, se plongea dans son travail sans plus songer à Rappelez-moi-son-nom de toute la journée.

Le lendemain, Harry alla jusqu'au parc et vit Rappelez-moi-son-nom assise sur le banc. Bon Dieu, elle doit vraiment s'emmerder avec son mec ! Il sourit intérieurement et suivit l'allée jusqu'au banc. Pardon, madame, voulez-vous être assez bonne pour permettre à un pauvre prolétaire fatigué de s'asseoir à vos côtés ? Elle leva les yeux, agacée, et, en le voyant, hocha la tête et éclata de rire. Qu'y a-t-il de si drôle ?

Elle secoua la tête et continua à rire pendant quelques instants. Vous n'avez vraiment pas l'air d'un prolétaire.

Il prit une attitude et une expression faussement peinées et fit une petite moue ; vous me brisez le cœur. Elle gloussa. Après tout, mieux vaut être un prolétaire qu'un parvenu. Elle rit de plus belle, fit un geste de la main et hocha la tête, et le visage de Harry s'éclaira d'un sourire, et il pouffa à son tour tandis qu'il s'asseyait près d'elle.

À propos, je m'appelle Tom ; et vous, madame la rieuse ? Il la regarda dans les yeux en souriant.

La rieuse ? Eh bien, voilà autre chose ! C'est un nom qu'on ne m'a pas donné depuis bien longtemps ; mais, j'ai ri, je l'avoue.

Ouais, ça, c'est sûr. Tout comme un prolétaire. Harry n'avait pas terminé sa phrase qu'elle pouffait à nouveau et fouillait dans son sac à la recherche de son mouchoir, pendant qu'il l'observait, hilare. Finalement, elle se redressa, respira profondément à plusieurs reprises, s'essuyant le nez et les yeux avec son mouchoir. Elle cligna des paupières plusieurs fois et se tourna vers Harry. Mon Dieu, j'ai tellement ri que j'en suis malade ! Mon ventre me fait mal.

Vous devez manquer d'entraînement.

Ouais, ça doit être ça, tapotant son nez et ses yeux une dernière fois, et remettant son mouchoir dans son sac. Elle lui adressa un sourire circonspect.

On arrête, d'accord ? Je ne crois pas pouvoir en supporter davantage.

D'accord — un sourire —, mais vous ne m'avez toujours pas dit votre nom.

Il va falloir que je continue à jouer aux devinettes.

Non, non, je vous en prie — gloussement de Harry —, je m'appelle Mary.

C'est-y pas plus gentil comme ça. Je me voyais mal vous appelant mon vieux, ou mon pote, ou...

Elle se mit à rire et tendit les mains vers Harry. Non, arrêtez, vous aviez promis.

D'accord, en levant la main droite, j'arrête. Alors comme ça, vous vous appelez Mary et vous travaillez de l'autre côté de la rue.

C'est cela — signe d'acquiescement. Je suis secrétaire. Et vous vous appelez Tom et vous travaillez...

Un peu plus loin. Chez Armstrong et Davis. Une petite boîte de construction mécanique qui étudie des produits hautement spécialisés.

Oh, mais ça semble passionnant...

Ils continuèrent à bavarder de choses et d'autres jusqu'au moment où Mary regarda sa montre et dit qu'il était dix. Je dois retourner au bureau.

Si tard que ça, hein ? Eh bien, je ferais mieux d'y aller aussi.

Ils longèrent l'allée jusqu'à la rue, et Harry attendit que Mary eût traversé et pénétré dans l'immeuble avant de se mettre en route vers son bureau, ne voulant pas lui montrer dans quelle direction il allait.

Il courut jusqu'au bureau, ayant conscience d'être en retard, et arriva vers deux heures vingt ; personne ne parut le remarquer, et il s'attela à sa tâche avec ardeur.

Le jour suivant était un jeudi, et Harry décida de laisser tomber pour le restant de la semaine. Premièrement, il ne voulait pas être de nouveau en retard. Et deuxièmement, il ne jugeait pas mauvais de laisser Mary poireauter quelque temps. C'est le soir qu'il passait aux choses sérieuses, et la faire languir un peu lui procurait une satisfaction supplémentaire, sachant qu'elle était frustrée, qu'elle ne s'entendait pas avec son mari et mourait d'envie de faire quelque chose, n'importe quoi, ne serait-ce que s'asseoir sur un banc dans un parc au milieu de l'après-midi en compagnie d'un homme qui lui manifestait un peu d'intérêt. Bon Dieu, plus il y songeait, plus ça l'excitait !

Mais, comme il avait du temps à perdre, il se dit qu'il pourrait faire un saut jusqu'au parc pour s'assurer qu'elle était bien là. Il souriait et jubilait intérieurement tout en se dirigeant vers Central Park, puis, peu à peu, cette jubilation fit place à un sentiment d'appréhension, et il accéléra l'allure, pressé de savoir si elle était là. Sa première intention avait été de se montrer extrêmement prudent, pour être certain qu'elle ne le verrait pas, mais lorsqu'il lui vint à l'idée qu'elle pourrait ne pas être là, il oublia tout cela et, au lieu de longer la Cinquième Avenue, en regardant par-dessus la haie, il s'engagea dans l'allée, incapable de voir le banc masqué par la foule des promeneurs ; celle-ci se clairsema au moment précis où il arrivait à quelques pas de Mary, mais elle regardait de l'autre côté du lac, et il parvint à se ressaisir à temps pour faire demi-tour et quitter le parc avant qu'elle ne l'ait aperçu.

Quand il se fut suffisamment éloigné, il s'arrêta un instant, et se rendit compte que son pouls était précipité et que le sang lui battait les tempes. Il se posta devant une vitrine, respira profondément, contempla son image, et sourit à l'idée que Rappelez-moi-son-nom était assise là-bas, à l'attendre. Il pouffa et passa le temps qui lui restait à se promener le long de la Cinquième Avenue, à regarder les vitrines et les femmes et à jouir de son sentiment de puissance.

2

Harry était assis à table ; sa mère faisait le service ; son père découpait le rôti et disposait les tranches sur les assiettes. Les parents de Harry étaient particulièrement heureux ce soir. Ils allaient célébrer les noces d'or d'un couple ami de ses grands-parents maternels ; des gens que sa mère avait toujours connus. Ce serait une véritable soirée de gala, en compagnie de parents et d'amis de toujours qu'ils ne voyaient guère que dans des circonstances exceptionnelles comme celle-ci. Mais une chose surtout les rendait particulièrement heureux : Harry allait les accompagner. Harry était un bon fils, il l'avait toujours été, et, étant leur unique enfant, il leur était plus cher que la prunelle de leurs yeux ; il était le centre, le point de convergence de leurs espoirs et de leurs rêves. Mais maintenant qu'il était un homme, il passait de moins en moins de temps en leur compagnie, car il avait toujours quelque chose à faire, surtout pendant le week-end, et ils se réjouissaient à l'idée de sortir avec leur fils, leur joie et leur fierté. Cette soirée allait être une vraie soirée familiale. Ils étaient invités à la célébration d'un événement familial, et ils s'y rendraient en famille.

Quand Harry eut fini de manger, il se tapota le ventre et dit à sa mère qu'il s'était régalé. Tu es la meilleure cuisinière du monde, m'man.

Merci, mon grand, je suis contente que ça t'ait plu — rayonnante, elle débarrassa la table. Du café ?

Oui, s'il te plaît.

Ils burent leur café et fumèrent une cigarette, avec en bruit de fond la radio qui jouait en sourdine, prenant mutuellement plaisir à être ensemble et à bavarder. Trois personnes assises à une table, un homme et une femme ; un mari et sa femme ; un père et une mère, et leur fils unique, un jeune homme qui est toute leur vie. L'atmosphère était calme, détendue ; la fumée des cigarettes s'élevait presque verticalement, ne se tordant en volutes tourmentées que lorsqu'un éclat de rire soudain agitait l'air ambiant. Il y avait tant d'amour autour de cette table !

Quand ils arrivèrent à la réception, Mme White, très fière, présenta Harry à tous leurs amis, l'un après l'autre, leur parlant de sa belle situation et de l'avenir brillant qui l'attendait, leur disant quel merveilleux fils il était, la joie et la fierté de son père et de sa mère, Harry se montrant chaleureux quand de vieux amis lui serraient la main, souriaient et disaient à sa mère qu'elle avait bien de la chance, oui vraiment, beaucoup de chance, d'avoir un fils si merveilleux, le digne rejeton de son vieux père, pas vrai ? Il lui ressemble, d'ailleurs ; son portrait tout craché. Mais il a vos yeux, Sarah. Ah, ça oui, y a pas moyen de s'y tromper. Même à un kilomètre, et par une nuit noire, j'aurais pu jurer que c'était votre fils. Le sourire de Sarah White, lui, en tout cas, aurait été visible à un kilomètre, même par une nuit d'encre, tant elle rayonnait.

Harry suivait sa mère sans rechigner, heureux, se délectant de la joie que sa seule présence provoquait. Le simple fait de la rendre heureuse le rendait heureux. C'est une chose qu'il s'efforçait de faire de temps à autre, ou, du moins, il en avait l'intention, mais il semblait incapable d'y parvenir sauf en de rares occasions. Pour des raisons obscures, il semblait toujours y avoir quelque chose qui l'empêchait de faire sourire sa mère, ou, s'il y parvenait, il commettait généralement une maladresse qui faisait disparaître son sourire.

Mais ce soir, il n'allait pas permettre cela. Il se sentait bien, de bonne humeur, détendu, et il allait tout faire pour que sa mère passe une soirée mémorable. Il adressait des sourires de circonstance, au bon moment, et répondait aux questions rituelles par un signe de tête, un sourire, un rire discret, et puis un : Mais oui, bien sûr, cela me revient maintenant. Parfaitement, M. et Mme Lawry — ou Little ou Harkness — ou Machin Chose ou Machin Truc. Peu importait leur nom, car tous racontaient des anecdotes plus ou moins identiques ; comme il était beau et ce qu'il faisait quand il avait deux ans, ou trois ans, ou quatre ans ; et vous vous souvenez comme il était mignon, ou capricieux, à cette époque. Et tandis que Harry et Mme White s'approchaient d'un autre couple, Harry savait que les deux personnes qu'ils venaient de quitter étaient en train de sourire et de se dire : Quel type épatant !

Harry était tellement résolu à garder le sourire toute la soirée qu'une fois les présentations terminées, il ne le quitta plus. Il fit un tour dans la pièce peuplée de visages, les uns familiers, les autres inconnus. Lorsqu'il aperçut sa grand-mère, son sourire s'élargit et il la prit dans ses bras, et il l'embrassa, la tenant serrée contre lui quelques instants. Comment ça va, mamie ?

Très bien, mon grand. Ta vieille grand-mère est encore solide, tu sais, les yeux brillants de joie.

Voilà qui est parler, en lui donnant un baiser sur le front.

Et toi, mon grand ? ça va comme tu veux ?

Ouais, au poil. Ça n'pourrait pas aller mieux.

Oh, c'est si bon de...

HÉ, HÉ, ÉCOUTEZ TOUS ! ! !

Le fils aîné du couple qui fêtait ses cinquante ans de mariage faisait de grands gestes, un peu de silence... nous devons porter un toast. Hé, m'man, p'pa, venez par ici. Ils traversèrent la pièce, dans leurs vêtements du dimanche, l'œil brillant, le visage rayonnant, aussi heureux et émus que des enfants lors de leur premier Noël, quand ils restent plantés devant le sapin, émerveillés par les boules, les guirlandes et les lumières, par les chaussettes remplies de cadeaux[1], sensibles à l'excitation générale.

1. L'enfant américain ne met pas ses sabots au pied du sapin ou dans la cheminée. Il y place une chaussette... longue de préférence ! (*N.d.T.*)

Leur fils les saisit chacun par une épaule. Bon, que ceux qui n'ont pas encore de verre en prennent un. Les autres enfants passèrent à la ronde des plateaux chargés de manhattans[1] puis retournèrent près de leurs parents. M. et Mme White rejoignirent Harry et sa grand-mère. Ça y est, tout le monde a un verre ? ? ? ? Parfait. Il leva le sien, imité par tous les convives. Buvons à m'man et à p'pa, à leurs cinquante belles et brèves années de mariage. À leur amour, et à celui qu'ils nous ont donné. À ce monde qu'ils ont rendu meilleur et... un peu plus peuplé — hilarité générale. Que Dieu vous bénisse, vous... vos cinq enfants... vos douze petits-enfants... vos vingt arrière-petits-enfants... et toute votre belle, ou moins belle, famille. À VOTRE SANTÉ ! OUI, À VOTRE BONHEUR OUUUAAIS ! ! ! et tout le monde applaudit et but son verre à petites gorgées, ou d'un trait, et applaudit encore comme chaque membre de la famille embrassait le vieux couple radieux, chaque baiser ponctué de nouvelles acclamations. Lorsque l'interminable défilé fut terminé, on joua une valse, et le vieux couple se mit à tourner sur la piste, lentement mais joyeusement, et les hommes saisirent la main de leur compagne, et tous les regardèrent danser les yeux dans les yeux, leur visage exprimant une joie éternelle, et maris et femmes, parents et enfants s'embrassaient et les observaient, au bord des larmes.

Harry avait passé un bras autour des épaules de sa grand-mère, et sa mère serrait son autre main. Quand la musique s'arrêta, tout le monde applaudit, et le vieux couple salua comme des enfants timides, et fut absorbé par la foule. Tu sais, mon petit, en regardant Harry, l'œil encore humide, en proie à de tendres souvenirs, ton grand-père et moi aurions fêté nos cinquante ans de mariage en octobre s'il était encore parmi nous, que Dieu ait son âme en sa sainte garde.

Harry lui sourit, prit le verre à moitié vide qu'elle avait à la main et le posa avec le sien sur la table. Allez, mamie, viens danser. Ils se joignirent aux autres danseurs, et M. et

1. Cocktail à base de whisky, citron et vermouth rouge. (*N.d.T.*)

Mme White rayonnaient de fierté en les regardant se fondre dans la foule ; puis ils se mirent à danser eux aussi.

Chaque fois que Harry posait son verre vide, quelqu'un lui en tendait un autre, et il se sentait de plus en plus euphorique. Sa grand-mère aussi. Le peu de manhattan qu'elle avait bu lui avait porté à la tête, et elle dansait comme elle l'aurait fait avec un vieil ami, levant la jambe et se tortillant dans une sorte de french cancan désordonné à la mode de Brooklyn. Harry se joignit à ceux, y compris ses parents, qui applaudissaient en la regardant mais, après quelques minutes, elle s'arrêta avec un long pfuuuuuuuuuuuuuu et s'assit, heureuse d'avoir bien ri et d'avoir attiré l'attention.

Harry continua à circuler parmi les invités, en buvant son verre à petites gorgées, sachant qu'on lui en donnerait un autre d'autorité dès que celui-ci serait vide. Il se pencha pour éteindre sa cigarette dans un cendrier posé sur une table basse et, en se redressant, il se retrouva pratiquement dans les bras d'une femme qui était visiblement plus que gaie. Lorsqu'ils se heurtèrent, elle étendit instinctivement les bras et s'accrocha à lui pour ne pas tomber. Harry la retint, les deux mains sous ses aisselles. Quand ils en eurent terminé avec les, oh pardon... attention... vous n'avez pas de mal ? et eurent recouvré leur équilibre, Harry ôta ses mains, mais elle laissa les siennes sur ses épaules. Oh, je suis vraiment désolée. J'espère que je ne vous ai pas sali ou quoi que ce soit.

Non, non, il n'y a pas de mal, tout va bien.

Comment vous appelez-vous ? en penchant la tête et en le dévisageant, les lèvres entrouvertes.

Harry. Harry White, en souriant lui aussi et en la regardant.

Moi, c'est Gina, Gina Logan. Autrefois, il y a bien longtemps, je m'appelais Gina Merreti — un geste de la main. Vous pouvez m'appeler Gina.

Enchanté, Gina, avec un signe de tête et un sourire.

Harry, hein ? avec une expression critique. Ce n'est pas un trop vilain nom.

Merci. Il se mit à rire.

Eh bien, faites-moi danser, Harry ! Venez.

D'accord. Pourquoi pas ? en haussant les épaules puis posant la main sur son dos tandis qu'ils se frayaient un chemin parmi les danseurs.

La réaction de Harry fut instantanée, et il ne lui fallut qu'un instant pour passer en revue et évaluer les charmes de Gina. Elle avait aux environs de la quarantaine, probablement quarante et un ou quarante-deux ans, mais en paraissait facilement cinq de moins, un peu plus même, compte tenu du fait qu'étant passablement éméchée, elle ne se montrait pas sous son meilleur jour. Tout bien pesé, elle n'était pas mal du tout — sa main gauche était posée sur son cou, chaude, moite, vivante — et ses yeux approbateurs s'attardèrent sur ce que le décolleté profond laissait voir de ses nichons. Son regard tenta de pénétrer le sillon sombre qui les séparait, en pure perte, et Harry se servit de son imagination et de son expérience pour reconstituer mentalement leur rondeur et leur plénitude couronnée par les mamelons violacés. Vingt ans auparavant, cette Italienne avait dû être une sacrée baiseuse — la main de Harry s'écrasait sur la chair nue du dos, et il sentait ses cheveux noirs lui caresser la joue —, il n'y avait qu'à voir son regard et son cul pour le comprendre — putain, il pouvait littéralement sentir la chaleur qui émanait de sa chatte tandis qu'elle ondulait de son bas-ventre. Sur son cou, il y avait le contact froid et rassurant de son alliance — il savait que quelque part entre les globes rebondis de ses nichons, il y avait deux petits poils noirs, et il avait envie de les mordiller — Vous dansez bien, levant ses yeux à demi fermés vers lui, la bouche entrouverte, j'aime les mouvements de votre corps —, il pourrait baisser légèrement la fermeture Éclair, glisser la main dans son dos, sous le slip jusqu'à son beau cul rond, entre les fesses qu'il écraserait, tandis qu'il la serrerait contre lui, sentant les gouttes de transpiration descendre le long de ses reins. Avec vous, c'est facile. Je n'ai qu'à me laisser conduire. Mon mari ne danse pas. Autrefois, il dansait un peu, mais maintenant, plus du tout. I'dit qu'il est trop fatigué. Enfin, je suppose qu'il travaille dur (pas si dur que ma queue). Mais il faut bien s'amuser de temps en temps, ses yeux lui lançant une invite sans équivoque, si vous voyez ce que je veux dire. Ouais, avec un sourire d'acquiescement, je vois très bien. Et puis, Dieu sait ce qu'il fait en ce moment même à Poughkeepsie ! (POUGHKEEPSIE ! putain, c'est pas vrai !) Qu'est-ce qu'il est allé faire là-bas ? se posant vraiment la question. Les affaires, toujours les affaires.

La musique s'arrêta brusquement, et Harry sentit qu'il bandait dur. Il n'en fut pas gêné ; seulement, ce n'était pas le genre d'endroit où il pouvait l'attirer dans un placard ou dans la cave pour la baiser vite fait. Il n'aimait pas beaucoup tirer son coup à la sauvette — c'était bon quand il avait dix-sept, dix-huit ans —, mais il était à moitié bourré et sa queue était prête à exploser, et l'image de la cour avec son grand arbre ombreux lui effleura l'esprit. Il dégagea son bras et lui demanda de l'excuser quelques instants. Je reviens tout de suite. Il alla à la salle de bains, s'y enferma, puis s'aspergea le visage d'eau froide. Je f'rais p'têt' mieux de prendre un bain de siège bien froid, hahahahaha. Il s'essuya la figure, contempla son image dans la glace, puis son bas-ventre, puis à nouveau son image. Bon, voilà, ça va mieux. Mais, bon Dieu, c'que j'aimerais baiser cette nana !

Il sortit de la salle de bains, et resta là à regarder autour de lui, puis il aperçut Gina dans un coin, en compagnie d'un couple. Il la voyait de profil et la lumière semblait se refléter sur la courbe de son cul. Il s'avança vers elle — un mec qui bande ne pense pas —, puis il fit brusquement demi-tour, se dirigea vers sa grand-mère et s'assit à côté d'elle.

Comment ça va, ma vieille ?

Oh très bien, mon grand. J'm'amuse comme une petite folle. C'est si bon de retrouver tous ces vieux amis, et de voir les jeunes se divertir.

Des petits jeunots comme toi, tu veux dire ! souriant et regardant Gina du coin de l'œil, se demandant s'il ne devrait pas au moins essayer d'obtenir son numéro de téléphone — ça pouvait toujours servir. Se demandant aussi quels étaient exactement ses rapports avec les autres invités, qui pourrait bien apprendre la chose, et ce qui arriverait s'il s'avisait de la baiser. Ses parents en mourraient probablement d'humiliation et...

Allez, viens, May, cette danse est pour moi. Un vieil ami de toujours se tenait devant sa grand-mère, la main tendue.

Bon, très bien, Otto, si tu y tiens ; mais il va falloir que tu m'aides à me sortir de ce fauteuil. Otto tira, Harry poussa dans un concert d'éclats de rire.

Harry les regarda danser d'un œil tout en gardant l'autre sur Gina. Il sourit et son cœur se réchauffa à les voir évoluer sur la piste, dans les bras l'un de l'autre, perdus dans leurs souvenirs, leurs gestes rendus un peu raides par le grand âge mais non dépourvus de noblesse.

Il les observa en souriant ; et malgré ses efforts, son regard revenait toujours sur Gina, lentement mais inexorablement, et bientôt, les deux danseurs ne furent plus qu'une image floue entrevue du coin de l'œil, et son esprit fut comme illuminé par la lumière qui s'accrochait à son cul et à ses nichons tandis qu'elle... Bon Dieu, elle n'est pas seulement la fille de quelqu'un, elle a probablement des gosses. Oh, oh, surtout pas. Pas d'ça mon pote. Va pas te foutre dans un merdier pareil. Tes vieux n'y survivraient pas. Allez, laisse tomber.

Harry se mit à fredonner les paroles d'une vieille chanson qu'il avait dans la tête, et concentra son attention sur les danseurs et les gens qui l'entouraient. Quand sa grand-mère se laissa finalement retomber dans son fauteuil en soupirant et en riant, il prit sa main dans les siennes, l'embrassa et la serra doucement. Tu étais formidable, mamie. Toi au moins, tu sais prendre la vie du bon côté. Ils se mirent à rire. Harry adorait sa grand-mère, et il fut soudain atterré en songeant qu'un jour, proche peut-être, elle allait mourir. De nouveau, il lui baisa la main.

Quand Mme White suggéra qu'il était temps de partir — Maman commence à être fatiguée, et il se fait tard, n'est-ce pas, maman ? Oui, ma chérie. J'ai bien peur d'être trop vieille et trop ridée pour me dérider, en leur souriant, toute joyeuse d'avoir fait un bon mot —, elle demanda à Harry s'il voulait bien les ramener. Harry avait la tête ailleurs, dans le cul de Gina, qu'il lorgnait du coin de l'œil, et il sentait la sueur dégouliner entre ses fesses le long de ses doigts. Hein ? Quoi ? bafouillant lamentablement et clignant des yeux pendant quelques secondes. Il se força à écouter sa mère tandis qu'elle répétait sa question. Oh... Oh ouais, bien sûr. Ramenons la mamie à la maison.

Lorsque Harry se coucha ce soir-là, il laissa les stores d'une des fenêtres de sa chambre ouverts pour apercevoir un coin de ciel au-dessus des immeubles environnants. Il s'allongea sur le dos, laissant vagabonder sa mémoire. Des personnages et des scènes divers défilaient devant ses yeux, et il n'eut aucun effort à faire pour chasser l'image de Gina de son esprit. Il songeait à sa famille, et en se rappelant son bonheur, une immense chaleur l'envahit, comme si on venait de lui injecter une drogue dans les veines ; la façon dont ses parents dansaient et se regardaient, le rire de sa grand-mère et ses larmes en voyant ses amis valser ensemble pour leurs noces d'or — Seigneur, la mamie, c'est vraiment quelque chose ! —, et l'image sur laquelle il s'attardait, celle qu'il chérissait le plus, l'image de sa mère l'embrassant pour lui souhaiter une bonne nuit, son bonheur visible dans ses yeux et sensible jusque dans le bout de ses doigts. Merci d'être venu avec nous, mon chéri ; sans toi la soirée n'aurait pas été ce qu'elle a été. Et tu as rendu ta grand-mère si heureuse ! Oui, mon grand, tapotant le dos de Harry puis lui serrant l'épaule, ç'a été merveilleux de passer cette soirée tous ensemble. Une soirée mémorable. Ouais, ça c'est sûr, souriant à ses parents, serrant le bras de son père, puis embrassant sa mère sur la joue, j'me suis bien amusé...

Harry continua à jouir du sentiment que lui inspirait le souvenir de cette scène, content d'avoir fait le bonheur de ses parents ; puis les images commencèrent à se mélanger et à s'estomper, et Harry alla fermer les stores, sauta dans le lit, et s'endormit d'un sommeil paisible.

Le lendemain, dimanche, Harry se rendit en flânant chez Casey, et arriva peu après ses amis irlandais qui s'y ruaient à la sortie de la messe de midi pour y être à une heure, heure de l'ouverture. Il y resta quelque temps, puis alla au cinéma avec deux types de la bande. Après quoi, ils se rendirent au Fin Hall, un petit dancing du coin.

Ils n'étaient pas assis depuis assez longtemps pour réchauffer leurs chaises que Harry dansait déjà avec une bonne femme qui se trouvait là avec sa sœur cadette pour passer le temps, son mari étant parti à la pêche pour la journée. Après quelques danses, Harry revint à leur table, dit au revoir à ses copains, et partit en compagnie d'Irma.

Bon Dieu, t'as vu ça ? J'en suis encore à m'demander avec qui j'vais danser, et lui il a déjà levé une nana, hochant la tête et contemplant le dos de Harry avec respect et admiration. J'te dis qu'ce mec est vraiment incroyable. Y aurait qu'une nana qu'a le feu au cul dans c'te taule, Harry la reniflerait quand même.

Ouais, même si elle ignore encore qu'elle a envie de se faire baiser. Ils rigolèrent et, avec envie, regardèrent Harry se frayer un chemin parmi les gens au bord de la piste, sa main ouverte posée sur les reins d'Irma.

Selon Irma, ils avaient tout leur temps. Son mari rentrait généralement vers cinq ou six heures du matin, jamais avant deux heures en tout cas, et ça ne lui était arrivé qu'une fois. Ne se sentant plus de joie, Harry jeta ses vêtements sur une chaise, et plongea littéralement sur le plumard qui gémit sous le choc ; il tendit les bras vers Irma qui, debout à côté du lit, encore en slip, était en train d'enlever son soutien-gorge. Il l'attrapa par la taille et l'embrassa dans le creux des reins, puis il posa sa bouche sur l'arrondi des fesses et lui insuffla son haleine chaude dans la raie du cul. Irma poussa un petit cri, puis un OOOOOOHH prolongé, soupira et haleta tout à la fois, et s'écroula sur le lit comme Harry l'attirait à ses côtés. Elle mit ses bras autour de lui tandis qu'il embrassait son cou, puis ses nichons, et que ses doigts, glissés sous le slip, se frayaient un chemin à travers la toison jusqu'à la Terre promise. Irma se tordit, et gesticula, et ondula, et s'accrocha frénétiquement à la tête, aux bras, aux épaules, au dos de Harry, aux draps et à tout ce qui lui tombait sous la main, battant des bras et défaillant sous ce brutal assaut.

Soudain, Harry se souvint de Rappelez-moi-son-nom qui l'attendait sur un banc dans Central Park — Mary, voilà, c'est ça —, et il partit d'un éclat de rire, le visage enfoui entre les nichons d'Irma. La main gauche de celle-ci qui était plongée dans les cheveux de Harry tira légèrement. Eh bien, merci quand même.

Tu choisis bien ton moment pour rigoler. Harry la regarda en riant de plus belle, et son visage était si hilare qu'Irma se mit à rire aussi — C'est la meilleure que j'aie jamais entendue — en se rejetant en arrière, sa tête roulant de droite à gauche, riant aux éclats, sa main toujours plongée dans l'abondante chevelure de Harry tandis que sa main à lui était toujours emmêlée dans la toison moins fournie de sa chatte. C'est aussi mon avis, secouant la tête, les larmes aux yeux, et ils restèrent étendus, main dans les cheveux, à rire, jusqu'au moment où Harry cessa d'agiter la tête, prit une profonde inspiration et happa un nichon.

Après quoi, il n'eut plus envie de rire, et son geste eut le même effet radical sur Irma.

Au cours de la soirée, Harry repensa plusieurs fois à Mary, à son comportement vis-à-vis de son mari ; l'idée qu'elle était manifestement en froid avec lui, le fait de savoir qu'elle l'attendait, assise sur un banc, maintint son excitation au plus haut point pendant des heures. Quand il se leva finalement pour partir, à près de trois heures du matin, Irma resta allongée sur le lit et le regarda s'habiller en marmonnant : Bon Dieu, tu sais vraiment y faire, toi ! Tu devrais parler à mon mari et lui montrer un ou deux trucs.

Ben voyons, j'en serais ravi, riant et mettant la dernière touche à son habillement. Je pourrais peut-être venir la semaine prochaine, et nous ferions une partie de Monopoly. Irma rit sans conviction, et se caressa le ventre de la main. Harry lui fit un geste d'adieu en quittant la pièce, et elle lui répondit d'un petit signe de la main.

Une fois dans la rue, Harry resta immobile un instant, respirant l'air frais. Après deux jours passés sur un bateau de pêche, son mari devrait trouver l'odeur de la chambre normale. Harry éclata de rire et se mit en route. Il marchait d'un pas rapide et allègre. La nuit était belle, la vie était belle. Il venait probablement de passer le plus beau week-end de son existence... de l'existence de n'importe qui, d'ailleurs. Harry se sentait en harmonie avec lui-même, avec ses semblables et avec Dieu.

Le lundi matin, la bousculade était telle dans le métro que Harry finit par se réveiller, décollant ses cils un par un, et regarda d'un œil vaseux les panneaux, les affiches, les visages, les nuques, les journaux, les revues et son image brouillée dans la vitre. Quand il se fut extirpé de cet amas d'hommes et de machines inventées par l'homme, il courut jusqu'à la cafétéria en bas de son bureau, et acheta une thermos de café avec beaucoup de sucre, et un friand au fromage.

Finalement, la journée se passa plutôt bien. Il eut assez de travail pour ne pas avoir le temps de s'ennuyer, mais rien qui exigeât des efforts démesurés ; et puis il était en bonne santé et à l'âge où l'on récupère vite après une nuit passée à batifoler et à faire des galipettes. À l'heure du déjeuner, il songea un instant à aller voir si Rappelez-moi-son nom était bien sur le banc à l'attendre, puis décida qu'il n'était pas d'humeur. Au lieu de cela, il descendit manger à la cafétéria, puis resta dans le salon à se détendre et à reposer ses yeux de lapin russe.

Le reste de l'après-midi passa assez rapidement, tout bien pesé, et Harry reprit le métro bondé pour rentrer chez lui où il passa une soirée tranquille devant la télévision, en compagnie de ses parents, tout heureux, et alla se coucher tôt. Pas fait grand-chose aujourd'hui, mais demain, j'vais m'rattraper.

Ah oui, une sacrée journée demain, aujourd'hui, mardi. D'abord, se cultiver pendant le trajet jusqu'au bureau ; en parcourant par-dessus l'épaule du voisin le *Daily News* — les sports et la page quatre —, le journal juif *Daily Forward*, l'*Enquirer*, *La Prensa*, le *Times*, *Newsweek*, le *New Yorker*, *Mad*, Harold Robbins, Albert Camus (Camus à huit heures du matin dans un métro bondé ?), Lady Clairol[1] (Se teint-elle ou non ? Seul son gynécologue peut en être certain), un nouveau paquet de cigarettes rigide[2] (Huuuuum, mais c'est intéressant ça !) avec, devant son nez, ce grain de beauté brun foncé d'où sortent six ou sept poils noirs qui s'agitent telles des antennes, le tout dans un concert de crachotements et de toussotements. En refaisant surface, Harry avait le sentiment d'avoir échappé aux ténèbres de l'ignorance et d'être authentiquement cosmopolite. Il resta un instant au bord du trottoir à observer l'agitation frénétique autour de lui dans un concert de tut-tut et de coin-coin, de grincements et de vrombissements, puis il se lança à l'assaut des géants de l'industrie.

Une matinée de travail énergique apportant une solution à quelques problèmes pas trop épineux, puis la sonnerie de midi, au moment où votre estomac vide commence à protester. Déjeuner. Et que devient donc Rappelez-moi-son-nom ? Bonjour, comment allez-vous ? en souriant et en s'inclinant légèrement.

Tiens, bonjour étranger, les sourcils arqués en forme de point d'interrogation, en voilà une surprise !

Je peux m'asseoir ?

Nous sommes dans un pays libre et ceci est un banc public.

Harry s'assit à ses côtés, posant son repas sur ses genoux, riant intérieurement de son évidente hostilité et des causes de celle-ci. Laissez-moi vous dire que ça fait du bien de se retrouver chez soi, Mary lui jetant un regard soupçonneux, après un boulot comme celui-là.

---

1. Lady Clairol : célèbre marque de shampooing colorant dont l'usage, selon le fabricant, ne peut être décelé que par un coiffeur, et utilisant pour sa publicité une parodie d'un non moins célèbre poème d'Edgar Poe. Inutile de préciser que le produit en question n'est pas, en principe, destiné à la partie du système pileux à laquelle l'auteur fait allusion. (*N.d.T.*)

2. *Crush-proof box* : paquet rigide, par opposition aux paquets souples. Jeu de mots intraduisible. En argot américain, *box* désigne le sexe féminin, et *crush* signifie béguin, amour. Dans l'esprit de Harry, l'expression évoque « un con à toute épreuve ». (*N.d.T.*)

Vous étiez en voyage ? une note d'espoir perceptible dans sa voix.

Pour quelle autre raison aurais-je manqué nos rendez-vous ? en lui souriant.

Vous ne pensiez tout de même pas que j'avais oublié, n'est-ce pas ? Elle haussa les épaules, comme pour s'excuser. J'ai reçu un appel urgent peu de temps après vous avoir quittée, et j'ai dû partir pour Chicago.

Vraiment ? — un sourire adoucit ses traits — et vous venez de rentrer ?

Tard dans la nuit. Je vous aurais bien appelée à votre bureau, mais comme je ne sais pas exactement où vous travaillez...

Oh, ça n'est pas bien grave. Je viens toujours m'asseoir sur ce banc de toute façon, en souriant, parfaitement détendue maintenant.

Bon, en lui pressant amicalement le genou, puis en mordant dans son sandwich sans cesser de lui sourire.

La brise était tiède, les reflets dans le lac, familiers, ainsi que les oiseaux qui volaient et sautillaient alentour ; de temps à autre, un écureuil déboulait devant eux, puis s'arrêtait et fronçait le museau. Une journée délicieuse, des instants délicieux passés à bavarder, à se détendre et à rire, une heure et demie délicieuse. Après avoir jeté les papiers dans une boîte à ordures, ils remontèrent l'allée doucement, la main de Harry posée sur l'épaule de Mary. Il attendit qu'elle eût disparu dans l'immeuble, puis il courut le long de la Cinquième Avenue jusqu'à son lieu de travail.

Quarante minutes de retard. Tandis qu'il se dirige en hâte vers son bureau, son arrivée semble plus remarquée qu'à l'habitude, et il croise un ou deux regards qui lui paraissent un tantinet réprobateurs. L'un des cadres n'est-il pas en train de froncer les sourcils derrière sa porte fermée ? Oh, et puis si c'est le cas, ça lui passera. On ne va pas le pendre pour quelques minutes de retard. Il achèvera son travail sans problèmes, et ça ne se reproduira plus. Alors cesse de t'en faire et détends-toi. Et puis, la vie est chouette, non ?

Le déjeuner du lendemain fut encore plus agréable. Pas

d'hostilité à vaincre cette fois, et l'atmosphère fut détendue et gaie. Harry voulait être certain de rentrer quelques minutes à l'avance et consultait ouvertement sa montre, disant à Mary qu'il devait absolument être à son bureau avant deux heures car il attendait une communication importante en provenance de Chicago au sujet du travail urgent pour lequel il avait dû se rendre là-bas.

Mais qu'y a-t-il donc de si important ? Vous ne m'avez jamais dit de quoi il s'agissait exactement.

Eh bien, il s'agit d'un système destiné à regrouper deux réseaux de communication nationaux et internationaux en un seul pour assurer la diffusion d'informations télémétriques et des logarithmes correspondants...

D'accord, d'accord, en riant et en l'arrêtant d'un geste de la main, ça ira comme ça. Il se mit à rire lui aussi, arrêta là son histoire, mais continua à regarder sa montre.

Non par affectation, mais par nécessité. Il prenait tant de plaisir à jouer ce petit jeu avec Mary qu'il aurait pu oublier l'heure, comme cela s'était produit la veille, et il ne voulait surtout pas de cela. Faire joujou avec Mary faisait renaître cette excitation qui le prenait aux tripes, et ce petit frisson dû à l'attente et l'appréhension, mais il ne voulait pas que ce petit jeu, quel que fût le plaisir qu'il y prît, devînt un danger pour sa situation.

Harry White arriva au bureau avec pratiquement cinq minutes d'avance et s'installa derrière sa table, l'air content de lui, faisant naître des sourires approbateurs sur les visages réprobateurs de la veille.

L'une des règles du jeu avec Rappelez-moi-son-nom était de la laisser mijoter dans son jus, bien entendu. Plus elle mijotait, plus l'excitation grandissait, plus le petit frisson s'accentuait, et plus il se répandait, en cercles concentriques, dans tout son corps, jusqu'à l'extrémité de ses doigts. Et bien sûr, plus elle mijotait, plus le désir de Mary croissait. Il voulait la voir s'empêtrer, comme elle commençait à le faire, en cherchant maladroitement une façon de lui dire qu'elle voulait le revoir, et pas uniquement à l'heure du déjeuner ; essayant de savoir où il habitait (elle lui avait demandé aujourd'hui combien de temps il passait dans le métro tous les jours, et il lui avait répondu qu'il prenait le bus, un trajet d'environ vingt minutes), ce qu'il faisait pendant ses loisirs, où il allait, et avec qui...

Harry éluda aisément ces questions tendancieuses mais voulut bien lui révéler qu'il n'était pas marié, ce qui, ainsi qu'il l'avait supposé, fit manifestement plaisir à Mary. Chacune des réponses de Harry aiguillonnait sa curiosité, et, au cours de leur pique-nique au bord du lac et de la promenade qu'ils firent ensuite sur la rive, il connut des instants de joie, d'hilarité, d'excitation et de détente. Quant à Mary, elle y prenait visiblement plaisir, elle aussi ; peut-être plus encore que Harry lui-même, mais évidemment d'une façon différente, et pour d'autres motifs.

L'une des raisons, et non des moindres, qui faisaient que Harry aurait pu continuer ce petit jeu indéfiniment, chose qu'il n'avait encore jamais faite, était qu'il aimait être en compagnie de Mary, du moins pendant le peu de temps qu'ils passaient ensemble. Et ce temps n'excédait jamais quelques heures par semaine, l'une des règles du jeu étant de ne jamais la voir plus de deux jours d'affilée, et jamais plus de trois jours par semaine. Après plusieurs semaines, l'enjeu, outre les buts que Harry s'était fixés, devint le jeu en soi, et il se demanda combien de temps il allait pouvoir le prolonger... ou, plus précisément, combien de temps cela allait l'amuser. À la longue, il finirait bien par savoir. Seul le temps, bienheureux temps, révélerait le moment où Harry allait décider de se laisser séduire par Rappelez-moi-son-nom. Oh, oui, vous savez, c'est agréable d'observer le passage du printemps à l'été dans Central Park, de voir les arbres et les buissons plus feuillus chaque jour, et le désir croître dans ses yeux. Oh, oui, et Harry savait que c'était vrai, en été, il régnait à New York une atmosphère de festival.

Et au bord du lac, dans Central Park, c'était fête, Mary parlant de plus en plus de son mari, des frustrations et des désillusions que lui avait apportées le mariage. Sagement, Harry s'abstenait de critiquer son mari, ce qui l'aurait obligée à prendre sa défense et à parler de ses qualités, mais il cessa de le justifier, de trouver des excuses et/ou des explications à sa conduite, à son manque d'intérêt et d'égards pour elle. En fait, il se bornait à écouter d'un air compatissant tandis que Mary déclarait que son mari n'était qu'un con, un salaud doublé d'une grande gueule. Jamais, pas une seule fois, il n'est resté à m'écouter comme vous le faites — Harry, l'image même de l'homme fort et compréhensif —, il allume la télé ou quitte la pièce ; et si je le suis et essaie de le forcer à m'écouter, si je tente de lui faire comprendre que je suis un être humain capable de sentiments et tout ça, il me traite de connasse et sort avec ses copains. Oohhh, en secouant la tête, hors d'elle, il y a des fois où je me dis que, si j'avais un pistolet, je l'abattrais comme un chien.

Nooon, vous ne pouvez pas faire cela, en lui touchant la main avec sollicitude, on vous jetterait en prison, et je serais privé, ainsi que le reste du monde, de votre compagnie. Mary lui sourit, puis se renfrogna soudain quand Harry lui déclara qu'il avait pitié de son mari.

Pitié de lui ? Mais c'est lui qui est toujours parti avec ses copains, qui va et vient comme bon lui semble, qui engloutit les repas que je me tue à lui préparer, puis me rote à la gueule et se barre. Sans un mot. Il se tire je ne sais où, sans un merci, sans rien. Il peut toujours courir pour que je me crève encore devant mes fourneaux. Dorénavant, il pourra s'estimer heureux si je lui fais réchauffer un plat congelé.

Mais non, vous ne comprenez pas ce que je veux dire, en lui tapotant la main avec un sourire. Je veux dire qu'il est dommage pour lui de se refuser la grande joie, le plaisir extrême qu'on prend à vous écouter et à voir cette flamme qui danse dans vos yeux quand vous vous échauffez.

Oh, vous êtes sincère quand vous dites qu'il est passionnant de m'écouter parler ?

Bien sûr, en riant et en la regardant dans les yeux, pourquoi le dirais-je si ce n'était pas vrai ?

Et le petit jeu se poursuivait, Harry s'excitant de plus en plus, au fur et à mesure que l'excitation de Mary grandissait.

Parfois, comme s'il reniflait une chienne en chaleur, les narines de Harry palpitaient ; Mary, délaissée par son mari, luttant contre elle-même, était au supplice, et Harry savait que le petit jeu qu'il menait allait devoir cesser bientôt ; du moins sous sa forme actuelle.

Et puis un jour au Joli, Joli Mois de Mai — sauf qu'on était en juin maintenant — Harry réagit à l'une des avances de Mary. Ils étaient assis sur leur banc, à bavarder ; Harry finissait son sandwich et froissait le sac en papier qui l'avait contenu, quand Mary étendit la main et fit tomber les miettes de ses genoux, consacrant beaucoup de temps et d'efforts à une croûte rebelle qui s'accrochait en haut et à l'intérieur de sa cuisse. Dans la tête de Harry, une voix se mit à gazouiller une petite chanson, et sa jambe prolongea le contact, puis sa main se posa sur celle de Mary, la caressant fermement tandis qu'il la fixait dans les yeux, les paupières à demi fermées, les narines palpitantes. Il sentit sa main se contracter comme il introduisait le bout de sa langue entre ses lèvres.

Ça ne peut plus durer, Mary, sa main gauche abandonnant la sienne tandis qu'il posait la droite sur son cou et lui caressait la nuque. Pendant quelques secondes, elle ferma les yeux, s'abandonnant à la caresse, puis elle les rouvrit à demi et le regarda (Bon Dieu, cette garce est vraiment en chaleur). Mais, que pouvons-nous faire ?

Harry la fixa sans répondre, s'amusant de ce petit jeu, et espérant ne pas éclater de rire.

Quand ? posant sa main sur celle de Harry, tandis qu'il souriait intérieurement, jouissant de sa petite victoire, heureux de l'avoir amenée là où il voulait.

Sa main se fit plus pressante sur la nuque, et les yeux de Mary se révulsèrent un instant, et son corps se contorsionna de plaisir.

Demain soir, après le travail.

Elle acquiesça et continua à onduler sous la caresse. Je dirai à mon mari que je sors avec des amies de bureau.

Harry approuva, sa tête se mettant à faire des claquettes avec un sourire en guise de parapluie [1], tout en se demandant

1. Allusion à la comédie musicale *Singing in the Rain*. (*N.d.T.*)

quelle serait la réaction de Mary quand il lui annoncerait qu'il y avait un changement de programme le lendemain après-midi.

Ah, le lendemain... une nouvelle journée, une nouvelle pépée... Hahaha. Et pourquoi pas ? Et tout ce baratin sur le jour qui vient et dont on ne jouira jamais, eh bien, laissez-moi vous dire que c'est de la foutaise. Il finit par venir ce jour, et on en jouit toujours. Moi aussi, je jouis toujours, hahahaha. Et Mary ? C'est tout le contraire ? Ho, ho, pourquoi ça ? Je suis sûr qu'elle jouira aussi du jour qui vient... si je le lui demande... Hahahaha, voudrais-tu jouir, mon chou ? Hé, Louise, remets-moi ça. Fais comme chez toi. Ouuaais, demain est un autre jour... tu vas t'envoyer cette petite connasse et après tu disparais dans la nature. D'un pas léger, pour aller voir les autres qui t'attendent, bien alignées. Noo-on, elle n'est pas contre du tout. DE-MAIN EST UN AU-TRE JOUR.

Et quelles nouvelles lui apportez-vous, mon beau sire ? Êtes-vous le messager de la joie ou du malheur ? Ah oui, la joie ou le malheur ? Comment répondre ? D'un signe de la main ? d'un haussement d'épaules ? d'un signe de tête ? Ou bien lui répondrai-je, de la façon la plus brutale qui soit, par une autre question ? Dites-moi, je vous prie, comment bat son cœur ? Son souffle s'accélère-t-il ? Voyons, son sang ne bat-il pas et ne palpite-t-il pas dans ses veines ? Et comment frémit ce délicieux mont de Vénus entre ces douces cuisses ? À coup sûr, ces battements sourds et ces palpitations palpitantes et ce frémissement envahissent tout son être. Je vais vous dire ce que j'apporte à la jeune vierge tout émue — l'allégresse dans la douleur et la douleur dans l'allégresse...

Ouuaais, t'as foutrement raison. Jusqu'au fond de son petit con, de sa chatte humide et assoiffée.

Le lendemain, Harry quitta le bureau de bonne heure et rencontra Mary au coin de la rue. Tom, que faites-vous ici, je...

Il faut que je vous parle, Mary, en la prenant par le bras et en l'entraînant.

Mary le regarda, surprise et désorientée. Que se passe-t-il ? vous avez l'air si grave et... si ému. (Très bon ça, Dr White. Conservez cette expression quelques minutes, et nos affaires ne tarderont pas à aller au mieux.) J'ai reçu un coup de téléphone il y a une heure, et je dois prendre l'avion pour Chicago ce soir.

Oh non ! Pas ce soir, Tom, son regard s'assombrissant brusquement.

Et je ne sais pas combien de temps je devrai rester là-bas, son air grave faisant place à un désespoir sans bornes et... au désir. Il fixa ses yeux éteints. C'était l'avant-dernière phase du petit jeu. Elle n'allait pas tarder à arracher ses vêtements et à l'attirer sur elle frénétiquement. Mary lui rendit son regard, puis remarqua une enseigne sur l'immeuble d'en face, HÔTEL SPLENDIDE. Tom, regardez. Il se retourna, regarda l'enseigne, puis de nouveau les yeux de Mary qui brillaient maintenant.

C'est gagné ; tu peux chanter victoire et y aller de ton petit refrain. La garce en veut, elle en veut vraiment. Elle en voulait tellement que Harry eut la peur de sa vie et, pendant quelques instants, non seulement il regretta d'avoir joué ce petit jeu, mais il alla presque jusqu'à prier pour en réchapper. Ils n'avaient pas beaucoup de temps devant eux (encore moins qu'elle ne l'imaginait), et, quand le premier round fut terminé, ils ne s'attardèrent pas à fumer une cigarette et à badiner, voulant tirer le maximum de ces quelques instants (Tirer le maximum, hahaha, elle est excellente celle-là, un vrai *bon mot*[1]) ; elle se jeta sur lui et happa son zob, et un frisson de peur l'envahit, ayant l'impression d'être tombé dans les griffes d'une cannibale qui allait le dévorer pour de bon ; mais, après un gémissement de Harry, elle s'excusa et se mit à manger moins gloutonnement. Harry poussa un soupir de soulagement et, d'un geste de la main, lui souhaita *bon appétit*[1].

Le temps était limité, et leur désir, illimité, mais ils firent de leur mieux pour en profiter au maximum. Et, tout bien

---

1. En français dans le texte.

considéré, ils en profitèrent bien. Ni l'un ni l'autre ne furent déçus par cette version de *L'Après-midi d'un fau(r)ne-icateur*[1]. Finalement, quand l'heure tardive et le souvenir de leurs bureaux vinrent mettre un terme à leur liaison hâtive, ils abandonnèrent gîte et couvert (navré que vous deviez partir dès la fin du repas. Haha, elle est bien bonne !) pour la douche.

Le pommeau de la douche, grand et plat, était encastré dans le mur au-dessus du réceptacle, et donnait à l'ensemble un caractère spacieux. Ils se savonnèrent mutuellement, se frottèrent et se frictionnèrent, et parfois, la main de Harry remontait, et le savon disparaissait, et il apparut bientôt que l'heure et le travail devraient attendre encore un peu, et Harry aida Mary à s'étendre dans le réceptacle et enfourcha sa belle, l'eau tombant et s'éparpillant sur son dos, tintant joyeusement sur les parois de la douche, tandis qu'il jouait un air de sa façon à la nénette, son gros orteil enfoncé dans l'orifice d'évacuation. Quand l'air fut fini (mais il reste présent dans les mémoires), ils s'allongèrent sur le dos, laissant l'eau goutter sur eux, s'amusant à glisser le long des parois de la douche en riant.

Mais hélas, trois fois hélas, le temps passe inexorablement, et la pluie purifiante prit fin, et ils se frottèrent avec des serviettes trop petites.

Quand ils eurent fini de se sécher, Harry prit la serviette des mains de Mary, caressa lentement tout son corps en la regardant dans les yeux, et l'attira contre lui, enfouissant son visage dans ses cheveux et son cou. Tu es une femme magnifique, Mary, et il l'embrassa sur l'épaule, dans le cou et sur les lèvres.

Oh, Tom, les yeux fermés, défaillant d'extase, mon Tom adoré, je t'aime.

Ni l'un ni l'autre ne réagirent à ces mots, mais Harry continua à l'embrasser quelques instants, puis ils s'habillèrent et quittèrent l'hôtel pour remplir leurs engagements envers le temps et leurs employeurs.

---

1. En français dans le texte, sauf le dernier mot, bien entendu.

Lorsqu'ils se séparèrent au coin de la rue, Mary leva vers Harry un visage épanoui, une expression rêveuse dans les yeux. Tu viendras au parc quand tu rentreras de Chicago, n'est-ce pas ?

Bien sûr, en lui souriant gentiment. Il lui pressa la main. Au revoir, Mary. À bientôt, Tom.

Harry se dirigea vers son bureau en se disant qu'il serait inutile d'aller vérifier qu'elle se trouvait bien au bord du lac à l'attendre. Elle y serait, et pour un bon bout de temps. Et qui sait, p'têt' qu'un jour il y retournerait. Ouaais... la prochaine fois qu'il aurait envie de bouffer de la chatte pour son déjeuner, hahaha. Faut dire qu'elle était au poil cette nana, du moins tant qu'elle était affamée. Affamée ? Merde alors, elle crevait littéralement de faim. Et elle a un appétit insatiable. Pas pour la bouffe. Pour l'amour. C'est ça qu'i' lui faut. Quelques égards, un peu d'attention et de compréhension. Je suis sûr qu'elle ferait une bonne épouse... mais pas pour moi. Dommage, on pourrait passer une heure (ou deux) agréable au moment du déjeuner ; et puis non, ce serait une connerie. D'ailleurs, après avoir mangé deux ou trois fois à sa faim, ses appétits seraient satisfaits, et elle changerait probablement.

Enfin, y a plus qu'à tirer un trait sur cette histoire. Sûr que j'me suis bien marré tant qu'ça a duré. Heureusement, elle ne m'a pas sorti trop de conneries sentimentales. Une bonne femme plutôt bien. J'parie qu'c'est la première fois qu'elle cocufie son mari. Me d'mande bien ce qu'il va penser en la voyant rentrer ce soir, le corps en feu et les yeux brillants ! Il ne remarquera sans doute rien. Ça doit être une espèce de pignouf. P'têt' qu'elle a raison quand elle dit que c'est un con. Mais cette flamme sera éteinte dans deux semaines, j'en mettrais mes couilles à couper. Pauvre fille. Elle me ferait plutôt pitié. Va sans doute me maudire... Mais un jour, elle me remerciera. Au moins, elle sait maintenant qu'elle n'a pas besoin d'attendre après son mari pour ça. Elle sait qu'elle aussi peut passer la nuit dehors à faire la noce avec les copains, hahaha... Ouais, j'lui ai probablement épargné une perte de temps et des soucis. Dieu sait combien d'années il lui aurait fallu pour découvrir qu'elle pouvait prendre un peu de bon temps.

Harry sortit de l'ascenseur, salua au passage la préposée à la réception et se dirigea vers son bureau. Il n'était pas encore assis que la secrétaire de M. Wentworth était debout à ses côtés. Où étiez-vous donc ?

Je déjeunais. Pourquoi ? Je vous ai manqué, Louise ?

Pas à moi, mais à M. Wentworth — Harry regarda sa montre —, et il était fou furieux quand il a quitté cette pièce.

Bon Dieu, il est tard, hein ?

Franchement, je me demande pourquoi vous vous êtes donné la peine de revenir.

Ou bien, êtes-vous en avance pour demain ? en riant sous cape.

Merci bien, mais je me passerais de vos plaisanteries, en fronçant les sourcils. Que voulait-il ?

Les chiffres du dossier Compton et Brisbane. Nous avons trouvé la plupart des informations nécessaires sur votre bureau, mais les calculs, certaines données et d'autres pièces encore ne s'y trouvaient pas.

Oh, nom de Dieu ! son exaltation tombant d'un coup, tout ça devrait se trouver ici même ; il ouvrit un tiroir, en sortit plusieurs classeurs et chemises qu'il posa sur le bureau. Mais pourquoi les lui fallait-il aujourd'hui ? en rassemblant hâtivement les éléments du dossier, il avait dit qu'il n'en aurait pas besoin avant demain.

Apparemment, il y a eu un brusque changement de programme, en haussant les épaules, et il avait rendez-vous avec le client cet après-midi. Vous feriez bien de préparer tout ça ; il a dit qu'il téléphonerait s'il en avait besoin. Il pensait... Oh, le téléphone.

Louise s'éloigna et Harry continua à classer les papiers, espérant — priant presque pour que M. Wentworth n'appelle pas. Quand il réalisa que c'était peut-être lui qui était au téléphone en ce moment même, il fut pris d'une nausée. Il se retourna et regarda Louise qui hochait la tête et prenait des notes sur son bloc. Il essaya d'attirer son attention en intensifiant la fixité de son regard, mais elle continua à écouter et à prendre des notes, sans rien remarquer. Une subite anxiété lui noua les tripes et paralysa ses muscles et ses os. Pour l'amour du ciel, Louise, levez les yeux, bon sang ! Harry sentait ses orteils se contracter et ses yeux larmoyer à force de la fixer. Nom d'un chien, en serrant les dents, est-ce lui au téléphone ? ? ? ?

Louise raccrocha, examina ses notes un instant, puis s'aperçut que Harry ne la quittait pas des yeux. Elle l'observa quelques secondes, se demandant s'il allait bien, puis comprit pourquoi il la dévisageait, sourit, et lui fit non de la tête. Harry se sentit brusquement soulagé, comme un condamné à qui l'on accorde un sursis, puis il réalisa que ce délai serait de courte durée, et se sentit dans la peau de l'homme qu'on a tiré de la chambre à gaz au dernier moment, et qu'on emmène déjà vers l'échafaud. Il agita la tête. Bon Dieu, mais que se passe-t-il ? c'est dingue. Il regarda le gâchis qu'il avait fait sur son bureau, puis il ferma les yeux, respira profondément, déterminé à se détendre et à classer les papiers calmement. Il les regarda un instant, puis soigneusement, méthodiquement, il les mit en ordre.

En partant, Louise s'arrêta devant lui. Vous avez l'intention de passer la nuit ici, on dirait.

Eh bien, je pensais rester quelques minutes encore, l'air penaud et gêné, au cas où M. Wentworth appellerait.

S'il n'a pas encore appelé, je ne pense pas qu'il le fasse maintenant.

Ouais, vous avez probablement raison. Je crois que je vais me tirer aussi.

Bonsoir Harry, à demain.

C'est ça, bonsoir. Harry mit de l'ordre sur son bureau et se prépara à partir ; mais il décida finalement de rester jusqu'à cinq heures et demie. Il avait l'impression qu'en restant une demi-heure de plus, tout allait s'arranger, que ça effacerait ce qui s'était passé cet après-midi.

Ce qui s'était passé ? ? ? ? Mais qu'est-c'qui s'était passé, nom de Dieu ?

Mais, qu'est-c'que c'est que toutes ces conneries ? J'fais mon boulot, non ?

Mais qu'est-c'qu'ils me veulent ? Seigneur, on jurerait qu'j'ai assassiné quelqu'un ou quéqu'chose dans c'genre-là. Ça s'est passé aujourd'hui ? Bon Dieu, j'ai l'impression que des années se sont écoulées depuis qu'j'étais au coin de la rue à attendre Rappelez-moi-son-nom... Y a quéqu'chose qui déconne. J'sais pas quoi. Un jour... J'fais du bon boulot. Ils n'ont pas le droit de m'embêter comme ça. Oh, et puis merde ! Y a quéqu'chose qui déconne foutrement, ça c'est sûr, mais j'sais vraiment pas quoi.

Il quitta le bureau, fit quelques centaines de pas le long de la Cinquième Avenue, des images et des mots se bousculant dans sa tête, puis prit un bus et se rendit à la Quarante-deuxième Rue. Il descendit du bus, et remonta la rue vers l'ouest, en direction de Times Square. Au milieu de la foule, il se sentait curieusement oppressé, et ses oreilles étaient douloureuses, comme si elles étaient soumises à une pression trop forte, ou comme si quelqu'un allait les transpercer avec un pic à glace ; quant à ses yeux, il avait l'impression que deux larges pouces leur appuyaient dessus.

Il s'arrêta dans un Grant [1], avala deux hot-dogs accompagnés d'une soupe de clams [2], après quoi il reprit sa marche le long de la Quarante-deuxième Rue et finit par entrer dans un cinéma. Il ne regarda que distraitement ce qui se déroulait sur l'écran, mais cela suffit à atténuer sa migraine. Il avait repassé les événements de cette journée dans sa tête tant de fois, essayant désespérément d'en faire un tout cohérent, qu'il commençait à être mentalement épuisé, et ce qu'il voyait sur l'écran absorbait son esprit suffisamment pour le soulager un peu.

Après quelques heures, il sortit du cinéma et rentra chez lui. De temps à autre, le ta-tam, ta-tam du métro semblait se changer en Compton et Brisbane, Compton et Brisbane, et il lui fallait secouer la tête et se concentrer sur les passagers

---

1. Chaîne de restaurants. (*N.d.T.*)

2. Sorte de palourde dont on fait une soupe très appréciée sur la côte est des États-Unis, en particulier en Nouvelle-Angleterre. (*N.d.T.*)

de la rame et les panneaux publicitaires pour que le bruit redevînt l'habituel ta-tam, ta-tam.

Le lendemain matin Harry partit pour le bureau de bonne heure pour être sûr de s'y trouver lorsque M. Wentworth arriverait. Il vérifia le dossier Compton et Brisbane par deux fois, pour s'assurer que tout était en ordre, puis essaya de se plonger dans une autre tâche, mais ne parvint pas à se concentrer, ses yeux ne cessant de regarder involontairement vers la porte, et son pied droit martelant continuellement le sol.

Ne voulant pas que M. Wentworth le vît buvant du café et mangeant son habituel friand quand il entrerait, il avait décidé de s'en passer ce matin, et maintenant, il aurait bien voulu avaler quelque chose pour faire passer le goût de métal qu'il avait dans la bouche et les tiraillements de son estomac vide. L'appréhension le crispait des pieds jusqu'à l'extrémité des cheveux.

Il essaya de prendre un air de profonde et totale concentration, mais, ce faisant, il eut l'impression que sa peau allait craquer.

Dieu merci, Wentworth finit par arriver. Harry sentit le sang battre à ses tempes, et la sueur couler sur son torse et sous ses yeux ; il sentit son cœur marteler sa poitrine et son estomac se nouer et se révulser. Il suivit M. Wentworth des yeux, prêt à sourire s'il lui accordait un regard, mais celui-ci gagna son bureau sans tourner la tête.

Alors Harry attendit... et attendit encore... pendant des minutes interminables. Il n'aurait jamais cru que le temps pût s'écouler si lentement et qu'il pût être aussi malade. Il devait constamment ravaler sa nausée, et ces pouces qui appuyaient sur ses yeux de plus en plus fort ! Il resta là, à attendre que M. Wentworth l'appelle, incapable de maîtriser son pied qui continuait à battre le sol, toute la puissance de son esprit occupée à contrôler ses sphincters. Il avait l'impression de transpirer du plomb fondu par tous les pores de sa peau, et il sentait qu'à tout instant il allait se lever et se mettre à hurler, hurler, et hurler encore, et il faisait des efforts désespérés pour ravaler ce hurlement avec sa nausée.

Il sentait la sueur lui picoter le bas du dos, et il commençait à avoir des crampes dans les orteils du pied droit, et quand la sonnerie de l'interphone retentit enfin à ses oreilles, il eut littéralement le sentiment qu'on l'écorchait vif.

Venez dans mon bureau, White. Quand Harry se leva, il fut pris de vertiges ; incroyable, pensa-t-il. Bon Dieu, qu'est-c'qui n'va pas ? C'est dingue. Il essaya de prendre l'expression sérieuse du jeune cadre affairé, mais son esprit et son corps étaient en proie à une émotion telle qu'il ne savait pas de quoi il avait l'air ; il se sentait dans la peau d'une brebis galeuse qu'on mène à l'abattoir. Il était tellement accablé, non seulement par ce qu'il ressentait, mais aussi par le fait qu'il pût éprouver de tels sentiments, qu'il fut presque incapable d'aller de sa table au bureau de M. Wentworth. De nouveau, il tenta d'afficher une certaine assurance, et pénétra dans la pièce.

Vous avez choisi un sacré moment pour vous barrer, White !

Je suis désolé, mon...

Épargnez-moi vos histoires, j'n'ai pas de temps à perdre avec ça. J'ai heureusement réussi à convaincre leurs représentants qu'ils n'avaient pas besoin, pour l'instant, des données qui n'étaient pas en ma possession hier, si bien que nous n'avons pas perdu cette affaire, pas encore — Harry soupira intérieurement — et pas grâce à vous. Mais seul l'avenir nous le dira. Bon, voici les données que j'ai prises hier, en jetant deux chemises sur le bureau, mettez-moi tout ça en ordre. Je dois les revoir la semaine prochaine. Il a fallu que je fasse des pieds et des mains pour leur arracher ce rendez-vous, alors débrouillez-vous pour que tout soit prêt, vu ?

Oui, monsieur. Je...

Je vais dicter un certain nombre de notes à Mme Wills aujourd'hui, et elle vous en remettra une copie dès qu'elle les aura mises au propre ; je tiens absolument à ce que vous en tiriez les points essentiels pour les faire figurer dans notre relevé.

Oui, monsieur, avec un petit signe de tête, je...

Je veux que le projet que nous leur proposerons soit si parfait qu'ils n'auront plus qu'à signer, vous avez compris, parfait !

Oui, monsieur, inclinant la tête et prenant les chemises.

Encore une chose, Harry se tenant très droit et essayant d'avoir l'air éveillé, cette habitude de disparaître l'après-midi — Harry priant pour sa survie, une énorme boule dans la gorge —, c'est terminé. Vu ? Terminé !

Oui, monsieur, raide comme la justice et n'osant pas bouger le petit doigt. Vous êtes l'un des jeunes hommes les plus brillants que nous ayons ici, en se renversant dans son fauteuil, mais je me fous pas mal de savoir si vous êtes brillant ou non ; quand vous êtes absent, vous n'apportez rien à notre société. Vous comprenez ? Acquiescement de Harry. Vous avez un bel avenir dans cette maison ; vous avez tout ce qu'il faut pour arriver en haut de l'échelle... tout en haut. MAIS — et c'est la chose la plus importante dans la vie — il faut que vous le vouliez vraiment. Que vous le vouliez plus que tout au monde. C'est la clé du succès. Rien n'est hors de votre portée, mais rien n'est donné. Nous vous offrons la possibilité de réussir, mais c'est tout.

C'est à vous de travailler. Me suis-je bien fait comprendre ?

Oui, monsieur, parfaitement, espérant que ce serait bientôt fini, pour pouvoir s'écrouler dans son fauteuil et respirer.

Très bien. Alors allez-y et faites-moi du bon boulot ; je sais que vous en êtes capable. Et quand vous aurez fini, remettez tout ça à Mme Wills.

Ouf, ça y était. Il était assis à son bureau, et son corps et son esprit se détendaient, lentement mais régulièrement, et sa respiration devenait plus aisée, et pendant de longs moments, il resta à hocher la tête avec incrédulité, se refusant à croire que son agitation passait, se refusant à croire qu'il avait pu réagir de la sorte. Il était encore légèrement tremblant de peur.

Lorsqu'il jugea être resté assis à son bureau assez longtemps pour satisfaire un observateur éventuel, il alla aux toilettes. Il se passa de l'eau froide sur la figure, puis, après avoir baissé le couvercle, il s'assit sur la lunette pendant quelques minutes pour se détendre. Il aurait aimé pouvoir se déshabiller, prendre une douche et mettre des vêtements secs. Après quelques instants, il secoua la tête, se leva, retourna à son bureau et se mit au travail avec ardeur. En ce qui concernait le dossier Compton et Brisbane, il ne pouvait plus faire grand-chose tant qu'il n'aurait pas les notes de Louise, et il s'attaqua à une autre affaire. Tout en travaillant, il s'aperçut petit à petit que ses deux jambes ne cessaient de s'agiter, et que ça frétillait du côté de son bas-ventre. Il glissa discrètement la main sous le bureau et se gratta l'entrejambe, puis il se frotta et s'aperçut qu'il bandait tellement que ç'en était douloureux. Il se mit tout à coup à penser à Mary et se demanda s'il n'irait pas au parc — elle y serait dans quelques minutes — puis dans un hôtel, mais il rejeta rapidement cette idée. Il fallait qu'il soit à l'heure aujourd'hui, à tout prix. Mais nom de Dieu, il était en chaleur ! Jamais il ne s'était senti comme ça auparavant. Du moins, pour autant qu'il s'en souvînt. C'était une sensation irrésistible. Il essaya de se concentrer sur son travail, mais il ne cessait de penser à son érection et aux palpitations de sa queue, et, quand il regardait les papiers sur son bureau, il continuait à voir la toison fournie de Mary, à sentir la chair de son cul entre ses dents et un de ses nichons dans sa bouche, et il s'agitait dans son fauteuil. Finalement, n'y tenant plus, il regarda autour de lui d'un air coupable, se leva et alla se masturber aux toilettes. Lorsqu'il eut fini, il s'assit sur le siège, le pantalon sur les chevilles, la tête basse, abattu, le visage en sueur, ravalant un flot de bile amère et nauséabonde dont il découvrait le goût pour la première fois, essayant de se rappeler quand il s'était branlé pour la dernière fois, et n'y parvenant pas. Le sentiment de culpabilité et les remords qu'il éprouvait le firent rougir, et il secoua la tête, perplexe, se demandant pourquoi il se sentait ainsi.

Et puis merde. Il se leva, se rhabilla, se lava les mains et se passa à nouveau de l'eau froide sur la figure, puis partit déjeuner.

Il se balada dans les rues et les magasins, se noyant dans la foule avec ses pensées et ses sentiments, puis il avala un sandwich dans une cafétéria avant de se plonger à nouveau dans le flot des passants. Il n'arrêtait pas de regarder sa montre, voulant être sûr d'être au bureau au moins cinq ou dix minutes avant l'heure.

Quand il reprit place à sa table, il se sentait fatigué et désorienté, mais, du moins, il n'avait plus à lutter contre des sentiments inconnus, de sorte qu'il put se consacrer entièrement à son travail. Dans le courant de l'après-midi, Louise lui remit les notes qui l'occupèrent pour le restant de la journée. En fait, il fut agréablement surpris quand Louise lui tapota l'épaule et lui annonça qu'il était cinq heures.

Déjà ? Eh bien dites donc, le temps passe rudement vite.

Oui, surtout quand on se plonge dans son travail comme vous l'avez fait aujourd'hui. Vous savez, Harry, en se penchant vers lui, M. Wentworth vous aime vraiment beaucoup. Il pense que vous êtes le plus brillant et le plus agréable des jeunes cadres qui ont travaillé pour la société.

Merci Louise, en la regardant avec une expression de gratitude et de profonde humilité, ça fait du bien d'entendre ça.

C'est c'que je pensais ; c'est pourquoi je vous l'ai dit, en souriant. Bonsoir. Harry rassembla les feuilles éparses sur son bureau puis s'en alla. Il avait l'impression qu'un siècle s'était écoulé depuis qu'il s'était traîné jusqu'à l'arrêt du bus et le long de la Quarante-deuxième Rue, et ce fut d'un pas plus léger et plus vif qu'il se dirigea vers le métro. La raison de sa gaieté était l'intense soulagement qu'il ressentait maintenant après la confrontation si redoutée avec M. Wentworth, et la réprimande légère et brève que celui-ci lui avait adressée. À cela venaient, bien sûr, s'ajouter les propos de Louise. En fait, le soulagement qu'il ressentait n'était rien à côté de l'enthousiasme qu'il éprouvait, et qui expliquait la vivacité de son allure et la clarté de ses pensées.

Ce qu'avait dit Louise sur l'ardeur qu'il mettait au travail était vrai. Le temps passait plus vite. Cela finit par chasser de son esprit toutes les pensées qui s'y bousculaient, et par l'accaparer totalement, et il se retrouva de nouveau dans la peau d'un jeune cadre intelligent et plein d'avenir. Son cerveau se bornait maintenant à penser au dossier Compton et

Brisbane. Dans le courant de l'après-midi, peu avant de partir, il avait fait le rapprochement entre certaines informations contenues dans les notes que lui avait remises Louise et d'autres données antérieures dont il se souvenait ; il avait rapidement vérifié et fait quelques calculs. Il pensait avoir trouvé une façon d'économiser du temps, une semaine peut-être, mais aussi de l'argent... il ne savait pas combien exactement, mais peut-être quelques centaines de milliers de dollars. Son enthousiasme lui fit oublier la foule et les bousculades dans le métro. Il était impatient de retourner au bureau le lendemain.

Dès le matin, avant même d'avoir fini son café et son friand au fromage, il se mit à étudier sa nouvelle idée. À dix heures, il savait qu'il avait raison. Il s'arrêta un moment puis classa les éléments du dossier et en reprit l'étude depuis le début pour être absolument certain qu'il n'avait rien négligé, et pour trouver d'autres arguments susceptibles d'étayer sa thèse. Au milieu de l'après-midi, il était prêt à soumettre son idée à M. Wentworth.

Une fois encore, il fut frappé par la rapidité avec laquelle les choses évoluaient : un jour, la seule pensée d'une entrevue avec son patron le terrifiait, le lendemain, il attendait de le voir avec impatience.

Il avait préparé un graphique résumant l'essentiel de son idée, en utilisant les abaques adéquats, et il l'étala sur le bureau de M. Wentworth. Ils l'examinèrent point par point, se référant aux données du client et au cahier des charges, ainsi qu'à leurs propres connaissances et expérience.

Je crois que vous avez raison, Harry. Ça m'en a bigrement l'air, en tout cas. Nous gagnerons de cinq à sept jours, et nous économiserons plusieurs centaines de milliers de dollars sur notre première mise de fonds. Et Dieu sait combien par la suite. Ajoutez à cela l'avance que nous possédons au départ, et aucun de nos concurrents n'est plus compétitif. Harry, en lui donnant une claque dans le dos, vous avez fait du bon travail. Je suis fier de vous.

Merci, monsieur Wentworth, en souriant, ça fait plaisir à entendre.

Vous savez — ça cogite dur dans cette bonne vieille tête —, je crois que nous pourrions économiser encore plus de fric et de temps grâce à certaines procédures utilisées dans une affaire que nous traitons en ce moment, et faire de même dans celle que nous avons en vue pour l'an prochain. En tout cas, inutile de vous préoccuper de cela. Allez-y, rédigez-moi cette proposition dans le sens que vous venez d'esquisser, et c'est une affaire faite. Ils se sourirent, et Harry rassembla ses notes, et, tandis qu'il se dirigeait vers la porte, M. Wentworth lui donna une claque dans le dos.

Les jours suivants filèrent comme une flèche, dans la mesure où une flèche peut filer dans l'atmosphère lourde et humide qui règne sur New York en été. Harry passa le week-end à Fire Island avec des amis dans l'ambiance de folie et d'hystérie qui règne habituellement dans l'île. Il nagea, marcha le long de la plage, se balada dans les dunes couvertes de roseaux, observa l'océan, se roula dans les vagues, prit des coups de soleil, joua au volley-ball, supporta la cacophonie stridente de quelques réceptions et baisa une paire de gonzesses.

La semaine suivante, deux affaires urgentes se présentèrent, et Harry fut de nouveau absorbé par son travail, si bien que son enthousiasme, qui ne faiblissait pas, rendit acceptables les journées de boulot, les trajets en métro et les soirées qu'il passa pour la plupart chez lui à regarder la télé avec ses vieux, ou à lire.

À la fin de la semaine, M. Wentworth revint avec le contrat Compton et Brisbane signé en poche, et dit à Harry qu'il l'emmenait faire une virée ce soir pour lui exprimer sa satisfaction. Vous aurez droit au traitement complet, exactement comme si vous étiez un client éventuel. Il sourit et lui fit un petit clin d'œil.

J'ai rien contre, en partant d'un petit rire et en hochant la tête.

Ils attendirent les filles dans leur suite au Plaza. Elles arrivèrent à sept heures et demie, et Harry comprit en les voyant qu'il allait vraiment passer une bonne soirée. Harry, voici Alice et — Cherry. J'ai pensé que vous étiez du genre à aimer les rousses, et j'ai demandé à Alice ce qu'elle pouvait faire pour vous.

B'soir.

Bonsoir.

B'soir.

En réalité, je suis du genre à aimer tous les genres — Harry sourit et les trois autres s'esclaffèrent —, mais je dois reconnaître qu'Alice a bien fait les choses.

Wentworth servit un verre à tout le monde ; ils trinquèrent et s'assirent pour bavarder, attendant que l'alcool glacé réchauffe l'atmosphère. Harry n'avait jamais eu affaire à une professionnelle, encore moins à une représentante des brigades roses du service des relations publiques — la faction enlevez-vos-vêtements-je-veux-vous-dire-un-mot-allongez-vous-je-vous entendrai-mieux.

Eh oui, rien ne vaut ce genre de show-business-là.

Après un verre ou deux, ils allèrent dîner, et Harry se mêla à la conversation en songeant qu'il aimerait bien foutre sa pine au cul de cette Cherry. Ce qu'il fit, et pas qu'une fois. Cherry n'avait jamais passé une si bonne soirée depuis qu'elle s'était spécialisée dans les relations publiques (pubiques ?). Après le dîner, ils firent la tournée des grands-ducs, jouèrent à frotti-frotta et à touche-pipi sous la table, puis regagnèrent leur suite au Plaza.

En arrivant à l'hôtel, Harry était dans un tel état d'excitation que, sans même laisser à Cherry le temps de se déshabiller complètement, il enfouit la tête dans sa chatte fondante. Quand il fit surface pour respirer, il l'aida à ôter ses vêtements, et ils reprirent leurs ébats et leurs galipettes jusqu'au moment où, petit à petit, ils sombrèrent dans le sommeil.

Le lendemain matin, Wentworth était redevenu le cadre supérieur qu'il était ; il paya les filles, en liquide, et vérifia le contenu de ses poches pour s'assurer qu'il n'avait rien oublié. Tandis qu'ils attendaient un taxi sur le bord du trottoir, Wentworth donna une bourrade dans l'épaule de Harry et lui adressa un regard cauteleux. Chouette nuit, hein, Harry ? Chouettes nanas.

J'espère que vous ne vous êtes pas trouvé à court.

Non, ça s'est bien passé, riant et essayant de prendre un air cauteleux lui aussi, du moins, pour autant que je sache. Wentworth s'esclaffa, et, avant de fermer la portière du taxi, dit, à lundi matin de bonne heure, Harry.

Le dimanche soir, Harry atterrit dans un dancing de Sheepshead Bay avec des amis et, comme toujours, en repartit bientôt en compagnie de l'une des deux composantes d'un couple, celle du dessous. Tout se passa comme d'habitude, à une exception près : il s'endormit. Et il ne s'en aperçut que le lundi matin alors qu'il tentait désespérément de garder les yeux fermés pour les protéger des rayons perçants du soleil. Il finit par entrouvrir les paupières et réalisa brusquement qu'il n'était pas chez lui. Il regarda autour de lui, comprit où il se trouvait et se rappela peu à peu la soirée de la veille. Vers deux ou trois heures du matin, Olga (si toutefois c'était bien son nom) l'avait retourné sur le ventre et s'était mise à lui masser la nuque et les épaules ; après ça, c'était le trou. Il s'assit subitement, regarda l'heure, sauta du lit et se doucha rapidement, puis il s'habilla, embrassa Olga sur la joue gauche, autrement dit, sur le cul, et partit.

Il courut se changer chez lui, puis courut de nouveau jusqu'au métro. Lorsqu'il se retrouva dans la rame, pendu à une poignée de maintien, il était un peu essoufflé, mais pas vraiment inquiet de son retard malgré la réprimande qui l'avait mis à la torture peu de temps auparavant. Après la nuit de vendredi, il ne devrait pas avoir d'embêtements avec Wentworth. S'il me demande pourquoi je suis en retard, je lui dirai que j'étais avec une gonzesse et que j'n'ai pas fait attention à l'heure. Mais ne voulant pas doubler ses torts d'un affront, il décida de se passer de café et de friand au fromage.

Il arriva au bureau quelques minutes avant dix heures, et, pour une raison obscure, le fait d'avoir moins d'une heure de retard lui parut important.

Il constata que Wentworth était déjà dans son bureau, mais n'en éprouva aucune gêne. Il s'assit à sa table et ouvrit le dossier de l'affaire dont il s'occupait en ce moment. Au bout de dix minutes environ, M. Wentworth l'appela au téléphone et il décrocha. Oui, monsieur ?

White, il y a un temps pour s'amuser et un temps pour travailler, et l'homme qui veut réussir ne mélange jamais les deux.

Click ! Fin du message. Le silence qui suivit laissa Harry sans réaction pendant quelques secondes, la voix sévère et le click continuant à résonner dans sa tête. Surtout ce click. Il semblait être si définitif, irrévocable. Harry raccrocha et prit conscience de l'émoi qui lui tordait les tripes. Seigneur, non, pas ça. C'est dingue. Un jour bien, un jour mal. Un jour bien, un jour mal. Y a qué'que chose qui cloche...

Et puis merde. Ça n'est pas si important que ça. J'vais me mettre au boulot, et tout ça — si seulement j'savais c'que c'est, bon Dieu ! — ne tardera pas à passer. Et il se plongea dans son travail.

Ça dura jusqu'à la fin de la semaine, Harry ne prenant même que cinquante-cinq minutes au lieu d'une heure pour déjeuner. Puis les circonstances se faisant moins critiques et la nécessité moins pressante, il se remit bientôt à déjeuner rapidement et à passer le reste du temps à se promener sur la Cinquième Avenue et dans les magasins.

De temps en temps, très fréquemment en fait, il pensait à Mary et aux moments qu'ils avaient passés à l'hôtel Splendide. Non pas qu'elle l'intéressât tellement — manifestement, elle lui occasionnerait des embêtements, et il évitait soigneusement le lac de Central Park —, mais, au cours de ces quelques semaines où ils avaient déjeuné ensemble, il n'avait pas eu le temps de s'ennuyer. Il se souvenait aussi de ce qui s'était produit un peu plus tard cet après-midi-là, et il ne voulait pas connaître à nouveau un pareil calvaire. Pour rien au monde.

Alors, Harry errait sur la Cinquième Avenue et dans les magasins, allant toujours dans une direction qui l'éloignait du parc.

3

Un jour, Harry faisait un tour dans le rayon hommes d'un grand magasin quand une femme se retourna brusquement et le bouscula, laissant échapper son sac qui, en s'ouvrant, répandit son contenu sur le sol. Oh, excusez-moi, je suis désolé.

Mais non, c'est de ma faute, je n'aurai pas dû me retourner si brutalement. Attendez, je vais vous aider, en se baissant pour ramasser les objets épars, son regard s'attardant sur le reflet de ses bas tandis qu'ils étaient accroupis côte à côte.

Merci, en refermant son sac après y avoir remis le dernier objet, je suis vraiment confuse.

Y a pas de mal, en souriant.

J'ai aperçu cet écriteau soldes là-bas, avec un petit rire d'excuse, et je crois bien que je me suis mise à foncer comme un éléphant dans un magasin de porcelaine.

Si tous les éléphants vous ressemblaient, je m'ferais volontiers cornac. Elle répondit à son compliment par un sourire et se détendit un peu.

Où est-il cet écriteau ?

Là-bas, au rayon des cravates.

Euuuhhh... Ah oui. V'cherchez un cadeau pour votre mari ?

Non, en souriant, pour mon père ; c'est son anniversaire.

Dans ce cas, laissez-moi vous aider, je m'y connais en pères et en cravates.

Vraiment ? en souriant à nouveau.

Absolument. J'ai les deux. Ils s'esclaffèrent, allèrent jusqu'au rayon et se mirent à chercher. Voyons, je présume que vous voulez de la soie.

Mon Dieu, je ne sais pas. Je suis tellement sotte pour ce genre de choses.

Eh bien, soyez rassurée, finis les problèmes. Dites-moi, quelle est la couleur de ses cheveux ?

Voyons, avec un plissement d'yeux et une grimace d'embarras, il est plutôt brun et commence à grisonner, surtout sur les tempes. Le genre distingué, si vous voyez ce que je veux dire.

Bien sûr, en lui rendant son sourire, étant votre père, il ne peut qu'être distingué. Porte-t-il généralement des costumes gris ou bleus ?

Eeeuuuh... il me semble, en effet. Comment le saviez-vous ? en lui jetant un regard étonné, vous êtes extraordinaire.

Bah, en faisant un petit geste de la main, c'est élémentaire mon cher Watson. Tenez, voici une cravate à rayures qui ira avec tous les tons de gris et de bleu. Enfin... presque.

Oh, mon Dieu, mais à ce prix-là, je peux me permettre de lui en offrir deux. Harry lui fit voir plusieurs cravates, elle les regarda, hocha la tête et finit par lui déclarer qu'elle ne savait lesquelles choisir.

Oh, mais c'est qu'il n'est pas question de laisser une jeune et jolie personne comme vous dans un tel embarras. Tenez, en choisissant deux cravates sur le présentoir, pourquoi ne pas prendre celles-ci ? Je suis sûr qu'elles lui plairont. Elles seront parfaites en toute circonstance.

D'accord, son visage s'éclairant d'un bref sourire. Elle paya, se fit faire un paquet-cadeau, et ils quittèrent le magasin. Harry jeta un coup d'œil à sa montre, puis à la jeune femme et haussa les épaules. J'crois qu'il est temps d'y aller. Hélas, *Tempus fugit*, y a pas de doute, surtout quand on est en agréable compagnie.

Je ne puis vous dire à quel point j'ai apprécié votre aide.

Sans vous, je serais sans doute encore dans ce magasin à essayer de me décider.

Tout le plaisir a été pour moi.

Vous m'avez tout bonnement sauvé la vie, en lui souriant avec un air de parfaite sincérité. J'aimerais trouver un moyen de vous exprimer ma reconnaissance.

Eh bien, avec son plus charmant sourire, j'en connais un. Vous pourriez déjeuner avec moi demain par exemple.

Très volontiers. J'en serais ravie. Où cela ?

Eh bien... au restaurant d'en face, à une heure ?

J'y serai.

Bon Dieu qu'elle avait un joli sourire ! Chaleureux et... franc... Ouais, je crois que c'est ça, beaucoup de sincérité. Il courut jusqu'au bureau, et réussit à être à l'heure — en réalité, il avait deux minutes de retard —, il était plus ou moins absorbé par son travail depuis quelques instants, quand il réalisa ce qu'il venait de faire : il lui avait donné rendez-vous pour le lendemain. Un léger sentiment de crainte et d'appréhension lui noua subitement les tripes. Oh, et puis quoi ? ça ne te tuera pas de déjeuner avec elle. Inutile de te mettre dans des états pareils pour deux malheureuses cravates et un déjeuner. Et il chassa toute inquiétude de son esprit. Après tout, prendre un repas avec une bonne femme n'a jamais tué personne.

Surtout lorsque l'atmosphère est gaie et réjouie, comme ce fut le cas. En lui disant combien son père avait aimé les cravates, elle ne pouvait contenir son enthousiasme et sa joie. Et j'ai bien vu que ce n'était pas uniquement pour me faire plaisir — vous savez, ces choses-là se sentent, Harry acquiesça —, mais qu'elles lui plaisaient vraiment. Il les a essayées immédiatement.

Ce fut un déjeuner très agréable, l'un des meilleurs moments qu'il ait passé depuis... une éternité. Ils bavardèrent de tout et de rien, rirent fréquemment et, quel que fût le sujet de conversation, l'atmosphère resta plaisante et détendue. Quand il fut l'heure de partir, Harry se sentait si bien dans cette ambiance qu'il faillit lui proposer de déjeuner avec lui le lendemain, mais s'arrêta à l'instant où les mots allaient franchir ses lèvres. Vous êtes libre vendredi midi ?

Oui, je crois.

Ici, ça vous va ?

Bien sûr. C'est plutôt bien. Avant de le quitter, elle saisit la main de Harry, toujours souriante. Merci encore.

Y a pas de quoi, en souriant et en lui faisant un petit geste de la main tandis qu'elle s'éloignait.

Harry se dirigea vers son bureau, parcourant les cent derniers mètres au pas de course, et arriva, cette fois encore, avec quelques minutes de retard ; moins de cinq, Dieu merci. Personne ne parut le remarquer. Aucun froncement de sourcils ou regard mécontent derrière les portes de la direction non plus, lui sembla-t-il. Et pourtant, il éprouvait un vague sentiment de malaise, une sorte d'inquiétude diffuse qui couvait en lui. C'était ridicule de se mettre dans cet état-là. Après tout, il n'y avait pas de mal à déjeuner avec elle. Tu parles d'une affaire ! J'aime bien être avec elle, v'là tout. Y suffisait de rester maître de la situation. Pas la peine de s'affoler. Il n'allait pas se laisser déborder.

Le lendemain, à l'heure du déjeuner, Harry se sentait un peu nerveux, non qu'il pensât tellement à... — Bon Dieu, je ne sais même pas son nom ! Nom d'un chien ; c'est assez marrant, ça ! — mais parce qu'il ne savait pas quoi faire. Se balader dans les rues et dans les magasins comme il le faisait habituellement lui parut idiot et sans intérêt. Il se rendit à pied jusqu'à une cafétéria qu'il n'avait jamais essayée, mangea aussi lentement que possible, puis revint au bureau, la tête légèrement basse, regardant droit devant lui.

Leur déjeuner du lendemain fut merveilleux, et ils rirent souvent, et, vers le milieu du repas, Harry comprit que le petit jeu venait de recommencer. Cette constatation l'effraya un instant, puis il haussa mentalement les épaules et reprit la partie. Helen était différente de Mary, les règles du jeu étaient naturellement modifiées elles aussi.

L'une des différences était qu'Helen ne faisait jamais allusion à son mari, si bien que Harry évita d'en parler lui aussi. Il se posait des questions à son sujet, mais il se dit qu'elle finirait par aborder la question tôt ou tard, et il s'en tint à la routine des coups d'œil lubriques et de la main ouverte-posée-sur-la-cuisse, le tout soigneusement entrecoupé de compliments et de sourires.

Harry arriva au bureau avec dix minutes de retard et se plongea aussitôt dans son travail, essayant de donner l'impression qu'il était là depuis un quart d'heure. Du dos de la main, il essuya son front enfiévré par le travail ; sa tâche l'absorbait, mais son esprit était ailleurs. Il eut une soudaine bouffée de chaleur en songeant qu'il lui avait demandé de déjeuner avec lui lundi — Ce serait épatant. Ici à une heure ? Bon. Il aurait voulu afficher une certaine indifférence, ne pas l'inviter, la rencontrer par hasard à l'heure du déjeuner, ou quelque chose de ce genre — ou, tout au plus, lui fixer rendez-vous pour le milieu de la semaine prochaine — Oh, après tout, c'était pas bien grave... il s'était laissé avoir aujourd'hui, mais ça ne se reproduirait plus. La semaine prochaine, tout ça allait changer.

Effectivement, tout changea. Ils déjeunèrent ensemble tous les jours et Harry se surprit à penser la veille à la façon dont il allait lui sourire, la toucher, à la tactique qu'il allait employer, pour constater le lendemain que c'était elle qui menait le jeu. Et il commit quelques erreurs grossières dans son travail. Des choses qu'il avait toujours faites sans avoir besoin de réfléchir, des choses qu'il faisait machinalement, et qu'il se mettait à saloper. Louise releva deux erreurs qu'il corrigea rapidement, mais une troisième parvint jusqu'au bureau de M. Wentworth, et celui-ci regarda Harry avec une expression de surprise qui parut se changer rapidement en dégoût. Vous êtes sûr que ça va, Harry ?

Oui, monsieur, très bien. Simplement je...

Eh bien, bon sang, à vous voir ces derniers temps, on ne le dirait pas ! Je vous conseille de vous reprendre.

Oui, monsieur. Il inclina la tête et quitta le bureau de M. Wentworth. Qu'est-ce que ça voulait dire ? Essayait-il de me faire comprendre quelque chose ? Enfin, bon Dieu, on ne peut pas clouer un homme au pilori parce qu'il arrive quelques minutes en retard l'après-midi ! Harry corrigea l'erreur, puis partit déjeuner. Il attendit quelques instants, mais Helen n'arrivait toujours pas. Il regarda sa montre. Une heure moins dix. Nom de Dieu, il avait sans doute quitté le bureau un quart d'heure trop tôt ! Oh et puis merde ! J'ai fini mon boulot, non ? Enfin presque. S'il le faut, je resterai après cinq heures ce soir.

Helen arriva et le petit jeu se poursuivit, et Harry s'y consacra totalement. De retour au bureau, il essaya de travailler avec une ardeur accrue pour rattraper le temps perdu, mais il avait les idées légèrement embrouillées.

Non qu'il songeât sciemment à autre chose — non, simplement l'univers familier qui l'entourait, et qu'il percevait comme tel, lui semblait au même instant curieusement vague et étranger. Il fut obligé de vérifier à deux ou trois reprises des choses qu'il aurait dû faire sans même y songer. À cinq heures, son travail avait encore moins avancé qu'il ne l'aurait cru, et pourtant, il ne resta pas au bureau pour le terminer. C'était au-dessus de ses forces.

Les jours se suivent et ne se ressemblent pas ; il finirait demain. Après tout ça arrive à tout le monde d'être dans un mauvais jour de temps en temps.

Seulement le lendemain fut identique, et ainsi de suite. Il ne pouvait pas vraiment dire qu'il fût dans un mauvais jour, mais bon sang, sûr qu'il n'était pas dans un bon jour non plus. En fait, il ne savait quoi dire. Quelque chose n'allait pas bien, ça il en était sûr, mais il ne savait pas ce qui allait mal. Ce quelque chose restait vague, mal défini ; et en fait, l'unique manifestation de ce euh... dérèglement était le fait que tout n'allait pas pour le mieux dans son travail. Ces erreurs qu'il n'avait jamais commises auparavant ; tout ce temps passé à des tâches routinières qui, parfois même, lui semblaient obscures ; et cette incapacité quasi totale à trouver un intérêt quelconque à tout ça. C'était probablement dû au fait qu'il n'y avait rien de nouveau dans le travail qu'on lui confiait. C'était sans doute ça. Des dossiers différents, mais toujours la même routine. Mais ouais, c'est ça. Dès qu'on me donnera un boulot un peu plus stimulant, j'vais reprendre du poil de la bête, et tout ira bien. Pas d'quoi s'inquiéter.

Dieu merci, y a ces déjeuners. Sans eux, j'me serais emmerdé ferme cette semaine. J'sais pas exactement comment on en est venu à déjeuner ensemble tous les jours, mais j'suis bougrement content que les choses aient tourné de la sorte.

Finalement vendredi arriva, et avec lui, la fin de la semaine, et la pensée que tout irait mieux la semaine suivante. Ce midi-là, Helen demanda à Harry s'il aimerait aller au théâtre le soir même. Au bureau, on nous a donné des places gratuites.

Bien sûr, j'en serais ravi, en se demandant si elle s'était disputée avec son mari, mais bien décidé à ne pas aborder ce sujet.

Il eut beau faire cet après-midi-là, il ne cessa de penser au petit jeu. Il se contractait dès qu'il essayait de se concentrer sur son travail, plus dérouté qu'autre chose par son incapacité à résoudre des problèmes simples. Parfois, il avait l'impression que sa tête allait exploser, puis cela passait et il s'arrêtait de travailler quelques instants une fois de plus, et pensait au petit jeu, et se posait des questions sur le mari d'Helen, se demandant ce qu'il faisait ce soir-là. C'était peut-être son jour de sortie avec les copains.

Le dîner fut très agréable et la pièce, une comédie, était très drôle. En sortant du théâtre, ils firent quelques pas dans Broadway, puis Helen dit qu'elle devait rentrer. Je ne peux pas marcher avec des talons hauts, je suis fatiguée et j'ai encore mal au ventre d'avoir tant ri. C'était une pièce merveilleuse.

Ouais, vraiment très drôle. Où habitez-vous ?

Près de Gramercy Park.

Oh mais c'est à deux pas. Nous pourrions presque y aller à pied.

Non merci, sans façon. Ils se mirent à rire.

Ils continuèrent sur ce ton léger et plaisant pendant la durée du trajet et, arrivés devant son appartement, elle ouvrit la porte, alluma la lumière et entra. Harry la suivit, acceptant son invitation tacite. Il jeta un coup d'œil autour de lui, puis referma la porte et finit par lui demander où était son mari.

Mais je ne suis pas mariée ! — Harry la regarde surpris, effaré. Je porte ça, en montrant sa main gauche, pour tenir les incorrigibles dragueurs de mon bureau à distance — elle sourit puis part d'un petit rire —, et ça marche très bien. Bien sûr, ça ne les empêche pas d'essayer, mais je me contente de leur dire que j'ai rendez-vous avec mon mari. Harry commence à se remettre du choc et sourit. Alors je leur montre la photo de mon frère aîné en leur disant que c'est mon mari, Tenez, en ouvrant son portefeuille et en lui montrant la photo d'un homme qui mesure manifestement plus d'un mètre quatre-vingt-cinq et pèse au moins cent cinq kilos, tout en muscles, Harry éclata de rire. Ça marche à tous les coups. Et tous deux rirent à gorge déployée.

Ce fut un week-end délicieux. Le samedi matin, elle lui prépara le traditionnel petit déjeuner composé d'œufs brouillés à la Sorrentine, et, dans l'après-midi, ils firent une promenade en bateau-mouche dans le port. Ensuite, dîner, cinéma, balade (elle avait mis des mocassins), et retour à l'appartement. Un week-end de détente, simple et agréable ; et quand Harry partit le dimanche soir, après un baiser et une tape amicale sur son joli petit cul, il ne fut pas question de déjeuner ensemble le lundi, ni aucun autre jour d'ailleurs. Il dit adieu à l'appartement, il dit adieu à Helen et à ce week-end et, pensait-il, au petit jeu.

Pendant le chemin du retour, il réalisa qu'il venait de passer le week-end avec une nana célibataire (à moins que ce type ne fût réellement son mari) et que ça n'avait pas posé de problèmes. Il ne s'appesantit pas sur cette idée, mais se borna à enregistrer la chose et à en prendre bonne note pour l'avenir. Ça voulait dire en tout cas qu'il était inutile désormais de faire des pieds et des mains pour éviter ce genre de nanas comme la peste.

En arrivant chez lui, il trouva ses parents installés dans la salle de séjour. Il amorçait un geste affectueux à leur intention, quand l'expression peinée et douloureuse de sa mère l'arrêta net. Tu as manqué l'anniversaire de ta grand-mère ; nous avons fêté ses soixante-quinze ans hier soir. Harry tressaillit, et la douleur qui l'envahit brutalement fut si vive qu'il ne put prononcer un mot. Il regarda fixement sa mère pendant des secondes interminables. Il réussit à monter l'escalier et à gagner sa chambre, la gorge et les tripes serrées par une nausée incoercible. Il avait envie de cogner sur quelque chose... de mettre sa tête dans ses bras et hurler... d'arracher la porte de ses gonds pour la réduire en miettes... de pleurer...

de faire n'importe quoi...

quelque chose... Mais il ne peut que rester assis à secouer la tête en se demandant ce qui lui était arrivé, et pourquoi c'était arrivé. Il l'aimait. Seigneur, il l'aimait vraiment. Mais pourquoi ? ? ? ? Pourquoi ? ? ? ?

Il n'eut aucune difficulté à être à l'heure le lundi matin et à faire le travail de routine qui l'attendait sur son bureau. Il y avait beaucoup à faire, mais rien que du déjà-vu ; aucune tâche nouvelle et délicate qui exigeât des efforts démesurés.

La routine aussi pendant ses heures de repas, occupées à marcher et à flâner dans les rues et les magasins. Dès le milieu de la semaine, il piaffait d'impatience assis à son bureau, s'agitant dans son fauteuil et se levant de temps à autre pour aller au distributeur d'eau glacée, chose qu'il ne faisait jamais, n'aimant pas particulièrement l'eau, et il s'humectait les lèvres, allant même jusqu'à avaler une gorgée ou deux.

Il était tellement agité qu'il partit déjeuner avec quelques minutes d'avance et revint avec quelques minutes de retard. Tout en marchant au hasard des rues, il se prit à songer à ce qu'il éprouvait, essayant d'analyser ses sentiments qui finirent par le submerger, jusqu'au moment où un grand trouble se fit dans sa tête et finit par l'envahir tout entier, et il réagit automatiquement de la seule manière efficace qu'il ait jamais trouvée.

Il alla déjeuner dans une cafétéria et attendit pour s'asseoir d'avoir trouvé une place à une table où mangeait une bonne femme seule. Il bavarda avec elle, la raccompagna à son bureau, puis regagna le sien avec dix minutes de retard. Faute de mettre fin à son agitation, ce déjeuner mit un terme à son introspection.

Il se mit aussi à négliger son travail, attendant d'être acculé pour le faire, et le terminant au dernier moment. Il sentait que cela allait lui attirer des ennuis, mais lorsque cette idée se matérialisait, il se refusait à la préciser et la rejetait de son esprit avec un haussement d'épaules.

Un vendredi, il était en train de mettre la dernière main à un travail qui devait être rendu le lundi ; imperceptiblement, son rythme se ralentit ; il prit encore plus de temps que d'habitude pour déjeuner et ne fit rien pour faire avancer son boulot de tout l'après-midi, se disant qu'il le finirait rapidement le lundi matin. C'était un travail de routine, simple, et l'idée d'avoir à l'achever dans les plus brefs délais lui permettrait d'envisager la perspective du lundi sans trop de déplaisir.

Le dimanche soir, il rencontra une autre Olga, et, le lendemain matin, il n'arriva pas au bureau avant dix heures passées. M. Wentworth le vit arriver, mais ne dit rien ; c'était inutile, et Harry, en lui disant bonjour, se ratatina. Il se plongea dans son travail qui fut rendu en temps voulu, mais le mal était fait. Dieu merci, il était l'heure d'aller déjeuner.

En se rendant à pied à la cafétéria la plus proche, il était dans un désarroi profond. L'introspection devenait chez lui une habitude, et son esprit se brouillait à force d'essayer de comprendre le pourquoi et le comment de ce qui se passait en lui. Il avait une conscience diffuse de l'instant où tout ça avait commencé — il n'y avait pas bien longtemps, de cela il était certain — et, s'il parvenait à s'en souvenir avec précision, il espérait pouvoir comprendre le pourquoi de ces événements et y remédier. Ou à défaut du pourquoi, il pourrait au moins comprendre le comment et empêcher tout ça de se reproduire. Mais plus il essayait de se souvenir de cet instant, plus il avait l'impression de le cerner, et plus il devenait vague et flou, et il ne lui restait plus qu'à secouer la tête et à laisser les images s'enchevêtrer dans son esprit.

Et alors, il se retrouvait confronté à des questions telles que : Pourquoi se mettait-il subitement à arriver en retard, et, lorsque ça lui arrivait, pourquoi fallait-il toujours que Wentworth soit là, prêt à fondre sur lui ? Pourquoi éprouvait-il des difficultés dans son travail ? Il aimait sa place et son boulot, et il était dévoré d'ambition. Tout ça était insensé.

Son esprit était encore plein d'un fatras de mots, de pensées et d'images, quand il se retrouva, un plateau à la main, souriant à une nana et lui demandant si cette place était occupée.

Elle fit signe que non et continua à manger et à lire.

Harry s'installa, et, au bout de quelques minutes, s'excusa et lui demanda ce qu'elle pensait du livre qu'elle lisait. Je me souviens d'avoir lu une critique, mais je n'ai jamais eu le courage de lire l'ouvrage lui-même, en lui souriant.

Moi, j'aime bien. C'est vraiment intéressant. C'est... euh... original. Ouais, moi aussi, j'aime bien ce genre de bouquin. Je ne savais pas qu'il avait été publié en livre de poche.

Oh si, depuis plus d'un an je crois, regardant la page de garde pour voir la date de publication. Ouais tenez, voilà, pratiquement un an.

Sans blague ! je ferais bien de sortir un peu, en hochant la tête avec un sourire, les sentiments confus, vagues et contradictoires auxquels il était en proie disparaissant peu à peu au fil du repas et de la conversation.

Après le déjeuner, il la raccompagna jusqu'à son bureau en prenant bien soin, comme il l'avait fait ces derniers temps, de ne pas lui donner rendez-vous pour le lendemain. Il n'eut guère que quelques minutes de retard et, bien qu'il se sentît encore un peu nerveux, le trouble qui le bouleversait avait disparu, et il se mit au travail avec ce manque d'ardeur et cette indifférence qui le caractérisaient depuis quelque temps.

Le lendemain matin, il arriva au bureau de bonne heure,

mais il n'en attendit pas moins le dernier moment pour compléter hâtivement un dossier qui traînait sur sa table depuis plus d'un mois. En soi, ça n'aurait pas posé de problèmes si M. Wentworth ne l'avait pas appelé vers neuf heures et demie pour lui confier un travail urgent. Harry dut expliquer qu'il n'en avait pas encore terminé avec l'autre dossier, et il perçut une note d'irritation (de dégoût ?) dans la voix de Wentworth quand celui-ci lui dit qu'en ce cas, il confierait ce travail à Davis.

Harry marmonnait entre ses dents de façon presque audible tout en travaillant. Quelque chose clochait, mais bordel, il ne parvenait pas à savoir quoi. Qu'est-ce qu'il s'imagine Wentworth ? Y m'confie un boulot à la dernière minute, et y s'fout en rogne parc'que je travaille à quelque chose d'autre qui doit être terminé ce matin. Je croyais que vous aviez fini ça depuis des semaines. Ah oui, vraiment ? Si tu n'restais pas enfermé dans ton putain de bureau à longueur de journée, tu saurais p'têt' c'qui s'passe ici.

Et puis, donne le boulot à Davis. J'm'en contrefous. Qu'est-c'que je suis censé faire, me mettre à chialer parc'que tu refiles un boulot de dernière minute à quelqu'un d'autre ? Va te faire foutre.

Un rapide aller-retour jusqu'au distributeur d'eau glacée pour s'humecter les lèvres, puis il s'attaqua à son travail qu'il finit vite fait bien fait ; après quoi, il alla déjeuner, ne se rendant pas compte qu'il partait avec vingt minutes d'avance.

Il marcha rapidement pendant quelques centaines de mètres, toujours marmonnant et grommelant, jusqu'au moment où il se retrouva, une fois encore, un plateau à la main, en train de demander si cette place était occupée. Le patron de la fille était absent pour la semaine, et elle n'était pas pressée de retourner au bureau, si bien qu'ils prirent tout leur temps pour siroter leur café, et ils se promenèrent quelques minutes avant de repartir travailler. Avant de la quitter, Harry lui demanda si elle déjeunait toujours au même endroit tous les jours, et elle répondit affirmativement.

Alors avec un peu de chance, je vous verrai demain.

C'est possible, en souriant.

Tout en marchant vers son bureau, Harry sentit une légère appréhension lui nouer les tripes, mais il chassa rapidement les pensées floues qui essayaient désespérément de se préciser dans son esprit. S'il avait envie de déjeuner avec une nana, ça ne regardait que lui. Tu parles d'une affaire ! Et puis, bon Dieu, ça n'dérange rien ni personne.

Il arriva au bureau encore plus tard qu'à l'habitude, et il sentit les regards fixer la pendule puis lui brûler le dos, comme s'ils voulaient y inscrire l'heure au fer chaud. Il serra son crayon de toutes ses forces tout en farfouillant parmi ses notes, indiquant par là qu'il venait juste de rentrer, une voix à l'intérieur de lui criant à tout un chacun d'aller se faire foutre, et ça vaut encore plus pour toi Wentworth.

Le lendemain, sa colère était intacte, Harry l'ayant entretenue de temps à autre pendant la nuit, mais il semblait incapable de lui trouver un objet, de la diriger contre quelqu'un en particulier — elle couvait en lui, prête à exploser à la première occasion. Il mangea lentement son friand au fromage et but son café à petites gorgées jusqu'à ce qu'il fût trop froid pour être bon ; il le sirota cependant jusqu'à la dernière goutte et ne se mit au travail que lorsqu'il l'eut fini.

Quand il se décida finalement à bosser, il attrapa rageusement sa calculatrice et faillit transpercer son bloc-notes de son crayon à plusieurs reprises ; puis il rangea les feuillets qui se trouvaient sur son bureau. Il travaillait aussi lentement que possible, essayant de ne pas finir ce qu'il avait en train avant trois ou quatre heures de l'après-midi, mais il restait si peu à faire qu'en dépit de ses efforts, il eut terminé vers midi. Une fois expédié ce putain de dossier, il balança son crayon sur son bureau et partit déjeuner.

Elle prenait sa place dans la queue au moment où il arriva au snack. Tandis qu'ils bavardaient et avançaient lentement le long du comptoir, prenant au passage des assiettes de victuailles, sa colère l'abandonna peu à peu, et, quand ils furent installés à une table, il ne se préoccupa plus que de la fille. Les muscles de ses bras et de son dos se relâchèrent, et il sentit qu'il se détendait tandis qu'ils bavardaient de tout et de rien.

À la moitié du repas, il sentit une boule se former dans son estomac, une petite boule, et il eut subitement la gorge sèche, et il sentit qu'un changement se faisait en lui, intérieurement et extérieurement. Les muscles de ses cuisses frémirent, et ses yeux se fermèrent à demi tandis qu'il la regardait, le bout de sa langue humectant sa lèvre supérieure ; sa main s'avança et balaya les miettes de pain tombées sur ses genoux, puis se posa sur sa cuisse, et il la regarda fixement dans les yeux, sentant qu'à l'intérieur de lui-même un autre Harry observait la scène et lui criait d'arrêter. Elle lui rendit son regard, posa sa main sur la sienne et répondit par un sourire à tout ce qu'il lui disait.

Après avoir quitté le snack, ils se promenèrent dans les rues quelque temps, empruntant les moins fréquentées, le bras de Harry passé sous celui de la fille, effleurant le nichon ; et Harry lui souriait, et sentait la boule dans son estomac tandis qu'en lui-même l'autre Harry essayait de l'entraîner loin du jeu. Mais il n'était plus maître de la situation et il assistait à cette scène en témoin beaucoup plus qu'en acteur. Ils parlèrent de cinéma, de films pornos, et Harry sentait la boule grossir et sa gorge se dessécher davantage, et il avait conscience du temps qui passait, du danger qui le menaçait ; mais d'abord et avant tout, il avait le sentiment de ne faire qu'un avec le désir qui s'emparait de lui quand il la regardait. Il la poussa contre le mur d'un immeuble, hors du flot des passants, et se planta devant elle, proche à la toucher, et lui dit qu'il avait terriblement envie de la baiser sans cesser de la fixer dans les yeux, lui communiquant le désir brutal qu'il éprouvait. Puis il la prit par la main et l'emmena à l'hôtel Splendide, en proie à une excitation intense qui balayait tous ses autres sentiments.

Quand ils se quittèrent, Harry se rendit dans le bar le plus proche et s'assit dans un coin, essayant de mettre un peu d'ordre dans l'enchevêtrement confus de ses idées. Il n'arrivait pas à comprendre. Tout se passait comme s'il était désolé de ne pas rentrer au bureau à l'heure, comme s'il avait le sentiment d'avoir mal agi mais ne comprenait pas en quoi ; il aurait voulu pouvoir changer quelque chose, mais ne savait pas quoi. Il termina son verre et songea à retourner au bureau, mais, à cette seule pensée, le sang lui monta au visage et il eut une bouffée de chaleur qui le fit transpirer sous les yeux et au bas du dos. Il ne pouvait pas reprendre son travail avec deux heures de retard. Il essaya de se forcer, mais n'eut pas la force de bouger ; il était comme paralysé. Il commanda un autre verre et décida de téléphoner pour dire qu'il était malade et qu'il rentrait chez lui. Il appela Louise et lui déclara qu'il avait été pris d'une violente nausée après déjeuner, et qu'il ne viendrait pas travailler. Il venait de passer plus d'une heure dans les toilettes du restaurant et n'avait pas pu la prévenir avant. En lui-même, il sentait le regard de l'autre Harry qui l'observait ; sa tête se mit à tourner, et il raccrocha après avoir marmonné un au revoir indistinct.

Il vida son verre à petites gorgées et songea à se soûler puis, tout compte fait, renonça à cette idée ; non seulement elle lui déplaisait ; mais il ne savait pas comment s'y prendre, n'ayant jamais réussi à ingurgiter assez d'alcool pour être ivre. Dès qu'il se sentait un peu parti, il s'arrêtait de boire. Tout en buvant son troisième verre, il chercha un objet à la colère qui montait en lui, quelque chose ou quelqu'un qu'il puisse isoler et attaquer, un fait qui aurait provoqué les sentiments troublants et inconnus auxquels il était en proie, mais, en dépit de ses efforts désordonnés, il ne parvint pas à trouver de bouc émissaire. Il finit par renoncer, termina son verre et partit.

Le lendemain, il quitta la maison à l'heure habituelle pour éviter d'être en butte aux questions de sa mère, puis il téléphona au bureau pour se faire porter malade. Il ne pouvait se résoudre à devoir expliquer son absence de la veille, et, même dans le calme de sa chambre, il fut incapable d'inventer une histoire plausible pour se justifier auprès de la direction. En s'absentant aujourd'hui, personne ne douterait plus qu'il fût malade, et on ne lui poserait pas de question.

Il se rendit dans un cinéma de la Quarante-deuxième Rue,

vit deux vieux westerns, puis il marcha jusqu'à Bryant Park et s'assit sur un banc, évitant de croiser le regard des passants, et même celui des pigeons. Il avait curieusement le sentiment qu'il attirait l'attention et que les gens l'observaient en se demandant ce qu'il faisait là. Il resta dans le parc aussi longtemps que possible à regarder les pigeons picorer la nourriture que les promeneurs leur jetaient, à écouter le concert de musique enregistrée, en essayant de s'intéresser à la façon dont les rayons du soleil se reflétaient sur les feuilles et se frayaient un chemin parmi les branches, créant des ombres mouvantes... aux fleurs, aux buissons, aux statues... en vain. Il eut beau faire, il ne put rester assis sur le banc à attendre que le temps passe ; il sentit un besoin irrésistible de bouger, se leva et fit le tour du parc, gardant les yeux fixés sur l'allée droit devant lui.

Il poursuivit son chemin jusqu'à la bibliothèque et y entra, espérant y trouver matière à s'occuper l'esprit, mais il ne fit guère que circuler d'une salle à l'autre parmi les étagères chargées de livres, et finit par se retrouver à nouveau dans Bryant Park. Il regagna la Quarante-deuxième Rue qu'il descendit jusqu'à Times Square et s'engouffra dans un cinéma. Il essaya de tenir le coup pendant la durée des deux films, mais ne vit que la seconde moitié du premier et partit après la première partie du deuxième. Il reprit le métro pour Brooklyn et alla chez Casey.

Tony et Al étaient assis au bout du comptoir, et il se dirigea vers eux.

Vingt dieux, regarde qui s'amène ! On doit être dimanche.

Ouais, ou alors il est six heures. Salut, comment va ?

Salut.

Ben merde alors, qu'est-c'qui s'passe Harry, ton boss est mort ou quoi ? en rigolant tous les deux tandis que Harry attirait un tabouret et s'asseyait.

Va te faire foutre, Al — Hé Pat, donne-moi une bière. Tu f'rais bien de leur en donner une à eux aussi, y m'ont l'air d'en avoir besoin.

Voilà qui est parler, vidant rapidement son verre et le poussant vers Pat.

Non mais sans déconner Harry, qu'est-c'qui s'passe ?

Rien. Pourquoi ? Alors on peut plus prendre un jour de congé sans que tout le monde se mette à vous faire chier ?

Si, bien sûr, mais pas toi, Harry. Ça t'arrive jamais de prendre un jour de congé et de venir ici.

Eh ben aujourd'hui, si. Je prends ma journée et je vais me taper une ou deux bières !

Ah ouais, comment ça s'fait ?

J'me suis dit que j'allais me livrer à une petite étude.

Sans blague ! quel genre d'étude ?

Une enquête sur les cloches, et je vois personne de plus qualifié que vous deux pour m'aider dans mes recherches.

Hé, mais c'est moi tout craché ça. Ils éclatent de rire, Pat leur faisant écho. Tu crois p'têt' que parce que je suis pas dans un bureau toute la journée —

Comment ça, et ici, c'est pas notre bureau ? —

Ouais, en riant aux éclats. Tu crois que parce que j'prends pas le métro pour aller bosser, je fous rien ?

Écoute, j'parie qu'j'en fais plus en jouant aux courses que toi en restant le cul sur ta chaise. Et ils partirent tous d'un nouvel éclat de rire.

Ouais, ça j'en suis persuadé.

À propos de boulot, comment ça s'fait que t'as pris ta journée ? T'as pas peur de perdre ta place ?

Harry se mit à rigoler lui aussi. J'me suis dit que dorénavant, j'allais mener une vie dangereuse.

Ouais, j'ai toujours dit qu'il suffisait de traîner chez Casey assez longtemps pour voir un miracle s'y produire. Eh bien, j'suis en train d'en voir un. Harry prenant un jour de congé et venant ici ! ça s'arrose. Tony leva son verre et Al l'imita. À la santé de Harry le clodo. Ils vidèrent leur verre d'un trait et le reposèrent sur le bar, tandis que Harry souriait, essayant de participer à leur petit jeu pour éviter de se retrouver face à face avec lui-même.

Hé, Pat, remets-nous ça.

Dis donc mon pote, viens donc au Fort avec nous ce soir ; y devrait y avoir de bons combats.

Ouais, en tête d'affiche, y a deux poids moyens qu'ont pas l'air mauvais.

Ah ouais ? en haussant les épaules, p'têt' que j'viendrai.

Harry laissa passer les heures, sirotant sa bière, faisant durer la troisième pendant une heure, tandis qu'Al et Tony essayaient de le faire boire au même rythme qu'eux. Harry les écoutait, souriait, rigolait et bavardait avec eux, restant toujours un peu extérieur à tout cela, mais ne ressentant pas à l'intérieur de lui-même les tiraillements qu'il connaissait bien.

Il alla aux combats de boxe en compagnie de Tony, d'Al et de deux autres types après avoir dîné dans un restaurant italien, et, tandis qu'ils étaient assis autour du ring en plein air, Harry sentit qu'il se détendait un peu. La nuit était belle, et une agréable petite brise soufflait du port, et il se laissa aller à plaisanter avec les autres et à se passionner pour ce qui se passait sur le ring. Dans l'ensemble, les combats qui passèrent en lever de rideau furent plutôt bons ; l'un d'eux, qui se termina par un knock-down, fut même passionnant, les deux boxeurs se donnant à fond. Quant au combat vedette, il fut sensationnel, et Harry se laissa complètement prendre par l'ambiance qui régnait autour du ring, se levant pour hurler et encourager les deux pugilistes tout comme les autres spectateurs.

Après quoi, ils retournèrent chez Casey, mais Harry ne tarda pas à saluer la compagnie et à rentrer chez lui. Il resta allongé sur son lit, pensant à cette journée, à la veille, aux semaines et aux mois qui avaient précédé, et il fut pris d'une violente crampe d'estomac. Il leva instinctivement les genoux pour soulager la douleur, et, lorsqu'elle disparut finalement, il cessa de songer à la journée qui venait de s'écouler et à sa vie en général, et ferma les yeux. La bière qu'il avait absorbée aidant, il ne tarda pas à sombrer dans un sommeil agité.

Si toutefois on peut parler de sommeil quand on passe

une nuit pareille. Non pas qu'il s'agitât, se retournât ou fût tourmenté, mais il ne cessa de rêver — à des choses qu'il n'avait peut-être faites qu'une seule fois, mais qui, en songe, revenaient sans arrêt — des songes qui, tout en étant insuffisants pour l'éveiller, le maintenaient dans un état de demi-conscience qui empêchait son corps et son esprit de prendre le repos dont ils avaient besoin.

Un de ces rêves qui ne valent même pas la peine d'être rêvés. Un songe qui vous empêche de vous reposer devrait au moins présenter un certain côté spectaculaire, ou en tout cas être chargé de symboles sexuels.

Dans les rêves de Harry, rien de tout cela ; il est tout bêtement dans la circulation au volant de sa voiture et voit les stops de la voiture qui le précède s'allumer, et il tente d'écraser la pédale de frein, mais son pied se coince, et il voit la voiture de devant se rapprocher de plus en plus tandis qu'il essaye de dégager son pied, et toute la scène se déroule bien entendu au ralenti, et il la voit et la revoit, sans jamais heurter la voiture qui le précède et sans jamais savoir comment cela finit...

Le lendemain matin, Harry ne se souvenait de rien, bien qu'il eût conscience d'avoir rêvé ; dans un état voisin de la léthargie, il se doucha et se rasa machinalement. Après quoi, il se dirigea d'un pas lent et traînant jusqu'à la cuisine.

C'est d'une voix traînante elle aussi qu'il s'entendit souhaiter le bonjour à ses vieux.

Ça va Harry ?

Ouais, bien sûr, p'pa. Pourquoi ?

Eh bien, je ne sais pas exactement, mais tu n'as pas l'air... eh bien tu n'as pas l'air d'être dans ton assiette ces derniers temps. Je n'arrive pas à savoir pourquoi, mais tu ne sembles pas être toi-même depuis quelque temps.

Eh bien, je ne vois pas, non, essayant d'avoir l'air aussi sincère que possible, tout va bien.

Pendant le trajet en métro, Harry tenta de fixer son attention sur le journal qu'il avait acheté, mais son esprit ne cessait de revenir à la question que lui avait posée son père, et il se demanda si vraiment quelque chose n'allait pas. Bien sûr, tout n'était pas pour le mieux ces derniers temps, au bureau particulièrement, où il semblait s'être mis Wentworth à dos, mais tout ça n'était pas bien grave. Il savait ce qui n'allait pas et pouvait y remédier. Pour s'occuper, il essaya de se plonger dans la lecture des bandes dessinées, mais le vague malaise qu'il éprouvait persista, et il continua à chasser certaines questions de son esprit. Il y avait une chose dont il était certain : si quelque chose n'allait pas, ce n'était pas sa faute.

Harry était assis à son bureau depuis quelques minutes quand Louise s'approcha de lui et lui demanda comment il se sentait.

Ça va. Je ne suis pas encore à l'article de la mort.

Bon, je suis ravie de l'apprendre. Une simple indigestion ?

Harry se sentit pris au piège et connut un instant de panique, puis il se souvint d'avoir dit à Louise s'être trouvé mal après le déjeuner, et d'avoir ajouté qu'il rentrait chez lui.

Ouais, c'est ça. Il a presque fallu que je garde le lit, en lui adressant un sourire entendu.

J'avais l'impression que vous couviez quelque chose.

Pourquoi ça ? en fronçant les sourcils.

Oh, vous n'étiez pas comme à l'habitude. Vous paraissiez moins détendu, plus préoccupé, si vous voyez ce que je veux dire. Mais je suis contente de voir que tout va bien. Elle lui donna une tape sur l'épaule et retourna à son bureau.

Tout en buvant son café et en mangeant son friand au fromage, Harry se demanda ce qui se passait, et pourquoi, nom de Dieu, les gens s'obstinaient à fourrer leur nez dans ses affaires. Si seulement ils pouvaient s'occuper de ce qui les regardait. C'est eux qui allaient mal, pas lui.

Il travailla avec ardeur ce matin-là, et, lorsqu'il prit conscience des allées et venues autour de lui et comprit qu'il était l'heure du déjeuner, il se sentait détendu. Il regarda les feuilles étalées sur son bureau. Il avait bien travaillé, bigrement bien travaillé même. Le dossier Wilson était fin prêt à être envoyé.

Content de son œuvre, il partit déjeuner, plein d'enthousiasme. Il commença à descendre la Cinquième Avenue, mais, au premier coin de rue, son enthousiasme avait fait place au vague malaise qui lui était maintenant familier ; il fit demi-tour et retourna à la cafétéria en bas de son bureau. Quand il eut fini de manger, il regagna son bureau et passa le reste de l'heure dans le salon.

Pendant la semaine qui suivit, jusqu'à la sortie annuelle de la société, le vendredi suivant, Harry se fit monter son déjeuner, n'éprouvant absolument pas le besoin de sortir, et se trouvant dans l'incapacité de le faire même quand il tentait de s'y forcer. Après le repas, il restait dans le salon à lire. Il s'était procuré plusieurs bouquins de science-fiction à la bibliothèque du quartier, et les lisait dans le métro et pendant l'heure du déjeuner, et, apparemment, ceci accaparait suffisamment son esprit pour lui permettre d'ignorer les envies qui le prenaient parfois.

Il aurait bien voulu continuer à travailler avec la même ardeur, mais il en fut incapable. Il y parvenait pendant une heure ou deux tout au plus, et ce généralement parce qu'il avait pris du retard dans son travail et se voyait obligé de bosser avec frénésie pour terminer en temps voulu.

Parfois, Harry White se mettait à se poser des questions sur son incapacité à travailler régulièrement comme il le faisait autrefois, et sur les motivations qui l'amenaient à rester au bureau pour déjeuner, mais, dès qu'il commençait à formuler ces interrogations, il était saisi de crainte et se forçait à penser à autre chose, n'importe quoi, pour ne pas avoir à y répondre.

Le jour précédant la sortie annuelle de la société, M. Wentworth le fit venir dans son bureau. Harry comprit qu'il s'agissait de choses sérieuses quand M. Wentworth le pria de s'asseoir ; il se sentit tout retourné et fut pris d'une légère nausée. Je voulais que vous appreniez ceci de ma bouche, Harry, plutôt que l'entendre annoncer au cours du banquet demain soir. Comme vous le savez, notre société est en pleine expansion et, je le dis avec une certaine fierté, cette expansion est rapide. En fait notre croissance au cours des deux dernières années a été tout simplement phénoménale.

C'est merveilleux, en essayant d'avoir l'air dûment impressionné.

Vous pouvez le dire. Or, en raison de cette expansion, nous avons besoin d'un plus grand nombre de cadres supérieurs. Nous avons donc créé récemment le poste de vice-président en second — il regarda Harry un instant en se renversant dans son fauteuil. Celui-ci sentit une boule se former dans son estomac et remonter jusqu'à sa gorge où elle resta coincée —, et ce poste a été attribué à Davis — pan, il sentit la boule redescendre le long de sa trachée et tomber dans son estomac où elle continua à s'agiter — sur mes recommandations. Et je tiens à vous dire pourquoi. Vous êtes plus intelligent que Davis — Harry se sentit cligner des yeux, espérant qu'il n'allait pas se mettre à pleurer. Il n'en avait pas vraiment envie, mais il avait l'impression qu'on lui comprimait les yeux et il se sentit soudain las et triste. Il essaya de prendre l'expression adéquate sans savoir exactement laquelle convenait le mieux. Bon Dieu, il aurait bien aimé savoir ! —, vous faites preuve de plus d'imagination que lui, et vous êtes capable d'initiatives ; autrement dit, vous avez toutes les qualités requises pour faire un excellent cadre supérieur (Oh, pour l'amour du ciel, ferme-la et laisse-moi me tirer !), sauf une, la plus importante, en se penchant vers lui pour donner plus de poids à ses paroles : vous êtes incapable de travailler de façon suivie et régulière. J'aimerais vous voir devenir vice-président en second, car je crois que vous pouvez apporter beaucoup à la société, mais il est impossible de compter sur vous. Je ne pense pas que Davis s'élève beaucoup plus haut dans la hiérarchie, il n'a pas assez d'étoffe pour ça ; mais, au moins, son travail est constant et régulier. Il a une femme et trois enfants à sa charge. C'est un homme assis qui fait du bon travail TOUS les jours. Voyez-vous, c'est ça l'important ; il ne fait pas des étincelles un jour pour s'éteindre le lendemain. Et pour la société, en ce moment et dans le poste qu'il occupe, c'est plus important que de prendre de brillantes initiatives une fois de temps en temps.

Je ne sais pas ce qui vous arrive en ce moment, mais je ne peux plus compter sur vous comme autrefois. Or, quand je veux qu'on me fasse un travail, il faut que je puisse enfoncer ce bouton et être certain qu'il sera rendu en temps voulu, sans problèmes. Ces derniers temps, je ne peux même plus vous TROUVER lorsque j'ai besoin de vous, si bien que vous ne m'êtes manifestement d'aucune aide quand surgit un problème qui exige une attention immédiate. Vous semblez (Bon Dieu, arrête tes conneries et laisse-moi me barrer !) avoir adopté une attitude irresponsable et, vous pouvez m'en croire, il n'y a rien qui fasse plus de tort à un homme qui veut faire carrière. Personnellement, je pense qu'il est temps pour vous de vous ranger, d'avoir une famille et d'assumer les responsabilités qui sont celles d'un homme. Rien de tel pour vous donner une vision saine de l'existence et vous rapprocher des buts que vous vous êtes fixés. Je crois sincèrement que vous trouveriez là la motivation qui vous fait défaut.

Ce ne sont pas les seules raisons pour lesquelles j'ai soutenu la candidature de Davis. Voyez-vous, mon opinion sur vous et/ou le jugement que je porte sur vos capacités n'ont pas changé. Je suis persuadé que vos potentialités sont illimitées et que vous êtes un grand atout pour la société. Un très grand atout. Mais pour actualiser ces potentialités, vous allez devoir changer d'attitude, et j'espère que ce petit entretien vous aura suffisamment secoué pour comprendre que vous êtes en train de compromettre une brillante carrière et que vous allez y mettre bon ordre.

J'ai foi en notre société, une foi absolue, totale. Nous sommes en pleine expansion, et nous continuerons à croître tant qu'il y aura des hommes prêts à consacrer leur vie à notre maison et à faire preuve d'une loyauté absolue envers elle. Il n'y a pas d'autres moyens. L'attitude, tout est là, Harry. Je veux que vous nous apportiez ce que je vous sais capable de nous apporter. Vous être fait souffler le poste de vice-président en second aujourd'hui n'est rien, si vous voulez bien suivre mes conseils et changer d'attitude. Vous comprenez ?

Oui... oui, je comprends, monsieur Wentworth. Je...

Bon, parfait. Réfléchissez à ce que je viens de vous dire. Vous verrez, Harry, un jour vous me remercierez. Et vous considérerez ce jour comme le point de départ d'une ascension spectaculaire, Harry acquiesçant et clignant des yeux. Bon, fin de la leçon. À demain.

À demain, retournant à son bureau et se laissant tomber dans son fauteuil, clignant toujours des yeux, la petite boule ne cessant de rebondir de son estomac à sa gorge, se coinçant parfois douloureusement. À demain. Un jour, vous me remercierez. Qu'est-c'que c'est que ces conneries ? À qui croit-il donc parler, bordel ? Je me tue au boulot pour lui, et c'est tout ce qu'il... Oh, et puis merde ! Il alla aux toilettes, pissa, se passa de l'eau froide sur la figure et tua encore quelques minutes jusqu'à l'heure de la sortie.

Les livres de science-fiction ne semblèrent pas lui être d'un grand secours pendant le trajet en métro, et il ne cessa pas de se demander pour qui Wentworth se prenait pour lui faire la morale de cette façon. À croire que je suis le seul à me payer du bon temps avec les nanas ! Ah, il peut parler ! ! ! ! Ouais, qui es-tu pour me jeter la première pierre, toi et ton équipe de relations publiques ? ? ?... Aahhhh, et puis merde... y en a d'autres des places... ils ont plus besoin de moi que je n'ai besoin d'eux... on verrait ce qui se passerait si je ne faisais pas tout le boulot... Ouais, y tiendrait pas longtemps M. le VéééPééé en second... Ah, j'sais plus... J'arrive pas à comprendre... Merde ! Nom de... pourquoi est-c'qu'ils n'me foutent pas la paix ?... Aahhh...

Tony, Mike et Steve allaient à un match de base-ball ce soir-là et Harry se joignit à eux. De temps à autre, pendant la soirée, il puisa suffisamment d'hostilité dans le tréfonds de sa conscience pour injurier à nouveau Wentworth et le traiter de con, et il allait lui faire voir, mais il avait déjà dépensé une grande partie de son énergie, et il ne tarda pas à s'intéresser au match si bien qu'il fut incapable de continuer à cracher sa haine à la face de la nuit.

4

Le temps était idéal et le Wooddale Country Club était l'endroit rêvé pour passer la journée dehors.

Il y avait un golf de dix-huit trous, des jardins vallonnés, une gigantesque piscine, des pelouses tondues avec soin, entourées de bois agréables et tous les autres agréments et commodités qu'offre un Country Club sélect.

La plupart des invités étaient assis autour de tables au soleil ou à l'ombre des patios. Certains jouaient au tennis et Harry les regarda un moment avant de s'éloigner le long de la zone boisée. Il prenait plaisir à sa solitude, non parce que cela lui donnait le sentiment d'être plus proche des arbres qui l'entouraient, des oiseaux qui pépiaient et voletaient dans le feuillage, de la terre tachetée de vert sous ses pieds ou du soleil et du ciel bleu au-dessus de sa tête, ni parce qu'il avait peur des gens ou parce qu'il était incapable de se mêler aux autres — il n'avait pas de problèmes particuliers dans ce domaine —, mais plutôt parce qu'il savourait ce sentiment d'autosatisfaction qui l'emplissait lorsqu'il embrassait du regard l'étendue du club, sachant qu'il y avait là des gens qui se livraient à toutes sortes d'activités et pressentant que ces gens étaient conscients de son absence et se demandaient où il était.

Il s'arrêta à l'ombre des arbres et regarda la pelouse inondée de soleil qui descendait en pente douce vers les jardins vallonnés et la piscine, se laissant peu à peu envahir par un sentiment de puissance.

Il ferma les yeux à demi et s'abandonna à ses visions intérieures, persuadé que la destinée allait lui apporter l'argent, les biens et le prestige qu'il désirait et savait devoir lui appartenir un jour.

Le passage de l'ombre à la lumière fut brutal, sans transition, et lorsque Harry s'avança dans les rayons presque palpables du soleil, il sentit la chaleur lui frapper le visage tout en éprouvant encore dans le dos la fraîcheur de l'ombre ; mais à peine avait-il eu le temps d'enregistrer cette sensation qu'elle avait disparu et que le soleil lui brûlait déjà le dos. Il se dirigea vers la piscine, une demi-douzaine de personnes environ étaient allongées là, nageaient ou se faisaient bronzer. En s'approchant, il remarqua une fille en bikini debout près du bassin et il s'aperçut qu'il ne pouvait en détacher les yeux. Il percevait le son des voix des autres invités et ceux qui lui parvenaient des courts de tennis à quelques centaines de mètres de là et les cris que poussaient de temps à autre ceux qui plongeaient dans un grand bruit d'éclaboussures, pourtant, il était complètement absorbé par la fille en bikini et par la façon dont ses nichons avaient l'air de vouloir s'échapper du soutien-gorge tandis que le slip semblait tenir miraculeusement accroché au bas de ses hanches, étroite bande de tissu, juste au-dessous du léger renflement de son ventre.

Il regarda fixement l'eau dégouliner jusqu'à son nombril qui lui fit penser à un trou de serrure et il cligna des yeux à cause de la luminosité et des décharges électriques de son désir. Bon Dieu, il aimerait la baiser là, tout de suite ! Elle retira son bonnet de bain et secoua la tête afin de libérer ses cheveux avant de s'allonger sur une serviette à côté du bassin. Il aurait pu jurer que sa toison pubienne était fine et peu abondante. Il s'avança de manière à lui faire de l'ombre sur le corps. Elle ouvrit les yeux et redressa légèrement la tête. Vous me cachez le soleil.

Oh, pardon, et il s'écarta et regarda son ombre glisser lentement de son corps sur l'herbe. Il n'y a rien de pire qu'un voleur de soleil.

Merci, souriant, les yeux toujours fermés, pour l'instant, je pense seulement à me faire sécher avant le déjeuner.

Eh bien, avec le soleil qu'il fait et le maillot que vous avez, ça ne devrait pas prendre longtemps.

Salut Harry, viens donc piquer une tête, l'eau est formidable.

Salut Steve, Joan, agitant la main, pas maintenant, après le déjeuner.

Elle, fronçant les sourcils pour une raison inconnue, je n'ai pas très bien compris votre histoire de soleil et de maillot. Oh, eh bien, je voulais seulement dire que c'est le maillot qui met toujours le plus de temps à sécher et que vous n'en avez pas tellement à faire sécher, un rire très perceptible dans la voix et elle, lui répondant par un gloussement.

Vous pas aimer ?

Au contraire, riant et s'accroupissant près d'elle, je m'appelle Harry White. Je ne crois pas vous avoir jamais rencontrée.

Moi, c'est Linda Sorrenson, tournant la tête vers lui et ouvrant un œil. Je suis la nouvelle secrétaire de M. Donlevy. J'ai commencé il y a seulement deux mois.

Vous êtes dans la boîte depuis deux mois et je ne vous ai encore jamais vue ? Bonté divine, je dois devenir dingue ! Je ne me le pardonnerai jamais. Où étiez-vous cachée tout ce temps-là ?

Mais, à ma place, derrière mon bureau, en se retournant sur le ventre et levant les yeux vers Harry en souriant.

Eh bien, je crois que je vais avoir pas mal à faire avec Donlevy à partir de maintenant.

Elle rit et Harry jeta un coup d'œil par-dessus la pelouse vers le Club-House.

On dirait qu'ils se préparent à déjeuner. Nous ferions peut-être bien d'y aller tout doucement.

Oh, je ne crois pas que je vais me donner cette peine, je mange très peu.

Vous n'avez pas à vous en faire pour votre ligne, en riant.

Oh, mais si, ce n'est pas facile de garder le format bikini.

Eh bien, venez quand même, ne serait-ce que pour voir comment c'est arrangé.

Vous croyez, vraiment ?

Ouais, il y a un très joli buffet, en se mettant debout et en s'étirant une minute, ça vous plaira, j'en suis sûr.

Elle leva les yeux vers lui, puis elle roula sur elle-même. D'accord, vous m'avez convaincue.

Harry étendit le bras et elle lui saisit la main et il la hissa d'une secousse, son élan l'arrêtant à quelques centimètres de lui.

Vous me rappelez quelqu'un, en lui souriant.

Pas trop, j'espère, reprenant sa main et roulant son bonnet de bain dans sa serviette.

Ils traversèrent la pelouse, Harry marchant à ses côtés, une partie de lui-même suivant et regardant, caressant des yeux ses hanches et son cul qui ondulaient à chacun de ses pas.

Ils allèrent s'asseoir dans un patio, à l'ombre, et commencèrent à manger ; d'autres personnes étaient installées autour de tables dans le même coin, mais la majorité se tenait dans la salle à manger climatisée. Louise et Rae rejoignirent Harry et Linda avec des assiettes pleines de nourritures diverses.

On ne vous dérange pas, hein, Harry ?

Avez-vous retenu une table ? en leur souriant.

Crois-tu vraiment qu'on ne le dérange pas, Louise ? Pourquoi diable voudrait-il rester seul avec une jeune et jolie fille ? Oh, je vous déteste déjà, Linda, l'air un peu surpris, une silhouette aussi ravissante, Harry et Louise hilares. Même avant d'être grand-mère, je n'ai jamais eu une silhouette aussi ravissante. Prenez un autre bikini et n'y pensez plus.

Prenez-en un aussi et étouffez-vous avec, Harry. Ils s'esclaffèrent tous les quatre et continuèrent à manger dans le tintement des fourchettes et des éclats de rire.

Après le déjeuner, Harry mit son maillot de bain et alla rejoindre les autres au bord de la piscine. Il plongea et nagea jusqu'à l'autre extrémité du bassin où il surgit à côté de

Linda. Vous me rappelez vaguement quelqu'un, souriant à travers les gouttes qui ruisselaient sur son visage.

Pas trop vaguement, j'espère.

Mais non, mais non ; et il l'éclaboussa et elle l'éclaboussa et ils se roulèrent dans l'eau en riant.

Quelqu'un se pointa avec un ballon de plage et les nageurs formèrent un grand cercle dans la piscine et se mirent à le jeter en l'air et à se l'envoyer de l'un à l'autre, le premier à le manquer étant enfoncé sous l'eau par les autres.

La plupart des joueurs se lassèrent assez vite de ce jeu et Harry continua de batifoler dans le bassin avec Linda.

Davis et sa femme vinrent se joindre au groupe et quand Harry les vit s'avancer vers la piscine, il sentit l'habituel pincement lui nouer les tripes et il se tint immobile, de l'eau jusqu'au menton, remuant simplement les mains afin de se maintenir à la surface, alimentant le feu qui couvait en lui et les fixant, évaluant machinalement et sans même en avoir conscience la femme sanglée dans son maillot une pièce qui dissimulait mal un début d'embonpoint, considérant avec mépris Davis, déjà avachi et ses jambes maigres sans poils. Mais elle n'est pas si moche que ça, elle n'est même pas mal du tout, surtout si l'on pense qu'elle a eu des gosses, et un peu de ventre, c'est pas désagréable tant qu'elles ont pas le cul ridé.

Hé, Harry, tire-toi de là ! Harry n'entendant rien, t'es sourd ou quoi ? — Ouais, c'est pas une mauvaise idée, j'ai jamais baisé la femme d'un VéPé en second.

Là, poussez-vous, en le tirant par le bras, Harry se retournant et regardant Linda d'un air interrogateur, ils veulent faire une course.

Hein ? ? Oh, en se déplaçant vers le bord du bassin avec Linda.

Vous devez avoir une grande puissance de concentration.

Quoi ?

Ils vous criaient de vous en aller et vous n'entendiez rien.

Je fais du yoga, en lui souriant et en observant les Davis du coin de l'œil. Il l'aida à sortir de l'eau et la rejoignit au moment précis où les nageurs plongeaient dans le bassin et se ruaient vers l'autre extrémité. Il y eut des hurlements et des clameurs d'encouragement pendant quelques instants et Harry en oublia les Davis.

Pas envie d'aller vous étendre au soleil ?

Dans un petit moment, regardant Linda. Il se sentit sourire, mais son esprit était ailleurs. Je veux d'abord me dépenser un peu. Linda s'en alla et Harry se laissa glisser sous l'eau et nagea jusqu'au bout du bassin, puis il parcourut plusieurs longueurs en proie à une tension intérieure qu'il avait le sentiment de devoir dissiper, à mi-chemin de la troisième longueur, il la sentit disparaître, de sorte que lorsqu'il parvint à l'extrémité de la piscine, il se hissa hors de l'eau et alla rejoindre Linda.

Il se tint au-dessus d'elle et laissa tomber quelques gouttes d'eau sur la peau sèche de son dos.

Hououuuu, c'est froid, espèce de brute ! en se contorsionnant pour échapper à l'aspersion.

Vous passez une heure dans l'eau et vous vous mettez à hurler dès que vous en recevez deux gouttes, riant et s'asseyant à ses côtés.

C'est drôle, non ? avec un rire, en se réinstallant sur sa serviette.

Ahh, ça fait du bien, s'allongeant sur le ventre et regardant le visage de Linda niché dans ses bras à quelques centimètres de lui. Un bon bain est l'une des choses les plus délassantes qui soient.

Oui, ça donne l'impression de planer, elle ferma les yeux, un sourire dans la voix.

On dirait que vous allez vous endormir.

Hhhhmmmm. Réveillez-moi dans un petit moment pour que je puisse me faire bronzer sur le devant aussi.

Qu'est-ce que vous entendez par un petit moment ?

Oh, vous voyez ce que je veux dire, quand j'aurai pris assez de soleil sur le dos.

Oh, d'accord, conscient de sa proximité et souriant.

Harry ne dormit pas, mais il se retira en lui-même ; entendant sans vraiment les écouter les bruits que faisaient les nageurs et les autres autour de la piscine, leurs voix se mêlant aux divers sons pour ne plus former qu'un seul fond sonore aux composantes variées et qui absorbaient son esprit comme l'avaient fait les films de la Quarante-deuxième Rue ; et Davis et sa femme n'étaient pas admis dans cette partie de son esprit que seules ses sensations emplissaient, et dans une demi-somnolence, il était conscient de la brûlure du soleil sur son dos, de l'odeur d'herbe et de terre, du contact de celles-ci et de son corps sur la serviette, du frôlement des mouches et autres insectes qui exploraient son dos et ses jambes, mais surtout de la présence de Linda allongée à ses côtés, sachant que ce même soleil brûlait son dos et que ces mêmes petits insectes quittaient son corps pour se poser sur le sien, et respirant l'odeur mouillée qui émanait d'elle lorsqu'elle était sortie de la piscine, odeurs d'eau, de peau et d'air qui l'excitaient et lui restaient présentes à l'esprit alors que le soleil avait fait disparaître toute trace d'humidité.

Il se complaisait dans ce monde d'impressions et de sensations quand il s'avisa au bout d'un certain temps qu'il y avait autre chose, une autre sensation... une sensation de bien-être. Il rit intérieurement en s'apercevant qu'il avait menti tout à l'heure en disant qu'un bain faisait du bien, mais qu'il le pensait à présent. Bizarre, non ?

Bizarre aussi de se savoir entouré d'un tas de gens et de se sentir bien distinct. Bon de flotter et de partir à la dérive et de sentir le sol sous soi. Vraiment bon.

L'eau est bonne...

Le ciel est beau

et les arbres...

Il entendit Linda aspirer profondément et soupirer légèrement en se mettant sur le dos.

C'est l'heure de changer de côté ?

Hhhhmmm.

Comment ça ?

Le dos est à point, et elle se ménagea une petite place pour la tête en la remuant de droite et de gauche avant de la laisser reposer dans le creux ainsi formé.

Alors, il doit être temps de me retourner aussi.

Harry ressentit la brûlure du soleil sur les paupières mais il s'y habitua très vite et commença à glisser dans une espèce de somnolence où il s'enfonça de plus en plus profondément jusqu'à perdre pratiquement toute conscience du bruit ambiant, puis il refit brutalement surface.

Il cligna des yeux et se mit sur le flanc. Il sut tout de suite qu'il n'y avait personne dans la piscine et que tout était beaucoup plus calme. Il regarda autour de lui et s'aperçut que la plupart des gens étaient allongés au soleil et que quelques-uns jouaient aux cartes.

Il est temps de se lever.

Hhhmmm.

Vous feriez mieux de vous lever si vous ne voulez pas rôtir.

Elle roula sur le côté, entrouvrit les yeux, les referma vivement puis tenta de les rouvrir.

Je croyais que vous aviez une minuterie intérieure pour vous éviter de rester trop longtemps au soleil.

Je n'y suis pas restée trop longtemps.

Ouais, mais si je ne vous avais pas réveillée, vous auriez bel et bien cramé.

Je n'ai jamais dit comment je comptais me réveiller, en souriant, il y a toutes sortes de réveils.

Si je comprends bien, en riant, c'est MA minuterie que vous avez réglée.

Ma foi, c'est vous qui m'avez réveillée au bon moment.

Hé, Harry, tu veux jouer au rummy ? Venez aussi, Linda, il nous manque deux joueurs.

Harry regarda Linda et elle haussa les épaules d'un air de dire pourquoi pas et ils allèrent se joindre aux autres et s'assirent autour de la serviette qui servait de tapis de jeu.

Savez-vous jouer aux cinq cents, Linda ?

Je crois que je sais encore.

Naturellement, c'est toi qui tiens les comptes, Tom.

Évidemment, Harry, quoi d'autre ?

Ils s'esclaffèrent et rirent tout au long de la partie et, au milieu de celle-ci, les femmes changèrent de place afin de bronzer uniformément.

Quand la partie fut terminée et gagnée par Tom, tous les joueurs criant au tricheur et le mettant en demeure de produire ses comptes, ils allèrent avec les autres s'habiller pour le cocktail et le dîner.

Lorsque Harry s'approcha du bar, M. Wentworth l'appela et le présenta à M. Simmons, le président de la société.

Ravi de faire votre connaissance, White, Walt m'a dit grand bien de vous, un bras passé autour des épaules de Harry, et je mets un point d'honneur à me faire présenter et à apprendre à connaître nos jeunes hommes d'avenir, le sang neuf de notre société.

Merci, monsieur Simmons, j'espère être en mesure de contribuer efficacement à la croissance de l'entreprise.

Bien, bien, voilà ce que j'aime entendre.

Vous prenez quelque chose, Harry ?

Un scotch à l'eau.

Wentworth fit un signe au barman et, lorsqu'il eut apporté le verre, il le tendit à Harry.

Merci, en fait, je vois les choses très simplement, plus je contribue à la prospérité de la société, plus elle contribue à la mienne.

Très juste, comme je le dis toujours, plus la société compte pour vous, plus vous comptez pour elle.

Ils hochèrent la tête et échangèrent un regard de compréhension et d'approbation.

Ils formèrent un groupe à part pendant quelques instants, Harry un peu surpris de se sentir plutôt à l'aise avec Wentworth, sans mouvement de colère à son égard. Il pensait tout ce qu'il avait dit. Il voulait vraiment contribuer à l'expansion de l'entreprise et il voulait vraiment devenir un cadre supérieur brillant ; il aimait son travail et était véritablement attaché à la société et serait tout à fait heureux de travailler pour elle toute sa vie, la vie qu'il s'était fixée et qu'il imaginait auréolée d'un titre et de succès professionnels, mais assortie aussi d'une grande maison, de voitures, de bateaux, et de tous les autres signes extérieurs de la réussite comme l'appartenance à un Country Club sélect tel que le Wooddale.

Harry sirota son scotch et écouta leurs manifestations de sincérité avec un intérêt sincère, ayant presque le sentiment de partager la conversation et les opinions de ces deux hommes tout en se sentant vaguement étranger.

Il chassa rapidement et machinalement cette dernière sensation pour la remplacer par la bouffée d'orgueil et le sentiment de chaleur que lui procuraient les regards envieux et craintifs dont il se sentait l'objet tandis qu'il bavardait d'égal à égal avec Simmons et Wentworth.

Leur conversation prit fin et Harry déambula parmi les invités, la tête dans les nuages, avec un sentiment de supériorité. Il avait l'impression d'être un petit peu plus grand (et quelquefois beaucoup plus grand) que les autres. Il se sentait bien dans sa peau et prenait plaisir à remuer son verre pour entendre tinter les glaçons.

Il s'avança vers les Davis, se redressant au fur et à mesure qu'il s'approchait d'eux, et il regarda la femme dans les yeux lorsque Mark la lui présenta.

Chérie, voici Harry White.

Harry, ma femme, Terry.

Bonsoir, enchanté.

Bonsoir, Mark m'a souvent parlé de vous.

Oh, vraiment, regardant le mari en souriant, puis la regardant de nouveau, pas en bien, j'espère. Mark m'a parlé de vous aussi mais il ne m'a jamais dit que vous étiez aussi belle. Terry rougissant légèrement.

Mark, espèce de cachottier, pas surprenant que je ne l'aie jamais vue. Si j'étais votre mari, en la fixant de nouveau avec insistance, j'aurais peur de vous laisser sortir, le visage éclairé par un large sourire, Mark est un homme heureux et il la regarda encore pendant une seconde ou deux, avec un pincement au-dedans de lui-même et l'envie de voir jusqu'où cela irait, mais d'autres personnes vinrent se joindre à eux et il s'en alla avec un sentiment de soulagement.

Finalement, il tomba sur Linda assise en compagnie de Rae et de Louise.

Trois jolies femmes seules, ça doit être mon jour de chance.

Vous cherchez de la compagnie ?

C'est gentil, Louise.

Écoutez-moi un peu ce M. Finklestein [1], vous ne voulez tout de même pas me faire croire que vous aimez les vieux tableaux quand il y a ici une aussi jolie fille que Linda.

Tout le monde éclata de rire tandis que Louise les regardait avec un grand sourire malicieux. Ils plaisantèrent et s'amusèrent jusqu'à l'heure du dîner, puis ils se levèrent et suivirent les autres dans la salle à manger principale.

Harry était de nouveau conscient de la présence de Linda et, tandis qu'ils se dirigeaient vers la salle à manger, il ressentait physiquement la façon dont sa robe légère moulait son corps. Tous quatre prirent place de chaque côté d'une des longues tables de banquet, Rae et Louise faisant face à Harry et Linda. Les sensations de Harry persistèrent une fois assis à table, le bras nu de Linda à quelques centimètres de lui.

Les bavardages amicaux et l'humour de Rae empêchèrent Harry de se sentir complètement et uniquement absorbé par Linda, bien qu'en dépit des rires et des plaisanteries il ne perde jamais conscience de sa présence à ses côtés et d'un sentiment confus et nouveau pour lui dont elle semblait être la cause. Il se sentait attiré par elle et pourtant, à ce moment précis, il n'éprouvait ni inquiétude ni appréhension. Il chercha à analyser ce sentiment pendant de brefs instants mais ne put faire mieux que de le définir comme l'absence des sensations qui lui étaient familières.

La plupart du temps, il se borna à jouir de ce qui lui arrivait (ou ne lui arrivait pas) tandis que le dîner suivait son cours, du potage au dessert, dessert auquel Rae prétendit à plusieurs reprises ne pas vouloir toucher, puis qu'elle se mit à grignoter en soupirant avec des marques évidentes de satisfaction.

Vous vous en voudrez demain.

---

1. Sorte de baron de Crack. (*N.d.T.*)

Oh, Harry, vous êtes un monstre !

Et alors, je ne me pèserai pas de plusieurs jours et je me ferai mince.

Ils continuèrent à rire jusqu'au moment où M. Wentworth se leva et réclama l'attention de chacun en donnant de petits coups sur son verre. Tout le monde se tut et se tourna vers lui. Merci. Il parcourut l'assistance des yeux, un grand sourire sur le visage. J'espère que vous avez tous apprécié le dîner — il y eut des cris d'approbation et des applaudissements — et, le sourire de M. Wentworth s'élargit, l'agréable moment des cocktails — nouveaux applaudissements, rires et hochements de tête convaincus. M. Wentworth se tut un instant tout en regardant autour de lui. À présent, voici l'addition, je vais faire un discours — il y eut quelques maigres applaudissements suivis d'un silence gêné, et M. Wentworth se mit à rire en agitant les mains. Non, non, rassurez-vous, je m'en voudrais de gâcher un dîner comme celui-là — autres rires et gloussements. Je veux seulement vous présenter notre président, Clarke Simmons, en se tournant vers lui, le bras tendu, puis applaudissant tandis que l'assistance se joignait à lui.

Clarke Simmons se leva et accueillit l'ovation qui lui était faite sans rien dire, en souriant largement, puis il leva les bras pour réclamer le silence. Merci, merci beaucoup. C'est assurément une joie d'être parmi vous en cette journée de fête. Et comme mon excellent ami Walter, regardant Wentworth, je ne veux pas gâcher un bon repas par des discours superflus. Il sourit et se tut jusqu'à ce que les rires s'éteignent. Cependant, je tiens à remercier chacun d'entre vous d'être un employé fidèle et d'appartenir à cette catégorie d'individus qui prennent leurs responsabilités avec enthousiasme et courage et qui ont contribué à faire de cette année la meilleure des quinze années d'existence de la société. C'est dans l'esprit de cette tradition et en raison de l'expansion qu'elle a permise que je veux vous faire une petite communication au sujet de la création d'un nouveau poste que cette expansion a rendu possible et nécessaire... et vous présenter l'homme qui sera notre nouveau et notre premier vice-président en second. Louise et Rae regardèrent aussitôt Harry avec de grands sourires de félicitations et Louise s'apprêtait à saisir la main de Harry mais il la retira vivement de la table pour se gratter la nuque. Je dois avouer que ce brillant jeune homme n'a pas encore été avisé de cette promotion et qu'il en aura la surprise ainsi que sa charmante épouse. Mesdames, Messieurs, j'ai le plaisir de vous présenter notre vice-président en second, Mark Davis — il y eut des OOoohhh et des AAaahh et Mark Davis regardant autour de lui, l'air surpris, heureux, abasourdi, souriant et sa femme ne tenant plus en place sur sa chaise, battant des mains avec énergie et criant hourra en poussant son mari vers le président Simmons tandis que ses proches voisins lui serraient la main ou lui tapaient dans le dos et il s'avança d'un pas hésitant et agrippa les mains tendues de Clarke Simmons et de Walter Wentworth et quelques invités se mirent à scander un discours, un discours et d'autres se joignirent à eux tandis que Mark Davis se tenait entre Wentworth et Simmons, chacun d'entre eux ayant passé le bras autour des épaules du nouveau vice-président en second et quelques flashes crépitèrent tandis qu'on prenait des photos destinées aux publications commerciales et finalement, les applaudissements et les appels au discours s'éteignirent pour laisser la parole à Mark Davis et Louise et Rae regardèrent Harry avec des mimiques incrédules et interrogatives alors que Harry se donnait un mal de chien pour conserver ce putain de sourire et faire fi des questions et des accusations muettes de Rae et de Louise et pour ne pas se décomposer sous la chaleur torride qui semblait vibrer en lui, ni se laisser envahir par la nausée qui lui tordait subitement les tripes et lui nouait la gorge, et Wentworth et Simmons étaient assis avec ces visages souriants tandis que ce connard de Davis débitait des platitudes sur sa joie et sur la façon dont il espérait se montrer à la hauteur de sa charge — ta NOUVELLE charge, connard —, et il fallait encore qu'il remercie sa merveilleuse épouse pour l'aide qu'elle lui avait apportée et pour lui avoir permis de faire le bon travail qui lui valait cette promotion et il poursuivit en remerciant les gens avec un tas de foutaises, le petit prodige à tête creuse, et il s'assit enfin et tous les invités agitèrent leurs nageoires comme une bande de phoques débiles et Harry sentait Rae et Louise poser sur lui des regards chauffés à blanc comme deux mères à qui l'on aurait appris que leur rejeton était l'auteur d'un génocide et il lui fallait leur faire face et s'exposer aux yeux de tous pour que tout le monde puisse voir la laideur et la pourriture qui étaient au-dedans de lui et le rongeaient lentement et il lui fallait s'expliquer, dire pourquoi il était assis là pendant que ce lèche-cul de Davis recueillait toutes les louanges et que sa poissarde de bonne femme couinait et se pendait à son cou comme un albatros syphilitique, comme si ce con stupide avait vraiment fait quelque chose dont il puisse être fier alors qu'il avait déjà bien du mal à distinguer une brosse à dents d'une brosse à cheveux lorsqu'il avait à s'en servir et Harry grinçait des dents tout en souriant gentiment à Rae et à Louise et il avait le sentiment que ses jambes allaient se dérober sous lui et il haussa les épaules et eut envie de rire mais eut peur de vomir sur la table et il essaya d'adopter une attitude nonchalante et de laisser entendre à ses deux mères adoptives qu'il aurait pu avoir le job s'il avait voulu, mais qu'il avait refusé pour ne pas nuire à sa carrière, mais il ne pouvait pas le leur dire, seulement le leur faire comprendre parce qu'il ne pouvait pas laisser courir ce bruit, mais après tout, ce n'était pas si important et il y a des choses plus intéressantes en vue et Davis en a besoin, lui, avec toutes les bouches qu'il a à nourrir, pauvre bougre, voilà la raison pour laquelle ils l'ont choisi de toute façon, et d'ailleurs tout le monde se fout de cette histoire et les muscles de son cou et de ses épaules étaient si tendus qu'il avait l'impression qu'ils allaient craquer et la douleur se fit si forte que Harry crut qu'il allait s'évanouir ou sauter sur la table en hurlant et ce putain de sourire qui semblait pétrifié sur son visage et Louise et Rae qui semblaient se désintéresser de lui et il prit lentement conscience qu'il se passait quelque chose de nouveau, outre le fait que les gens s'étaient remis à parler, à rire et à glousser et il s'aperçut en regardant du coin de l'œil que les gens bougeaient et qu'il y avait de la musique, de la musique de danse, et il cligna des yeux deux ou trois fois, ce qui lui parut faire craquer un peu sa gangue de ciment et ralentir suffisamment les battements de son cœur pour qu'ils cessent de lui résonner aux oreilles et alors il comprit vaguement que Rae lui disait de se lever et d'aller danser, vous comptez rester assis là, comme ça, longtemps, comme un pauvre type ? Et il entendit Linda rire et sentit qu'il se dressait sur ses jambes endolories et affaiblies par les contractions musculaires et les larmes lui vinrent aux yeux comme il se levait et essayait de marcher et il battit rapidement des paupières pour les refouler et rit en trébuchant espérant bon Dieu que ses jambes allaient tenir le coup et il se retint en s'appuyant sur le dos de ceux qui étaient assis tout en se frayant un chemin vers la piste de danse et en conduisant Linda à l'aveuglette au milieu de ceux qui s'y trémoussaient, se retenant à tous ceux qui étaient près de lui jusqu'à ce que ses jambes reprennent des forces et qu'il puisse tenir debout et se déplacer sans craindre de tomber, mais, heureusement, la piste était trop encombrée pour ça, et il s'agissait seulement de bousculer d'autres couples jusqu'à ce qu'il puisse tenir debout sans aide, sur ses deux pieds et il eut l'impression qu'un souffle interminable s'échappait de lui, faisant craquer la gangue de ciment dans laquelle son corps et son visage étaient pétrifiés et il attira Linda tout contre lui et mit sa joue contre son oreille et il sentit la douceur de sa robe et la chaleur de sa propre haleine que lui renvoyaient les cheveux de la jeune fille.

À quoi rimaient tous ces regards, tout à l'heure ?

Quels regards ?

Quels regards ? Ceux que Rae et Louise vous lançaient comme s'il vous arrivait quelque chose de bizarre et comme si elles s'attendaient à ce que vous leur donniez des explications...

Linda rit, comme Rae dirait, racontez-moi tout.

Harry reprenait contenance, et perdus tous les deux parmi les danseurs, se sentant anonyme et inobservé, son visage s'éclaira d'un sourire détendu. Qui sait ? Quoi qu'il en soit, ça ne vaut plus la peine d'en parler maintenant. Ne pensons qu'à danser. Linda sourit et hocha la tête comme pour dire, soit, n'en parlons plus et Harry l'attira de nouveau vers lui et ils continuèrent à danser.

Lorsqu'ils revinrent à leur table, quelques invités étaient déjà partis et ils décidèrent de prendre une autre tasse de café avant de partir, Linda ayant accepté l'offre de Harry de la raccompagner chez elle.

Lorsqu'ils eurent dépassé la loge de garde, franchi le gigantesque portique avec ses grilles de fer forgé et se furent engagés dans l'étroite voie qui menait à l'autoroute, Linda se retourna pour voir par la vitre arrière le parc plongé dans l'obscurité et les phares des voitures qui se dirigeaient vers la grille. Un virage fit soudain disparaître les pelouses à sa vue mais elle avait encore présents à l'esprit la piscine, les jardins vallonnés, la pelouse en pente, les arbres et le soleil et les rires.

En se retournant, elle sourit et s'installa confortablement. Louise et Rae sont vraiment des femmes délicieuses.

Je crois que je n'ai jamais tant ri. Elle regarda les arbres qui se détachaient sur le ciel et la lune et les étoiles qui brillaient. Mon Dieu, quel ciel magnifique ! La lune brille presque autant que le soleil, mais le ciel est plus doux à présent, on dirait du velours. Elle se cala plus profondément dans son siège et soupira doucement. C'était très réussi. J'ai vraiment passé une journée merveilleuse. Je suppose qu'il doit être pratiquement impossible de ne pas passer de bons moments dans un endroit aussi agréable. Linda gloussa, je ne le savais pas, mais je crois que je suis née pour mener la vie de Country Clubs, la belle vie, comme on dit. Vous ne croyez pas, Harry ? Vous ne trouvez pas que c'est un endroit magnifique ?

Ouais, mais c'est terminé jusqu'à l'année prochaine. Nous allons nous retrouver dans la puanteur et la crasse de la ville en un rien de temps.

Linda rit et leva les yeux vers le ciel de velours tandis que Harry voyait défiler les poteaux télégraphiques. Peut-être, mais pour l'instant, c'est vraiment magnifique.

Linda alluma la radio et chercha une station diffusant de la musique douce et se lova sur son siège et la présence de ses sensations, de son gentil sourire et de sa manière d'être persistait alors que les arbres faisaient place à de lointaines cheminées et à des groupes d'immeubles. Harry savait déjà qu'il y aurait des nids-de-poule sur la route et de la fumée sur ces cheminées tranquilles. Je suppose que Davis va se sentir obligé d'aller vivre dans une banlieue résidentielle, maintenant qu'il est un homme arrivé. Dans une élégante petite bicoque à Levittown... Non, non, à Jersey, dans un lotissement surpeuplé de Jersey.

Comment ? Linda avait entendu Harry parler, mais le ton amer de sa voix ne l'avait pas encore frappée. Elle était encore au soleil, parmi les jardins et les rires. Eh bien, quand on a un titre aussi enviable que celui de vépé en second, on se doit de vivre dans une banlieue résidentielle. Linda le regarda, le visage toujours souriant et elle cligna des yeux à plusieurs reprises. Je veux dire qu'après tout, un n'importe quoi en second n'a pas les moyens de s'installer à Central Park West. D'ailleurs, il n'est pas bon d'habiter trop près de Park Avenue, on finit toujours par se fourrer un tas d'idées fausses dans la tête. Bien sûr, il y a le Connecticut, mais les frais de transport le mettraient sur la paille. Non, ce ne peut être que Jersey. Dans un coin minable où tout gèle en hiver et où il y a en tout et pour tout deux malheureux pompiers bénévoles. Et où ils pourront passer leur temps à raconter des conneries sur la maison qu'ils auront un jour, avec des tourniquets automatiques pour l'arrosage des pelouses et un buisson d'azalées près de la porte d'entrée.

De quoi parlez-vous au juste ? en riant et en secouant la tête. De quoi ? Mais de notre nouveau géant de l'industrie. De notre vice-prééésident. Du champion du monde, Davis.

Oh, je n'avais pas compris du tout, je ne me doutais pas...

Vous avez entendu son discours ? Bon Dieu, quel ramassis de foutaises !

Je n'ai rien remarqué d'anormal, jetant un regard en coin à Harry et fronçant les sourcils.

Vous voulez rire ? Mais bonté divine, on aurait juré qu'il

venait de recevoir le prix Nobel ou qu'il venait à tout le moins de se voir attribuer le titre de l'homme de l'année, et je tiens à remercier ma charmante épouse qui m'a secondé (pendant que je léchais des culs) et qui m'a toujours encouragé et donné... achh, tout ça, c'est de la merde.

Vous parlez sérieusement, n'est-ce pas ?

Que voulez-vous dire ?

Je veux dire que sa promotion vous contrarie vraiment, que vous êtes vraiment en colère.

Promotion ? Non. Tout le monde s'en fout. Vous n'y êtes pas du tout. C'est tout ce remue-ménage pour rien, et son abrutie de bonne femme qui se tenait à ses côtés en couinant comme une grosse truie.

Mon Dieu, vous êtes vraiment fâché. Je crois que vous êtes jaloux.

Vous voulez rire ? tournant la tête vers elle et serrant plus fort le volant, moi, jaloux de LUI ? Sincèrement, je crois que vous voulez rire. J'en ai plus dans le petit doigt, levant ce dernier, que lui dans son crâne vide. Et je ne voudrais pour rien au monde me réveiller dans le même lit que sa femme. Non mais quelle gourde !

Je l'ai trouvée très mignonne, regardant Harry avec sérieux, très fine et très jolie.

Ouais, eh bien j'aime mieux être à ma place qu'à la sienne, en hochant la tête, et il n'y a pas de quoi ameuter les foules parce qu'on est nommé vépé en second.

Je crois que les raisins sont trop verts, regardant le visage de Harry à la lueur intermittente des réverbères. C'est vous qui faites une montagne de tout ça, Harry.

Il la regarda un instant. Elle était parfaitement calme et sincère. Elle ne le faisait pas marcher. Écoutez, je vais vous dire une bonne chose. Si je voulais devenir une espèce de minable vépé en second, je n'aurais qu'à lever le petit doigt. Davis est peut-être un brave type et tout ça, mais c'est un pauvre con, en élevant et durcissant le ton, et tout ce que ce connard sait faire, je peux le faire mille fois mieux que lui, les doigts dans le nez, et en sifflotant Dixie encore, et si vous croyez que je vais jouer les spectateurs pendant que ce putain de lèche-cul fait son chemin, vous vous foutez dedans, et vous feriez mieux d'attendre de voir ce qui va se passer parce que je serai déjà en haut de la hiérarchie qu'il sera encore un petit vépé végétant dans sa petite baraque minable paumée dans ce trou de Jersey et... Harry prit une profonde inspiration et serra le volant et battit des paupières rapidement pendant quelques instants. La rage qui vibrait dans sa voix, il pouvait l'entendre à présent et il en eut peur. Et il se rendit compte aussi de la mesquinerie de ses propos et il commença à éprouver un violent embarras. Et merde, ça ne vaut pas la peine de t'en faire pour ça. Il serra les lèvres, puis enfonça l'allume-cigare. Lorsqu'il ressortit, Linda le lui tint pendant qu'il allumait sa cigarette. Il hocha la tête et marmonna un mot de remerciement, luttant toujours contre la gêne qui le crispait, se demandant avec inquiétude ce que Linda pensait, n'osant pas regarder de son côté pour essayer de savoir ce qui se passait dans sa tête.

Linda s'étira et prêta l'oreille à la musique douce diffusée par la radio, un sourire de bien-être adoucissant de nouveau ses traits. Longtemps avant que Harry ne se soit lancé dans sa diatribe, ou même avant qu'ils ne se soient mis en route pour rentrer, une partie d'elle-même avait passé la journée en revue et décidé que ç'avait été une bonne journée, une journée dont elle avait bien profité et que rien ne pourrait la gâcher... ni personne d'ailleurs. Elle avait écouté davantage par curiosité que par intérêt véritable et elle n'avait pas l'intention de faire des efforts pour retenir ce qu'elle avait entendu et elle se borna à laisser glisser tout ça au fil des minutes en regardant le paysage.

La radio se tut brusquement lorsqu'ils s'engagèrent sous le Lincoln Tunnel et Harry essaya désespérément de répondre aux propos légers que lui tenait Linda, mais il lui parut presque impossible de soutenir une conversation, et il sentait la sueur couler de ses aisselles, et il maudit entre ses dents le type qui se traînait devant lui et l'empêchait de sortir du tunnel assez vite pour qu'elle puisse se remettre à écouter la radio.

Lorsqu'ils émergèrent du tunnel et se retrouvèrent dans la

circulation new-yorkaise, Harry commença à se sentir mieux. Mais plus ils approchaient de l'endroit où Linda habitait, plus il se sentait nerveux. Il n'avait aucune envie de rester assis à raconter des sornettes à une nana et il n'avait pas non plus envie de lui faire du plat et il savait qu'ils ne feraient rien d'autre que rester assis à parler de la journée et à dire combien ç'avait été réussi et un tas d'autres conneries du même genre et bon Dieu, il n'était vraiment pas d'humeur à ça !

Il se gara devant l'immeuble de Linda et elle leva les yeux vers le troisième étage. Tout est éteint, la fille avec qui je partage l'appartement doit être déjà couchée. Désolée, en souriant, mais je ne vais pas pouvoir vous inviter à prendre une tasse de café. Je ne veux pas la réveiller.

Ça ne fait rien, je suis crevé de toute façon.

J'ai passé une merveilleuse journée, avec un grand sourire plein de sincérité, et encore merci de m'avoir raccompagnée.

Harry attendit qu'elle soit entrée dans son immeuble puis il s'en alla, ayant hâte de rentrer chez lui et de se mettre au lit. Bon Dieu, le lundi suivant fut emmerdant, franchement emmerdant. Plus l'heure de se lever approchait, plus son sommeil devenait agité. Il se tourna et se retourna, essayant de trouver une position confortable mais n'y parvint pas et resta là, immobile, hébété dans une sorte de douloureux état second à mi-chemin entre la veille et le sommeil. Son corps était dolent et brûlant de fièvre, pourtant, sa tête restait froide. Il essaya désespérément de se persuader qu'il avait la grippe et qu'il ferait mieux de rester couché toute la journée, mais il lui était impossible de dormir, et rester au lit, éveillé, à revivre la journée de la veille et le retour avec Linda était au-dessus de ses forces, de sorte que cinq minutes après avoir entendu la sonnerie du réveil, il se leva et prit une douche brûlante pour se rafraîchir les idées. Et ce putain de métro qui pue comme une fosse d'aisances. Tous ces putains d'animaux qui s'entassent dans cette rame comme dans l'arche de Noé... Ouais, voilà ce qu'ils sont tous, un troupeau de bêtes puantes. On se croirait au zoo un jour de canicule. Ouais, il règne à New York, l'été, une atmosphère de fête. Les salauds... Parlons-en de leur fête... avec le temps qu'il fait en ce moment. Ah, il est chouette le temps ! Si foutrement chaud et humide qu'on se croirait sous la douche, tellement on transpire. Et tous ces connards qui puent encore plus que des bêtes. Z'ont jamais entendu parler de savon, d'eau et de dentifrice. Bon Dieu, quelle puanteur ! Putains de vieux dégueulasses. On jurerait qu'ils se frottent les aisselles avec de l'ail et des oignons... et qu'ils mâchonnent des sous-vêtements douteux. Vise-moi ce foutu babouin là-bas, il a l'air plus vrai que nature pendu à sa poignée. P'têt' que ça lui plairait si je lui jetais quelques cacahuètes. Bon Dieu, ça doit payer de voir l'espèce d'orang-outan qu'il a dû épouser ! J'les vois d'ici, accroupis en train de regarder la télé, tout en se cherchant des puces pour les bouffer. Sûr qu'elle est aussi velue que ce clébard là-bas. Bon Dieu, elle a une moustache plus fournie que celle de Groucho Marx ! Merde, elle a plus de poils sur le grain de beauté planté sur sa joue que j'en ai sur toute la tête. Putain, j'voudrais pas voir ses jambes. Sûr qu'elle a des guirlandes de poils. Bonté divine, c'qu'y peut faire chaud dans ce wagon pourri ! La sueur me coule à flots dans le dos. Doux Jésus, c'est pas une vie de commencer la journée entassé dans une rame avec un troupeau de bêtes puantes... Merde, pas une bête ne pue autant... ou n'a l'air aussi moche. Quelle bande de culs-terreux !... les dégueulasses. Bon Dieu, regarde-moi ces frusques. Ces crétins sont plus mal habillés que des chimpanzés de cirque. Tous ces ensembles achetés en solde chez Klein[1]. Un dollar quatre-vingt-dix-huit le tout avec une radio en prime. Pantalon rouge ! Veste rouge ! Chemise de jersey rose et cravate minable en polyester rouge. Bon Dieu, ils doivent être jumeaux ! C'est pas possible d'être aussi abruti. Et les nanas, Seigneur, quelles tenues ! L'horrible est à la mode cet été. Ahhh, qu'ils aillent se faire foutre. Tout mais... Merde, je ferais peut-être mieux d'aller m'installer en ville, loin de ce métro

1. Grand magasin à succursales multiples. (*N.d.T.*)

pourri, ou alors dans une banlieue résidentielle où les types qu'on côtoie dans les trains ont une autre classe. Merde ! Qu'est-ce que j'en ai à foutre ? La banlieue peut aller se faire foutre. Et ces connards. Ces crétins de seconde zone. Qu'ils aillent se faire foutre. Les endroits où ils bouffent... La banlieue. Merde ! Qu'est-ce que j'en ai à foutre ?... Qu'est-ce que...

Il se fit

brinquebaler et secouer tout au long de ce tunnel suintant aux parois puantes couvertes de graffitis vieux de plusieurs décennies, aux carreaux de faïence qui sentaient la morgue et aux hommes de Neandertal qui se raclaient les tripes pour s'arracher des mollards qu'ils tournaient et retournaient dans la bouche avant de les cracher sur les voies ou dans l'ombre des traverses et de les piétiner jusqu'à ce que, absorbés par les anfractuosités du ciment, ils disparaissaient sous la crasse des dix dernières années,

puis il

se retrouva dehors, au milieu des coups de klaxon, dans la jungle de la rue chauffée à blanc par le soleil invisible derrière ces putains de façades en acier ou de je ne sais quoi, mais vous savez que cette saloperie est quelque part là-haut tellement il fait chaud, et pas de danger qu'un souffle vienne rafraîchir l'atmosphère, parce que même si le vent essayait de se faufiler dans cette fournaise, il serait arrêté par l'un de ces symboles phalliques, sauf en hiver, où rien ne semble pouvoir l'empêcher de vous geler les couilles.

Mais mieux

vaut encore être dans la rue que coincé dans un ascenseur à côté d'une nénette qui s'est aspergée d'un parfum si bon marché que vous avez l'impression d'avoir deux trous de pisse dans la neige à la place des yeux tellement ils vous piquent.

Et

vous arrivez finalement devant votre bureau et commencez à vous attaquer à toute la foutaise que vous trouvez dessus, en vous attendant à voir la climatisation tomber en panne à tout instant...

Une profonde inspiration, un soupir, et un Ah, et puis merde ! et une nouvelle journée, une nouvelle semaine a commencé...

De toute façon, qu'est-ce que ça peut foutre, qu'est-ce qu'ils ont tous à s'énerver comme ça ? Je n'ai rien d'extraordinaire. Je n'ai assommé ni violé personne. Privé de son contexte, ce genre de remarque n'est peut-être pas très bon, mais il est facile de mal interpréter une plaisanterie ou une réflexion anodine comme celle-là. Vous êtes en bagnole, la radio joue et vous vous occupez de la route, le vent entre par la fenêtre et vous dites quelque chose comme il a une bonne tête, et pour l'autre qui n'a rien pigé, ça peut très bien devenir autre chose, enfin... quelque chose comme il est tombé sur la tête, je ne sais pas, moi, mais vous voyez ce que je veux dire, ou encore vous dites, en effet, quelque chose comme il est tombé sur la tête, mais vous le dites en plaisantant, et si votre interlocuteur pouvait voir votre visage, il saurait que vous plaisantez, mais il ne peut pas voir votre visage dans l'obscurité, et il n'est pas habitué à votre genre d'humour, de sorte qu'il vous prend au mot, et que, lorsqu'il se met à répéter vos paroles, votre phrase se retrouve déformée et chargée d'un sens qui n'a plus rien à voir avec ce que vous avez dit ou ce que vous avez voulu dire... vous voyez ce que je veux dire, non ? Je n'ai pas besoin d'entrer dans les détails et de vous foutre les points sur les *i*.

Et sacré bon Dieu, où est passé le cahier des charges du dossier Clauson ? Je suis foutrement sûr qu'il était là jeudi dernier et y a plus moyen de mettre la main dessus. Si Louise l'a pris, je vais...

Ça va, ça va, le voilà, sûr que quelqu'un l'a déplacé en cherchant quelque chose. Bon sang, j'aimerais bien tout de même qu'on arrête de fouiller dans mes affaires...

Et puis, pour l'amour du ciel, gardez vos histoires stupides pour vous ! J'ai pas le temps d'écouter toutes les conneries qu'un imbécile a pu glaner. J'ai du boulot, moi. Il y a des nanas qui croient que tout le monde est comme elles, et elles ne sont là que parce qu'elles n'ont rien d'autre à faire, elles se foutent bien de leur boulot et elles se soucient uniquement de leurs pauses-café, de leurs repas de midi et de leurs congés.

Voyons, monsieur Wentworth, vous êtes trop intelligent pour croire de pareils racontars. Vous savez bien que je ne dirais jamais une chose pareille d'un employé. Seigneur... Voyez-vous... Je n'irai pas jusqu'à dire que celui qui vous a rapporté mes propos est un menteur, mais je peux vous assurer qu'il s'est mépris...

Je sais très bien qu'on pourrait croire que je suis jaloux, mais je vais vous dire la vérité, Linda, toute la vérité. Je ne le suis pas. D'abord, j'aime beaucoup Davis, un sourire sincère détendit les traits de Harry, et je le respecte. C'est un travailleur comme il y en a peu et il m'a beaucoup aidé. Et après tout, il est dans la société depuis plus longtemps que moi, et...

Mais non, mais non, monsieur Wentworth, pas du tout, je ne vois pas d'inconvénient à terminer le travail qu'il avait en cours. Après tout, nous sommes tous là pour faire de notre mieux, n'est-ce pas ?... et si...

Bon sang, c'est phénoménal comme les gens aiment compliquer les choses et montent tout en épingle. Vous avez une petite conversation anodine avec une nana et ça devient une véritable affaire d'État. Et d'ailleurs, ça ne vous regarde pas, bordel ! Allez vous faire foutre ! J'vous ai pas demandé votre avis. Et si vous me croyez pas, j'en ai rien à branler. Je sais, moi, que j'n'ai rien dit et ça me suffit et si ça n'vous plaît pas, c'est le même prix. Allez raconter vos salades à qui vous voulez. Moi, j'm'en fous. Je fais mon boulot et je n'ai pas à vous faire d'excuses, pas plus qu'à personne d'autre d'ailleurs. Non, mais, et puis quoi encore...

Et le retour chez soi, en métro, métallique, bordélique, merdique, cachectique, bronchitique... C'est ça, suce-le bien ton glaviot, espèce de dégueulasse, acchh, quel bestiau ! Mais au moins, la journée est finie et je n'ai plus besoin d'écouter leurs conneries de bureau et toutes ces nanas en transe qui n'arrêtaient pas de dire combien la journée de vendredi leur avait plu et combien l'endroit était joli, et imagine un peu, tout cela a appartenu à un seul homme autrefois et le dîner n'était-il pas magnifique et, et, et...

Laisse courir, j'irai au ciné ou ailleurs ce soir avec quelques copains. Ça ira mieux demain... d'ailleurs, ça vaudrait mieux ! Ils devraient être moins obnubilés par cette sortie et la vie devrait pouvoir reprendre son cours normal. Grâce à Dieu, ce salopard de bronchitique est descendu, on devrait pouvoir leur interdire l'accès aux quais... et je devrais trouver quelque chose de nouveau pour le dossier Langendorff et on verra si le vieux Wentworth y trouve quelque chose à redire... Ouais... ça devrait valoir plus qu'une virée en ville. Harry se plongea dans son travail avec une ardeur qui absorba toute son énergie. Il se moquait bien des titres, il n'avait pas besoin d'un titre bidon pour faire la distinction entre ceux qui avaient vraiment de la valeur et ceux qui n'en avaient pas. Et il n'allait rien dire à personne, mais continuer son boulot et développer une idée qui lui trottait dans la tête depuis quelque temps et déposer sur le bureau de Wentworth la meilleure proposition qu'on lui ait soumise avec ou sans titre... Ha ha ha ! je me demande s'il n'en aura pas une attaque.

Il arrivait au bureau de bonne heure et se mettait immédiatement au travail, de sorte que les habituels bavardages du matin et la lenteur de la mise en route ne le dérangeaient pas, et il y restait tard le soir, savourant sa tranquillité et sa solitude ainsi que la qualité et la quantité du travail qu'il abattait au cours de ces heures tardives.

Une fois ou deux, il passa la majeure partie de son temps hors du bureau à rechercher et à compiler des renseignements et à vérifier l'exactitude des données déjà en sa possession. Plus il travaillait sur le projet, plus celui-ci le passionnait, et, quand il rentrait chez lui, tard le soir, il s'asseyait dans sa chambre et réfléchissait tranquillement à son travail de la journée, passant mentalement en revue toutes les possibilités afin de s'assurer qu'il n'avait rien négligé. Plus il y songeait, plus il était convaincu d'avoir raison et d'avoir eu une idée éminemment réalisable, et plus cette conviction se renforçait, plus il était surexcité et une merveilleuse sensation de bien-être et de satisfaction s'emparait de lui. Le samedi, il se rendit au bureau et, en début d'après-midi, il se sentit à ce point transporté, non seulement par son travail, mais aussi par les conséquences prévisibles qui en découleraient, qu'en proie à une vive excitation, il ne put résister à l'envie de faire quelques pas. Il avançait par bonds beaucoup plus qu'il ne marchait et ne pouvait pas davantage maîtriser ses mouvements qu'il ne l'avait fait à son bureau. Il s'arrêta devant une table et s'aperçut que c'était celle de Linda, et il comprit au même instant qu'il n'avait pas plus pensé à elle qu'à Davis depuis des jours... on aurait dit des années. Seigneur, c'était seulement la semaine passée. Incroyable. Ça paraît si loin que c'est presque un vieux souvenir. Bof, laisse tomber, à quoi bon penser à elle et à Davis ? Pas maintenant. Finis ton boulot... Ouais. Il retourna très vite à son bureau et se remit au travail immédiatement, sa jambe droite n'arrêtant pas de s'agiter, de monter et de descendre comme pour pomper en lui une nouvelle source d'énergie.

Vers le milieu de la semaine suivante, il en eut terminé avec le dossier Langendorff et avec deux autres dossiers de ce type de marché, de moindre intérêt pour illustrer la façon dont sa nouvelle méthode pouvait s'appliquer à n'importe quel contrat semblable quelle qu'en fût l'importance. Il fit également des recherches dans les archives des années précédentes et en sortit des dossiers d'affaires identiques concernant des sociétés du même genre. Lorsqu'il eut réuni toutes les pièces de son dossier et se trouva prêt à le soumettre à M. Wentworth, il était tellement surexcité qu'il avait le sentiment d'être sous pression et sur le point d'exploser. Le simple fait de regarder son travail le mettait en transe. Il devrait se montrer prudent lorsqu'il parlerait à Wentworth parce qu'il se sentait pris de l'envie d'entrer dans son bureau en bondissant et de lui assener une claque dans le dos en disant, alors, z'avez traité de gros coups ces derniers temps ? Z'en avez tiré de bons aussi ? Ha ha ha ! Attends un peu de voir ce que je te réserve, mon petit Wenty, et tu vas en rester baba, tu vas en rester sur le cul. Maintenant, je crois que la concurrence peut aller se faire voir ailleurs. Qu'est-ce que tu en penses, mon petit Wenty, espèce de vieux pendard, en riant et en s'esclaffant, est-ce que ça ne vaut pas une petite virée et une bonne petite pipe par une de tes employées du service des relations pubiques — oh, pardon, publiques ? Peut-être même par tout le service, en lui donnant une claque dans le dos et en éclatant de rire...

Mais, comment à partir de CES données-CI, pouvez-vous obtenir les résultats dont nous avons besoin pour CETTE estimation-LÀ ?

Eh bien, j'ai tout simplement interpolé ces chiffres avec les données que nous possédions déjà sur une base semi-décimale, puis j'y ai ajouté ce qui ressortait de ces données-ci et j'ai fait passer le tout dans l'ordinateur IL 30 dans un rapport de un à dix-sept, c'est dire qu'on ne peut être plus prudent, et j'ai quand même obtenu un chiffre très bas.

Wentworth se laissa aller en arrière dans son fauteuil un instant, les yeux fixés sur les papiers et les graphiques que Harry avait réunis, puis il se pencha de nouveau en avant et continua de les regarder fixement. Si l'on ajoute à cela la technique dont vous vous êtes servi pour les contrats Compton et Brisbane, nous sommes imbattables dans ce type de marché.

C'est exact.

Comment pouvez-vous en être aussi certain ?

J'ai fait quelques recherches dans nos archives, et traité d'anciens contrats du même type en fonction de ces nouvelles données puis j'ai comparé les résultats obtenus pour chacun d'entre eux à ceux qui nous occupent dans l'affaire présente et constaté que dans chaque cas je suis parvenu au chiffre du coût réel de l'opération avec une marge d'erreur inférieure à un pour cent, y compris les inévitables impondérables et autres événements imprévisibles.

En d'autres termes, levant les yeux vers Harry, nous pouvons éliminer la marge d'erreur de dix ou douze pour cent dont nous tenons habituellement compte et conserver un bénéfice minimum de huit pour cent à l'arrivée.

C'est exact. Sans problème. Et sans parler du fait qu'il faut moitié moins de temps pour établir un de ces contrats.

Quand devons-nous présenter le contrat Langendorff ?

Le 27 du mois prochain.

Bon, alors voici ce que vous allez faire, vous allez emmener vos papiers, tous vos papiers, au service d'analyse et leur dire que je tiens absolument à ce que ces dossiers et ce nouveau procédé soient décortiqués. Je veux qu'ils soient examinés sous tous les angles possibles. S'il y a un quelconque défaut dans votre raisonnement, je veux qu'on s'en aperçoive dès maintenant. Compris ?

D'accord, le ventre en feu et les bras et les jambes tremblant d'excitation tandis qu'il rassemblait ses papiers et ses diagrammes et se préparait à quitter le bureau de Wentworth.

Et, Harry...

Oui ?

Ne loupez pas le coche cette fois-ci, une ombre de sourire passant sur son visage.

Non, vous pouvez compter sur moi.

Ouais, t'en fais pas, j'ai pas l'intention de tout bousiller ce coup-ci. C'est pas moi qui irai lécher des culs dans cette boîte. Je suis bien parti. Boulot, boulot, les doigts dans le nez, en sifflotant Dixie. Ouais, j'ai oublié de lui parler de cette petite pipe ou de quelques danses joue contre joue. Les histoires de cul sont toujours des histoires de cul et un doigt est un doigt, alors doigts dans le nez ou doigts dans le cul... On verra ça plus tard. Il faut d'abord en finir avec cette affaire. Allez-y, décortiquez, taillez, tournez et retournez-moi tout ça et quand vous aurez fini, recousez le tout bien proprement et renvoyez-le d'où il vient. Sur mon bureau. Au cours de la semaine suivante, il alla voir les gars du service d'analyse à plusieurs reprises et s'entendit chaque fois dire la même chose. Ça tient le coup. Pour finir, ils ne trouvèrent aucune faille dans le raisonnement de Harry et envoyèrent à Wentworth un rapport détaillé sur les méthodes utilisées pour prendre le procédé en faute et leur conclusion : le procédé est tout à fait valable, en théorie et en pratique.

Harry sut contenir son excitation lorsqu'il alla déjeuner avec Wentworth. Il prit un plaisir intense à traverser lentement le bureau en sa compagnie en direction des ascenseurs, à converser avec lui sur le chemin du restaurant, à attendre le maître d'hôtel, à écouter les bruits qui montaient de la salle tandis qu'on les conduisait vers leur table, à s'installer confortablement et à déplier sa serviette, à observer la sobre efficacité du serveur et du garçon chargé de desservir, à boire lentement son cocktail, à contempler les magnifiques lettres rouges et or du menu et il se renversa dans sa chaise tandis qu'il en prenait connaissance, sans se presser, d'un air dégagé, avant de le déposer sur la table. C'était un style de vie qu'il comptait bien adopter. Des endroits comme celui-ci représentaient l'un des aspects, l'une des récompenses de la réussite qu'il s'était juré d'atteindre. Harry White était surexcité et, la plupart du temps, il se sentait à l'aise, à table, en compagnie de Wentworth, mais une partie de lui-même se trouvait là en visite, et il n'était en effet rien d'autre qu'un visiteur, mais il savait qu'un jour il se sentirait aussi parfaitement chez lui ici que Wentworth ou ceux qu'il pouvait voir en regardant autour de lui. Ils avaient l'air tout à fait détendus et semblaient ignorer ce que peut ressentir un visiteur et il était fermement décidé à faire, un jour, aussi bien partie du décor qu'eux.

Au cas où vous vous poseriez des questions à ce sujet, Harry, je n'ai pas l'intention de parler de l'affaire Langendorff. Vous avez pris connaissance du rapport des analystes et en ce qui me concerne nous l'adoptons tel quel, regardant Harry en souriant. Harry sentit une bouffée de chaleur l'envahir et dut lutter pour conserver un sourire détendu tandis que le sens des paroles de Wentworth faisait son chemin dans son esprit et il se sentit instantanément préoccupé de l'avenir et de ce que celui-ci lui réservait et de la façon dont les obstacles qui le séparaient de la réussite allaient s'écrouler et il continuait de monter, de monter...

Quand les contrats auront été signés, ce qui, pour moi, ne saurait faire aucun doute... je veillerai à ce que vous receviez une substantielle augmentation.

Merci, souriant et faisant un effort sur lui-même pour parler aussi calmement que possible, voilà le genre de proposition qui ne se refuse jamais.

Wentworth regarda Harry un instant. Mais ce dont je voulais vous entretenir en fait, une fois encore, c'est de la raison pour laquelle je ne vais pas proposer votre avancement... maintenant.

Harry sentit ses tripes se ratatiner et pria le ciel pour que cela ne se voie pas sur son visage. Je ne vais pas me donner la peine de ressasser de l'histoire ancienne, car, pour moi, c'est de l'histoire ancienne, mais vous vous souvenez sans doute des discussions que nous avons eues par le passé au sujet de vos inconséquences. Je vous ai déjà dit tout le bien que je pense de vous, et je maintiens ce que j'ai dit. Lorsque vous vous consacrez entièrement à votre travail, et ce que vous venez de faire en est un excellent exemple, vous êtes le plus brillant de tous nos jeunes cadres, et cela vaut peut-être aussi pour les moins jeunes. Je peux vous assurer une carrière exceptionnelle si vous décidez seulement de vous consacrer à votre travail de façon régulière. De toute manière, un geste de la main, nous avons déjà parlé de tout cela et je crois que nous en avons assez dit sur le sujet. Le fait est que, pour être précis et juste, je sais que vous êtes capable de faire un boulot fantastique pendant un certain temps, ce n'est pas la première fois que vous le prouvez, mais comment tenez-vous la distance ? Et là, mon jeune ami, est toute la question. Vous êtes un excellent sprinter, mais ce n'est pas ce dont nous avons besoin. Nous avons besoin d'hommes capables de fournir un effort jour après jour, année après année. Je crois, pour ma part, que vous en êtes capable, mais je ne suis pas sûr que vous le croyiez vous-même. Je pense que, inconsciemment, vous doutez d'être à la hauteur de vos capacités et de vous y maintenir. Harry sentit ses muscles se contracter et il essaya désespérément de donner à son visage l'expression qui convenait, si seulement il avait pu savoir, bonté divine, quelle était l'expression à adopter. C'est pourquoi je ne tiens pas à ce que vous soyez promu pour l'instant. Je ne veux pas que vous vous figuriez que vous avez gagné la course et que vous commenciez à vous reposer sur vos lauriers comme vous l'avez déjà fait et que vous restiez là à attendre votre part du gâteau. Voyez-vous, Harry, c'est une course sans fin, sauf si vous abandonnez. Chaque nouvelle journée est une nouvelle course qui réclame une nouvelle victoire. Aussi, je veux que vous vous prouviez à vous-même que vous êtes capable de travailler avec régularité. Et, se rejetant légèrement en arrière avec un sourire, je vais même vous faciliter la tâche en vous confiant davantage de travail. Je sais ce qu'est l'ennui. Tous deux sourirent et Harry se détendit un peu. La régularité, voilà le secret de la réussite, Harry. C'est le seul moyen de s'en sortir.

Tout le reste de la journée, les sentiments de Harry oscillèrent entre la joie et la déception. Il se sentait plein de rancœur d'être toujours assis derrière le même vieux bureau, puis il se laissait emporter par la joie anticipée d'avoir bientôt des tâches et des rentrées d'argent supplémentaires. Il se plongea dans son travail, un travail de routine à présent et s'arrêtait de temps à autre pour regarder autour de lui, tantôt comme s'il avait été là toute sa vie, tantôt comme si l'endroit lui était étranger, comme s'il se souvenait d'y être déjà venu et que les choses pourtant ne lui soient pas familières.

Il pensa à Davis, le nouveau vice-président en second, et il sentit ses tripes se nouer et le sang lui monta au visage, mais il se souvint alors de son augmentation prochaine et des paroles encourageantes de Wentworth et il sourit de bien-être en songeant qu'il allait probablement gagner davantage que Davis en dépit de son titre. Et ses pensées le ramenaient constamment au restaurant, aux bruits, aux odeurs, au contact de la serviette sur ses genoux et dans ses mains, tandis qu'il la portait à sa bouche de temps à autre et à l'expression de Wentworth et à son attitude. Et il savait qu'il ne lui avait pas raconté de conneries. C'était un type honnête. Et il lui avait parlé avec franchise. Ça, Harry en était sûr. Et il était profondément convaincu que Wentworth pensait tout ce qu'il avait dit. Et il y avait quelque chose dans son attitude qui lui donnait chaud au cœur. Ouais, il avait mis les choses au point. Tout ce que Harry avait à faire, c'était de se donner à fond et Wentworth lui donnerait tout l'appui qu'il était en mesure d'offrir. Ce n'était pas plus difficile que ça. Il ne savait pas exactement ce qui l'avait tellement fait déconner et lui avait fait louper cette promotion, mais, quoi qu'il en soit, ça ne se reproduirait plus et il allait faire en sorte que ça ne se reproduise plus. Il allait arriver au bureau tous les jours à l'heure tapante et faire le meilleur boulot que Wentworth ou n'importe qui d'autre ait jamais vu et bientôt... Ouais, qui sait ? Tu ne peux que monter. Oublie tes cafétérias minables, il savait où aller déjeuner. Et cette connerie de te faire monter un hamburger quand il travaillait tard. Tout ça, c'était fini. Il savait ce que vivre voulait dire, vraiment. Il entrevoyait déjà Central Park West, un chouette petit appartement suffisamment élevé pour voir tout le foutu parc et peut-être même l'océan. Tu dois aller quelque part, tu sautes dans un taxi, c'est tout. Tu vas pas continuer à te faire chier dans le métro. Y en a plus pour longtemps. Ouais... Harry regardait fixement devant lui, souriant et passionné par son avenir avec une impression de chaleur et de bien-être.

Son sourire s'élargit et il se leva et se rendit dans le nouveau bureau du nouveau vice-président en second. Salut. Comment va ? Je viens de m'apercevoir que je n'avais pas encore visité votre nouveau domaine et je me suis dit que je ferais peut-être mieux de le faire avant que vous ne vous éleviez encore dans la hiérarchie.

Tous deux s'esclaffèrent et Davis se leva pour serrer la main que Harry lui tendait au-dessus de la table de travail. Salut, Harry, comment va ?

La forme. La grande forme. Eh bien, ça c'est un bureau !

en regardant autour de lui. Tout y est, le tableau au mur et même la plante verte dans son pot, hein ?

Ma foi, riant, je suppose que lorsqu'on est vice-président en second, on a droit à un peu d'oxygène supplémentaire.

Ce doit être ça, en riant et en s'esclaffant tous les deux.

Harry tourna vers Davis un visage empreint de sérieux. À vrai dire, je tenais à ce que vous sachiez que je suis très heureux de ce qui vous arrive et vraiment, si je peux faire quelque chose, vous savez, vous donner un coup de main, ou autre, vous pourrez toujours compter sur moi.

Eh bien, merci, Harry. Je vous en suis très reconnaissant.

De rien. Ils échangèrent un sourire et après avoir serré l'épaule de Davis, Harry s'en alla.

Harry se sentait si bien et tellement surexcité qu'il dut faire un effort pour se rasseoir à son bureau. Il ne savait pas ce qu'il avait envie de faire, mais il avait envie de faire quelque chose... n'importe quoi.

Son téléphone sonna et il décrocha le combiné aussitôt. Bonjour Harry, c'est Linda. Est-ce que vous avez encore le dossier Burrell ?

Pendant quelques secondes, les pensées de Harry se bousculèrent et il essaya désespérément d'y remettre de l'ordre. Il savait qu'il connaissait une Linda et un dossier Burrell, mais il ne parvenait pas à faire le rapprochement ou à établir un quelconque rapport entre l'une et l'autre. Puis après une ou deux secondes interminables, le déclic se fit.

Salut. Longtemps qu'on ne s'est vu. Oui, c'est moi qui l'ai.

Ah, tant mieux. J'en ai besoin. Ça vous ennuierait que je vienne le chercher ?

Ne vous donnez pas cette peine. Je dois aller dans votre secteur de toute façon. J'aurais déjà dû le rapporter. J'arrive.

Il trouva le dossier et c'est avec joie qu'il quitta son bureau. Il avait au moins quelque chose à faire à présent et une raison de se déplacer. Il n'aurait pas pu rester assis sans bouger une minute de plus.

Tout en se dirigeant vers le bureau de Linda, des images d'elle allongée au bord de la piscine, de lui, d'eux en train de danser lui revinrent à l'esprit et il se souvint de ce qu'il avait éprouvé à la voir et à la toucher et se demanda fugitivement si la fille avec qui elle partageait son appartement était en ville. Salut. Où est-ce que je pose ça ? en lui tendant le dossier.

Oh, vous n'avez qu'à le mettre là avec les autres, en souriant chaleureusement.

J'espère qu'ils ne vont pas tomber, en déposant le dossier sur la pile, ils vous écraseraient et ce serait bien dommage.

Entièrement d'accord avec vous. J'espère en avoir fini avec eux un de ces jours et je pourrai les retirer du bureau. À propos, il paraît que vous avez fait des heures supplémentaires ces derniers temps.

Oh, ça, vous avez dû voir Rae et Louise, en riant et en agitant l'index dans sa direction.

Mon Dieu, riant, j'ai déjeuné avec elles une ou deux fois, en effet.

À propos de déjeuner, que diriez-vous de déjeuner avec moi demain ? Je ferai un saut jusqu'ici.

Je croyais que vous sautiez le repas de midi.

Eh bien, faisant de grands gestes, je ferai une exception pour vous.

Merci, souriant et gloussant, c'est très généreux de votre part.

Oh, moi, vous me connaissez, se frappant la poitrine, j'ai le cœur sur la main.

Comment résister à une pareille invitation ? Non, levant la main, ne dites rien, je sais : c'est facile. Tous deux éclatèrent de rire.

Je dois retourner à mon bureau. À demain.

Ce fut un repas très agréable. Il y avait des années semblait-il qu'il n'avait déjeuné en prenant son temps et il ne se rappelait pas la dernière fois qu'il avait déjeuné avec une femme ni qui elle était. C'était il y avait si longtemps.

Et peu importe quand et avec qui il avait déjeuné la dernière fois, il savait que ça n'avait pas été ainsi — paisible, sans tension, sans faux-semblants, sans travaux d'approche. Ce fut une heure trop brève passée à déjeuner et à converser agréablement avec une jeune femme enjouée (eh, mais dis donc, c'est pas une nana ordinaire, celle-là).

J'ai appris par le téléphone arabe que vous aviez de grands travaux en cours.

Votre téléphone, ce ne serait pas deux commères de ma connaissance ?

Elle rit avec lui. Je crois que Rae et Louise s'intéressent beaucoup à vous.

Et à beaucoup d'autres choses aussi.

C'est vrai, mais je les aime bien. Elles sont tellement gentilles, chaleureuses... amicales. Un peu maternelles finalement.

Ouais, riant, je sais. Mais j'ai assez de ma mère, je n'en ai pas besoin de deux autres... Harry éclata soudain de rire... Elles doivent se poser un tas de questions à propos de ce déjeuner et se demander quand nous allons nous marier.

Vous avez sans doute raison, souriant, combien d'enfants voulez-vous avoir ?

Oh, je ne suis pas fixée, que diriez-vous de dix pour commencer ?

Et si nous revenions à notre repas, vous voulez bien ?

D'accord, se mettant à rire à son tour, ça vaut mieux.

Mais il y a une chose indéniable, c'est qu'elles sont une vraie mine de renseignements. À elles deux, elles savent tout ce qui se passe au bureau, même ce qui n'a pas encore eu lieu.

Oui, en hochant la tête. Ça ne fait aucun doute. Oh, à propos, je voulais vous demander de m'excuser de vous avoir ennuyée l'autre jour en revenant du Country Club.

Ennuyée ? Je ne vois pas du tout ce que vous voulez dire.

Eh bien, vous savez, s'agitant sur sa chaise et jouant avec sa tasse de café, je, euh... mon attitude a pu vous sembler un peu négative sur certains points et, haussant les épaules, la façon dont j'ai... euh... parlé de Davis et de sa promotion a dû vous paraître bizarre... vous savez, en y repensant, je me suis dit que vous en aviez peut-être retiré une fausse impression.

Inutile de vous excuser, Harry, souriant avec chaleur et de

manière rassurante, en fait, je ne sais même pas de quoi vous voulez parler. J'ai tout simplement passé une journée merveilleuse.

Tant mieux, souriant et poussant intérieurement un soupir de soulagement, j'en suis heureux.

Mais parlez-moi plutôt de ce que vous venez d'inventer. Je meurs d'envie de savoir. Rae a dit que c'était, je cite, spectaculaire et formidable, fin de citation.

Oh, ça n'a rien de si exceptionnel, détendu et sensible à la chaleur de sa voix et de son sourire, ça ne va pas révolutionner le monde. Mais, son sourire s'élargissant, ça me met en transe. Vous voyez, ce que mon idée a de bien, s'échauffant et se mettant à gesticuler, c'est que je vais pouvoir l'appliquer à d'autres domaines que celui pour lequel elle était conçue au départ... du moins c'est ce que je vais essayer... et c'est ce que j'essaie de faire en ce moment. Et qui sait ce qu'on va pouvoir en tirer si je continue à... Linda se mit à rire et Harry, surpris, la dévisagea un instant et elle allongea le bras et prit sa main dans la sienne.

Je suis navrée, Harry, je n'avais pas l'intention de vous interrompre ou de vous contrarier, mais je n'ai jamais vu personne être aussi enthousiasmé par son travail. Je pense que c'est merveilleux, absolument merveilleux. Vous aimez vraiment ce que vous faites, n'est-ce pas ?

Eh bien, oui, rougissant légèrement, je le crois. Des fois, ça me prend, comme ça, quand il y a un problème et qu'il faut trouver une solution, Linda lâchant sa main et continuant de le regarder intensément en souriant, ou quand vous avez une idée et que vous travaillez et retravaillez dessus, que vous la tournez dans tous les sens et que vous la triturez jusqu'à ce que les choses se mettent en place. Harry se renversa en arrière et eut un rire étouffé, je crois que ça me plaît vraiment.

Ça se voit. Mais j'ai bien peur que nous ne devions poursuivre cette conversation une autre fois, c'est l'heure de retourner au bureau.

Quel dommage ! La chose que j'aime le plus au monde après mon travail, c'est d'en parler, faisant de grands gestes avec les bras et souriant largement, surtout avec vous. Et si nous déjeunions encore ensemble demain ?

Bien sûr, très volontiers.

Le jour suivant, le déjeuner fut encore plus réussi. Ils passèrent leur temps à parler du travail de Harry et de ce qu'il avait fait et de ce qu'il comptait faire et de la joie et euh... de la plénitude qu'il ressentait lorsqu'il était totalement absorbé par ce qu'il faisait et de ses ambitions et de ses rêves de réussite.

Et le plus surprenant, ce dont Harry n'était pas vraiment conscient parce qu'il était trop préoccupé de lui-même, mais qu'il ressentait cependant, c'était que Linda ne se contentait pas de l'écouter avec attention mais qu'elle était vraiment intéressée par ce qu'il disait et qu'elle prenait un immense plaisir à cette conversation, ou sans doute serait-il plus exact de dire, à ce monologue.

Lorsqu'il revint au bureau, il demanda à Rae si elle voulait savoir ce dont ils avaient parlé ou si elle était déjà au courant.

Bien sûr que je suis au courant, Louise riait, mais je ne vais pas vous dire comment, vous n'avez qu'à deviner, chérrri. Que dis-tu de cet enfant prodige, Louise ? Il s'imagine peut-être que nous avons caché un microbe sous la table. Harry et Louise s'esclaffèrent bruyamment, puis parvinrent à se contrôler. Qu'est-ce que j'ai dit de si drôle ?

Louise et Harry continuèrent à se tordre de rire et à hoqueter.

Dites-lui, vous, Harry.

Harry s'essuya les yeux et s'arrêta de rire. Vous voulez dire un micro.

Et alors, microbe ou micro, c'est la même chose.

Pas tout à fait. Et il se remit à rire avec Louise. Il y a une grande différence.

Qui vous dit le contraire ? Et maintenant, écoutez-moi, espèce de micro ou de microbe, vous faites savoir à une fille combien vous êtes merveilleux et combien vous allez devenir important et ensuite vous la laissez vous attraper.

Vous devriez l'écouter, Harry, c'est un excellent conseil, toujours riant et gloussant.

Vous voulez dire un conseil dans le genre courrier du cœur par Linda le secours des célibataires... ou devrais-je dire Linda la perte des célibataires ?

Que voulez-vous que je vous dise, choisissez vous-même.

Ils rirent de concert et Harry fit un geste de soumission avec les bras. Je ne sais pas comment je me suis laissé attirer dans ce piège mais je m'en vais avant de me retrouver chez les fous.

Il n'y a pas loin à aller, Louise s'étranglait de rire et postillonnait en parlant, c'est à deux pas.

Harry retourna à sa table, les yeux encore pleins de larmes.

Les repas pris en compagnie de Linda devinrent une habitude presque quotidienne, une habitude extrêmement agréable et reposante.

Harry savait qu'il allait simplement déjeuner, bavarder et rentrer au bureau à l'heure et il ne craignait donc pas de perdre le contrôle de la situation et de rentrer tard au bureau et de s'attirer de nouveaux ennuis avec Wentworth. Il ne voulait pas de cela. Tout allait bien, en fait, tout allait pour le mieux et il voulait s'en tenir là. Il aimait vraiment ce qu'il faisait et l'idée de reprendre son travail chaque jour le remplissait de joie. Et il n'éprouvait absolument pas le besoin d'aller traîner pendant l'heure du déjeuner pour voir avec quelles nanas il pourrait baiser ou jouer son petit jeu habituel.

Tout ça lui semblait en quelque sorte appartenir à un passé révolu et il s'en souvenait fugitivement quelquefois avec une crispation d'embarras et quelquefois avec la conscience vague que, s'il devait recommencer ce petit jeu, cela ne signifierait pas seulement la perte de son travail, un travail qu'il aimait si intensément à présent et qui le satisfaisait pleinement, mais aussi la perte de quelque chose d'autre. Il ne savait pas quoi, mais il se rendait confusément compte que ce genre de petit jeu ne comportait pas seulement une part d'inconnu, mais présentait aussi un danger mortel.

Et puis, il appréciait vraiment la compagnie de Linda. Elle était différente de toutes les nanas et des bonnes femmes en tout genre qu'il avait connues. Il n'essayait pas d'analyser cette différence ou de s'y attarder, mais il se contentait d'en être heureux. Et il était de plus en plus conscient des émotions qu'elle faisait naître en lui.

L'une des choses auxquelles il réfléchissait de temps à autre et qui l'étonnaient était le plaisir qu'il éprouvait à simplement parler avec elle. On aurait dit que le seul fait de bavarder, de manger des sandwiches et de boire du café ensemble dans un snack ou une cafétéria bondés suffisait à les mettre en joie. D'une façon ou d'une autre, ils avaient toujours un tas de choses à se raconter, un tas d'idées à échanger, ce qui pour Harry était vraiment une nouveauté.

Mais ce qu'il y avait de mieux, ce qui avait le plus d'importance et ce à quoi il ne cessait de penser et aimait de plus en plus, c'était son rire. Il n'avait jamais entendu un rire aussi joyeux, aussi naturel. Comme si elle n'avait pas seulement plaisir à rire mais aussi plaisir à vivre. Souvent, il se mettait à rire sans attendre qu'elle ait fini de raconter une anecdote amusante parce qu'elle-même pouffait en plein milieu de son histoire. Mais ce n'était pas seulement le timbre de son rire ou l'effet qu'il produisait sur lui, il fallait aussi la voir dans ces moments-là. Elle pétillait de joie, et tout son corps, son être tout entier semblait heureux de vivre. Ses yeux étincelaient, jusqu'à ses ongles qui semblaient rayonner de bonheur. Elle aimait rire.

5

Le vendredi, ils se donnèrent rendez-vous pour aller à la mer le lendemain. Quand ils arrivèrent sur la plage en fin de matinée, ils y trouvèrent la foule habituelle des gens qui viennent s'y détendre pendant le week-end, mais n'eurent aucun mal à trouver un coin tranquille à deux pas de l'eau ; tout à fait ce qu'ils cherchaient. Ils étalèrent leur couverture sur le sable, roulèrent leurs vêtements avant de les placer sous les serviettes et partirent se baigner.

Au premier abord, l'eau parut froide mais, une fois passé le choc initial, ils trouvèrent cette fraîcheur revigorante et restèrent à se baigner un bon moment, faisant l'aller-retour jusqu'au radeau, plongeant dans les vagues et se laissant porter par les rouleaux. En sortant de l'eau, ils coururent jusqu'à la couverture en riant et en s'ébrouant.

Ils s'allongèrent dessus et, quand Linda fut sèche, elle étala de l'huile solaire sur sa peau. Lorsque tout son corps fut enduit, à l'exception de son dos, elle tendit la bouteille à Harry et s'allongea sur le ventre. Vous voulez bien m'en mettre dans le dos, Harry ?

Bien sûr. Harry laissa tomber quelques gouttes du produit sur ses épaules et se mit à rire en la voyant se contorsionner.

Ooouuuh, c'est froid. Harry, ne faites pas ça.

Ouais, je sais, en riant et en versant un peu d'huile dans le creux de sa main.

Vous êtes atroce.

Ouais, je sais, en gloussant tandis qu'il la massait lentement pour faire pénétrer l'huile. Eh bien dites donc, avec un bikini comme le vôtre, ça fait une sacrée surface à enduire. Elle partit d'un petit rire et Harry continua son massage, tout au plaisir de caresser sa peau que le soleil et l'huile rendaient chaude et lisse. Il poursuivit son manège, comme hypnotisé par le mouvement de sa main sur le joli dos de Linda, se sentant envahi par une douce chaleur, à cause du soleil, mais aussi du plaisir qui remontait le long de ses doigts, de son bras...

Oh, c'est si bon que je pourrais m'endormir là, comme ça !

Eh bien, en riant, moi ça me réveille. Il passa la main sur ses reins une dernière fois, fut tenté de lui donner une claque sur les fesses mais n'en fit rien. Il lui passa la bouteille. Bon, à mon tour maintenant, et il s'étendit sur la couverture.

Ce fut la journée typique passée au bord de la mer ; rien n'y manqua, pas même les gamins qui vous envoient du sable dans la figure quand ils passent à côté de vous en courant. Ils nagèrent, se laissèrent dériver au fil de l'eau, plongèrent, sautèrent et se roulèrent dans les vagues ; ils mangèrent des hot-dogs, et même des loukoums, et burent de la bière glacée.

Ils quittèrent la plage en fin d'après-midi ; la circulation était intense, et, parfois, les voitures avançaient au pas, ce qui, ce jour-là, ne parut pas énerver Harry. En fait, ils n'étaient pas pressés et ils bavardèrent et rirent — Dieu qu'il aimait l'entendre rire ! — et si la circulation se traînait, le temps, lui, passait vite et le voyage de retour fut très agréable. Quelle différence avec la dernière fois où il l'avait raccompagnée chez elle !

Il n'y avait pourtant pas si longtemps, et cependant tout cela semblait se perdre dans un passé lointain et vague. Incroyable. Seigneur, l'atmosphère était bien différente cette fois-ci ! Aucune comparaison, vraiment aucune.

La fille qui partageait l'appartement avec Linda était partie pour le week-end, et ils décidèrent de dîner sur place. Je vais mettre quelques côtelettes sur le gril, faire une salade et voir ce que je peux trouver d'autre.

Extra. Ça me va comme un gant.

Je vais prendre une douche pour me débarrasser du sable que j'ai sur moi. J'en ai pour une minute.

Harry se laissa tomber dans un fauteuil et, au bout de quelques instants, s'aperçut qu'il écoutait le bruit de la douche et imaginait l'eau couler sur le corps de Linda ; il secoua la tête, cligna des yeux et chassa cette vision de son esprit. Sans savoir pourquoi, il ne voulait pas laisser libre cours à son imagination.

Le bruit de la douche cessa brusquement et, quelques instants plus tard, Linda sortit de la salle de bains, drapée dans un grand peignoir, essuyant ses cheveux avec une serviette. Voilà, vous pouvez prendre la place. Vous savez, je crois que ce qu'il y a de plus agréable quand on va à la mer, c'est de prendre une douche quand on rentre chez soi.

Tous deux se mirent à rire. Oui, je suppose que c'est une façon de voir les choses.

Quand il sortit de la salle de bains, propre, frais et dispos, Linda était dans la cuisine, occupée à découper, mélanger et remuer. Vous savez, je crois que vous avez raison ; c'est vraiment le meilleur moment d'une journée passée sur la plage. Il entra dans la cuisine et regarda Linda travailler pendant un instant. Eh bien, à vous voir vous agiter, on a réellement l'impression que vous savez ce que vous êtes en train de faire.

Mais ce n'est pas qu'une impression, en fronçant le nez et en riant, et j'adore ça. J'ai le sentiment d'être née pour ça. Faire la cuisine, ça me met en transe pour parler comme un jeune homme industrieux de ma connaissance.

Si vous avez une mémoire pareille, je ferais bien de faire attention à ce que je dis. Je peux vous aider ?

Non, pas vraiment. À moins que vous ne vouliez boire du vin avec le dîner.

Bonne idée, pourquoi pas ? Que diriez-vous d'un « Nonne bleue » ?

Non, ça ne me dit rien, l'air sérieux, je croyais que nous allions dîner seuls. Elle partit d'un grand éclat de rire, et Harry lui fit écho.

Méfiez-vous, ça pourrait devenir une habitude. Ils s'esclaffèrent, et Harry lui demanda si elle avait une préférence pour un vin particulier.

Non je n'y connais rien. J'achète généralement un bordeaux d'importation que je paye quatre-vingt-dix-sept cents la bouteille. Moi, je le trouve bon.

D'accord, on va vous servir un vin d'importation coûteux, madame. Rouge ou blanc ?

Rouge. Je trouve que c'est plus joli.

Je ne crois pas que ce soit le critère déterminant, souriant et prenant plaisir à la voir s'affairer dans la cuisine, mais puisque vous voulez du rouge, vous aurez du rouge.

Lorsque Harry regarda la table avant de s'asseoir, il eut l'impression que tout cela tenait de la magie. Tout. Un véritable enchantement. Il y avait deux chandeliers, un grand saladier et deux petits saladiers individuels, des assiettes, de l'argenterie, des serviettes, le tout disposé sur une vieille table en bois ; rien d'exceptionnel ou qui sortît du commun, mais Linda était parvenue à rendre l'ensemble extraordinaire. C'était extraordinaire.

Incroyable ! Comment faites-vous ? Surtout en si peu de temps, à ce qu'il m'a semblé.

Oh, c'est enfantin. N'importe quel grand chef en aurait fait autant.

Je suppose que vous avez raison, souriant, ça vous met vraiment en transe, fin de citation.

Le dîner fut délicieux et très agréable. Quand ils eurent fini, Linda alla chercher une coupe pleine de fruits et du fromage. J'espère que vous aimez les fromages qui puent. Moi je les adore.

Après le repas, ils restèrent à table à boire du café et à bavarder. Harry n'avait pas éprouvé le besoin de réfléchir à ce qu'il ressentait de toute la journée. En fait, il ne se rappelait même pas avoir réfléchi à quoi que ce soit. Il s'était borné à jouir du bien-être qu'il éprouvait sans se poser de questions. En réalité, même s'il avait essayé, il n'aurait pu se rappeler avoir jamais connu un tel bien-être. Jamais depuis son enfance, il ne s'était senti aussi détendu. L'une des raisons pour lesquelles il passa une journée si agréable fut que ces questions ne lui vinrent même pas à l'esprit.

Mais, petit à petit, il se sentit envahi par un vague sentiment d'inquiétude. Sans aucune raison apparente, il se sentait mal à l'aise. La soirée se déroulait comme la journée qui l'avait précédée, et il continuait à rire et à bavarder avec Linda, mais, au fond de lui-même, quelque chose le poussait à lutter contre cet élan qui l'entraînait, à lutter contre la tournure prise par les événements. Il réalisa que ce qu'il était en train de faire était, chez lui, tout à fait inhabituel. Quelle idée de rester assis à plaisanter avec une nana ! C'était dingue. Jamais il n'avait fait ça. En ce moment même, il aurait dû être en train de faire autre chose, mais il n'arrivait pas à savoir exactement quoi. C'était vraiment dingue. Il avait l'impression de savoir ce qu'il était censé faire, mais au même instant, il était incapable de mettre le doigt dessus, sans comprendre pourquoi, sans même comprendre très bien ce qui se passait en lui. Ces contradictions le laissaient de plus en plus perplexe, et sa perplexité ne faisait qu'accroître son trouble.

Et, pour ne rien arranger, il se sentait bien en compagnie de Linda ; et il restait là à bavarder et plaisanter, à boire du café et à grignoter un morceau de fromage. Et du fromage qui puait, en plus. Et elle l'excitait, et il aurait voulu tendre la main pour prendre la sienne, mais il en était incapable. Seigneur, pourquoi en faisait-il tout un plat ? Pourquoi se sentait-il l'estomac serré, et pourquoi avait-il l'impression que quelque chose allait se produire ? Son esprit commença à être accaparé par cet étrange sentiment, et par son incapacité à prendre la main de Linda dans la sienne. Et d'ailleurs, pourquoi tenait-il tellement à lui tenir la main ? Enfin, bon Dieu, c'était bon pour des gamins, ça ! Tout se passait comme s'il était devenu incapable de mener le jeu. Jamais les choses ne s'étaient déroulées ainsi. Comment procédait-il habituellement ? Il n'arrivait pas à s'en souvenir. Ou bien si, mais tout ça restait confus, et il avait l'impression d'être dans la peau d'un spectateur qui, de la touche, voit la partie prendre des allures de catastrophe. Il avait presque envie de se lever pour hurler : Hé, ça ne va pas ! Vous vous y prenez mal, mais il restait assis et continuait à parler, et à plaisanter, et à rire, et à s'amuser comme jamais auparavant, tout en luttant contre le démon qui prenait possession de lui, grandissait et grondait, au point de faire frémir sa conscience de confusion et d'épouvante.

Il se leva, alla à la salle de bains et contempla son image dans la glace sans aménité — ou était-ce son image qui le regardait sans aménité ? —, et il inclina la tête d'un côté, puis de l'autre, et les coins de sa bouche s'étirèrent dans un sourire ; il hocha la tête et partit d'un petit rire. T'es dingue, espèce de salaud, t'es complètement cinglé. Il regarda son image qui lui rendit son regard quelques instants encore, puis il haussa les épaules et sortit de la salle de bains.

Il resta debout derrière Linda, posa les mains sur ses épaules et l'embrassa dans le cou en lui caressant lentement les bras.

Elle sembla s'abandonner légèrement, mais, tandis qu'il continuait à l'embrasser, il éprouva une gêne croissante ; il avait l'impression de jouer un rôle — ou plus précisément, d'imiter un acteur de cinéma jouant une scène d'amour. Il se sentait raide, peu naturel et maladroit, et il dut se faire violence pour continuer à l'embrasser et à caresser ses seins. Doucement mais fermement, elle écarta ses mains. Haletant, il prolongea son étreinte, essayant d'éprouver un peu plus d'enthousiasme pour ce qu'il faisait, et, au même instant, s'en voulant d'être aussi mauvais, sans pour autant pouvoir s'arrêter.

Viens faire l'amour.

Linda rit doucement, se retourna et le regarda, amusée. Il y a un instant, tu riais en parlant du film *Abbott et Costello face au loup-garou*, et maintenant tu veux faire l'amour.

Eh bien, qu'y a-t-il de si étrange à vouloir faire l'amour à une jolie femme ? en se forçant à essayer de l'embrasser à nouveau. Elle le repoussa doucement et il s'assit.

Rien. C'est le moment que tu choisis pour annoncer cela qui est étrange. Et amusant.

Il haussa les épaules, essayant de paraître nonchalant,

mais se sentant toujours aussi maladroit et gêné. Je ne savais pas qu'il y avait un moment particulier pour cela.

Eh bien, si, en continuant à lui sourire gentiment, il y a le bon moment.

J'ai toujours pensé que, dans ce domaine, n'importe quel moment était le bon.

Peut-être pour toi, mais pas pour moi. Et il faut être deux pour former un couple.

Harry haussa les épaules et essaya de toutes ses forces d'étouffer le démon qui était en lui ; en vain. Il ne comprenait pas ce qui s'était produit, ni comment ils en étaient venus à parler de la sorte, mais il se sentait incapable de ne pas continuer à faire ce qu'il était en train de faire, et ne voyait pas ce qu'il pourrait faire ou dire d'autre. Quelque chose n'allait pas. Il semblait incapable de ne pas rester là à s'écouter parler, à se regarder agir, et il se sentait si bizarre et si contracté qu'il ne savait comment s'en sortir.

Je suis désolé si je t'ai choquée —

Tu ne m'as pas choquée, Harry, sans cesser de sourire —

mais je ne savais pas que tu tenais tant à ton pucelage.

Linda se pencha sur le côté, regarda Harry un instant puis hocha la tête. Je suis surprise. Je suis vraiment surprise, Harry.

Pourquoi ? Qu'est-c'que tu pensais que j'étais, une espèce de moine abstinent ou quoi ?

Pour être tout à fait franche, je n'y avais même pas songé. Mais si je l'avais fait, je n'aurais jamais cru que tu étais si... si — elle haussa les épaules et secoua la tête —, ah... je ne sais comment dire — Harry la regarda fixement, comme si cela pouvait changer quelque chose, changer les paroles qu'ils venaient d'échanger, les événements, et surtout, changer ce que Linda allait dire, car il sentait au tréfonds de lui-même que le mot qu'elle allait prononcer le déchirerait comme un bloc de glace aux arêtes vives. Ce que je veux dire, c'est que je n'aurais jamais pensé que tu avais cette mentalité de collégien.

Peut-être que c'est toi qui as une mentalité de collégienne. Peut-être que c'est toi...

Harry sans sourire cette fois et en la regardant dans les yeux, inverser les rôles ne va rien changer. Et je ne vois pas pourquoi tu en fais un drame ; cela n'en vaut pas la peine. Ou bien es-tu susceptible au point de ne pouvoir essuyer un refus sans devenir agressif ?

Bon Dieu, mais où as-tu vu que j'étais agressif ? C'est parce que tu veux t'asseoir sur ton pucelage et le couver que j'vais devenir agressif ?

Linda le regarda d'un air qui n'était plus surpris, mais ennuyé et extrêmement déçu. Laisse-moi te dire quelque chose, Harry — Harry sentit qu'il se recroquevillait ; il aurait voulu se lever et partir, disparaître ou changer tout cela, mais enfin, bordel, qu'est-c'qui s'passe ? —, non pas que je sois TENUE de le faire... je n'ai certainement pas à JUSTIFIER ma conduite. J'ai le DROIT de dire oui ou non quand bon me semble. Mais je veux que tu saches pour que tu comprennes un certain nombre de choses... peut-être aussi parce que ton infantilisme m'irrite.

Tu n'es pas obligée de...

Je sais que je n'y suis pas obligée. Mais je veux que tu saches que je ne suis ASSISE sur rien, que je ne COUVE rien, car je n'ai rien à couver (Harry eut une bouffée de chaleur ; nom de Dieu, mais t'es en train de rougir, mon salaud. Merde, et MERDE), que je ne suis ni COMPLEXÉE ni REFOULÉE, que je ne cache aucun secret sordide et honteux dans les replis profonds et sombres d'une virginité soigneusement épargnée (Harry était baisé, bai-sé ! Il se sentait incapable de protester, incapable de faire le moindre mouvement. Il semblait incapable de faire autre chose que de rester là à l'écouter), uniquement une décision que j'ai prise de moi-même, pour moi-même (si seulement elle se mettait à crier ou à faire quelque chose susceptible de le mettre en colère, il pourrait briser cette putain d'inertie ; mais non ! Elle se contentait de le regarder dans les yeux et disait ce qu'elle avait à dire, d'un ton ferme, mais sans même élever la voix), une décision qui n'est pas le fruit de quelque expérience sordide, dramatique et traumatisante, mais d'une connaissance approfondie de moi-même et de mes besoins. Et ça n'a rien à voir avec toi, ou avec qui que ce soit d'ailleurs... Je suis la seule concernée. Vois-tu, Harry, je ne suis plus une gamine, pas plus qu'une femelle libérée ou frustrée qui se vautrerait dans un lit après l'autre. Je ne suis rien d'autre qu'une femme adulte, et le prochain homme avec qui je coucherai sera mon mari. MON mari, en souriant gentiment de nouveau, pas celui d'une autre. Et il sera *d'ores et déjà* mon mari, et non pas mon *futur* mari. Navrée de ne pouvoir te conter l'histoire de quelque sordide et malheureuse liaison, dont nous pourrions analyser longuement les conséquences, Harry — Linda souriait de plus en plus doucement —, mais c'est aussi simple que je viens de le dire.

Harry la regarda sourire, sentant que ses traits étaient figés et totalement dénués d'expression ; tout se brouillait et tournait dans sa tête, et il essayait désespérément de trouver un comportement adapté à la situation : une moue, un hochement de tête, un geste de la main, un haussement d'épaules ou un sourire, mais, en dépit de ses efforts et du trouble auquel il était toujours en proie, il resta là à la regarder sourire. Puis, maladroitement, il consulta sa montre et déclara d'un ton qui se voulait légèrement surpris : Il est tard, je ferais bien de m'en aller.

Linda ravala sa déception et le regarda partir sans rien dire. Elle était navrée que la journée se terminât de cette façon, mais se sentit néanmoins soulagée quand il referma la porte derrière lui. L'embarras, la gêne et la tension qui étaient nés entre eux avaient grandi, surtout aux moments où ils se regardaient en silence, au point d'en devenir quasiment palpables, intolérables.

Elle resta assise à table et poussa un léger soupir, se demandant encore comment une journée qui avait si bien commencé pouvait s'achever d'une manière aussi... aussi triste. Oui, je crois que c'est l'adjectif qui convient. C'est dommage. C'est vraiment dommage. Elle repassa dans sa tête les événements, ce qu'elle avait dit, et ne regretta rien. Absolument rien. Elle avait beau analyser la situation sous tous les angles, songer à ses sentiments pour Harry, qui étaient profonds et tendres, elle savait que, si c'était à refaire, elle ne lui dirait pas autre chose. Il y a certains compromis que l'on ne peut accepter sans remettre en cause les fondements mêmes de votre existence. Elle poussa un nouveau soupir, prit les tasses à café, et alla les porter dans l'évier.

Elle jeta un dernier coup d'œil, vida les cendriers et les plaça eux aussi dans l'évier, puis elle éteignit la lumière et alla se coucher. Elle resta éveillée quelques instants, songeant à Harry, avec tendresse en dépit de la déception qu'il lui avait causée ce soir, acceptant ce qui s'était passé et le fait que tout cela était fini, terminé, et que RIEN ni PERSONNE n'y pouvait changer quoi que ce soit. Sachant aussi qu'elle ne retirerait rien à ce qu'elle avait dit, même si elle l'avait pu, si bien que son trouble ne tarda pas à se dissiper, et elle s'endormit.

Bon Dieu... espèce de fils de pute. T'as tout gâché. Il a fallu que tu bousilles tout, hein ? J'comprendrai jamais les enfants de putain de ton espèce. T'étais là, tu t'marrais bien, et soudain, vlan, tu fous tout en l'air. Et puis aussi, quelle idée de me laisser raconter des conneries semblables par une nana ! Je dois être cinglé. J'aurais dû me barrer, tout simplement. Et qui en veut de ton pucelage, baby ? Pas moi en tout cas ! tu peux le garder pour quelqu'un d'autre, j'suis pas preneur. Allez, salut ! Non, mais, t'imagines cette nana en train d'essayer de me vendre des salades. À qui croit-elle avoir affaire ? Fallait rigoler et te barrer avec un grand sourire. Ou alors l'attraper et l'emmener dans la chambre. En réalité, c'est probablement ce qu'elle voulait. Avec toutes ses conneries sur la femme ADULTE, elle s'attendait sans doute à ce que je relève le défi. Pourquoi ne l'ai-je pas fait ? ? ? ? Oh, et puis merde ! Pourquoi lui donner satisfaction ? Elle doit être en train de s'en mordre les doigts maintenant, et c'est bien fait. Harry pénétra sous le Battery Tunnel qui menait à Brooklyn, et l'obscurité soudaine, le revêtement de faïence et les lumières lui rappelèrent un autre tunnel ; celui qu'il avait emprunté dans un passé lointain, la dernière fois qu'il avait raccompagné Linda, le jour où il s'était foutu en rogne contre cet enfant de putain de Davis, mais d'un geste de la main, il chassa cette pensée par la fenêtre, ou derrière lui, ou n'importe où, il se foutait pas mal de savoir où, mais il ne voulait pas s'emmerder avec ça maintenant... Quand il sortit de la salle de bains, il s'assit et écouta Linda, puis il prit une de ses mains dans les siennes, doucement, et il déposa un baiser sur le bout de ses doigts, et le son de sa voix se fit plus faible ; alors, il se leva, fit le tour de la table sans lâcher sa main et l'embrassa doucement sur le front, sur le nez et sur la bouche, et il l'entendit soupirer de façon presque inaudible ; puis elle se leva lentement, et leurs corps brûlants se touchèrent, et sans un mot, il l'entraîna vers la chambre...

Tu veux pas faire l'amour, qu'est-c'que c'est que ces conneries ? C'est une plaisanterie ou quoi ?... Quand Harry sortit de la salle de bains, ils allumèrent la télé et regardèrent *Abbott et Costello face au loup-garou* tout en grignotant un peu de fromage puant, et ils firent des commentaires de temps à autre, assis sur le canapé côte à côte, lui sentant la chaleur qui irradiait de son corps et écoutant son joli rire, et ils finirent le vin et burent du café. Et jusqu'à l'aube, ils continuèrent à rire, parfaitement détendus... Tout en conduisant le long du Gowanus Parkway, Harry sentit ses forces l'abandonner peu à peu ; à cette heure de la nuit, il ne croisait qu'une voiture de temps en temps, et l'autoroute lui parut incroyablement large et déserte. Quelle journée pourrie ! une journée vraiment pourrie, dégueulasse ! T'essaies de nager et y a un connard qui te rentre dedans. T'essaies de t'allonger tranquillement sur la plage et une bande de gamins complètement abrutis s'amène en courant et t'envoie du sable sur la gueule.

Sales petits merdeux.

Son matelas lui parut dur et plein de creux, et il se tourna et se retourna longtemps dans son lit, essayant de trouver une position confortable. Et ce putain de soleil qui va se lever tôt demain matin et venir me frapper en pleine gueule. Ça vaut même pas la peine d'essayer de dormir. Saloperie d'enfant de putain. Va te faire foutre, toi et tout le reste.

Oh, lundi, saloperie de lundi ! Le métro, la chaleur, l'humidité, l'odeur, les gens. On devrait interdire le métro à tous ces lourdauds répugnants... Et puis qu'ils aillent au diable. J'espère seulement que Rae ne va pas me casser les pieds. J'ai vraiment pas besoin de ça en plus. Tout le bureau saura sans doute ce qui est arrivé samedi avant mon arrivée. J'aurais mieux fait de pas sortir avec une fille de la société. Y a trop de commères dans cette boîte. Sûr qu'y vont tous me dévisager en ouvrant de grands yeux. P'têt' que Rae est partie en vacances vendredi. Oh et puis j'm'en fous. Y peuvent dire c'qu'ils veulent. J'vais pas m'en faire pour ça.

Heureusement pour Harry, il avait tellement de travail qu'il fut obligé de s'y consacrer pleinement, ce qui lui évita de remâcher la soirée du samedi, de revivre la scène et d'en écrire le scénario des dizaines et des dizaines de fois. La tâche qu'on lui avait confiée était ardue, et il s'y attela sérieusement ; en dépit de cela, il éprouvait une sorte de malaise. Il en fut particulièrement conscient à l'heure du déjeuner, tandis qu'il allait par les rues, l'esprit libéré de son travail. À certains moments, ce sentiment se faisait plus vif et il avait l'impression d'en connaître la cause, il éprouvait comme un besoin de s'excuser, mais il était certain de se tromper, ça ne pouvait pas être ça, et il chassait cette pensée avec un haussement d'épaules.

Petit à petit, il s'aperçut qu'il était en train de suivre une nana dont les fesses, à moitié découvertes par une mini-jupe, semblaient lui faire de l'œil. Elle avait vraiment un beau cul. Joli et rond et ferme et doux. Il sentait avec certitude qu'il était doux, et... Il s'arrêta brusquement, cligna des yeux et secoua la tête. Hé, à quoi tu joues ? Il regarda sa montre. Diable ! Deux minutes de retard déjà. Nom de Dieu ! Il fit demi-tour et regagna rapidement son bureau où il arriva vers deux heures cinq. Lorsqu'il se laissa tomber dans son fauteuil, il s'aperçut qu'il était hors d'haleine. Cinq minutes de retard, ça n'était pas bien grave en soi, sauf qu'il avait eu l'intention de revenir avec cinq minutes d'avance. Il resta assis sans bouger quelques instants, puis se mit au travail et ne pensa plus à tout ça. Le lendemain, le trajet en métro lui parut plus supportable.

La veille, personne ne lui avait cassé les pieds. Personne n'avait parlé de la soirée du samedi. Ni Louise ni Rae n'y avaient fait allusion ou lancé quelque remarque spirituelle à ce propos. Et Dieu merci, il n'avait pas eu à se mettre en rapport avec Linda pour son travail. C'est ça qui le turlupinait vraiment. Encore maintenant, il rougissait et s'agitait à la seule idée de se trouver en face d'elle. Et c'était ridicule. Pourquoi diable devrait-il se sentir gêné ? Il n'avait rien fait. Strictement rien. Il n'avait aucune raison de s'excuser. Aucune raison de s'en faire pour de pareilles idioties. Oublie tout ça et consacre-toi à ton boulot. Il avait deux problèmes plutôt délicats à résoudre qui lui demandèrent pas mal de réflexion et qui le mirent vraiment en transe.

Mais peut-être qu'elles ont déjeuné ensemble hier et que Linda leur a parlé de samedi soir, et aujourd'hui, je vais avoir droit aux remarques et aux regards en coin. Merde, j'ai vraiment pas besoin de ça. Je n'aurai qu'à me plonger dans mon travail et, comme ça, elles me foutront la paix. Il suffit que je m'arrange pour ne pas me trouver avec elles dans l'ascenseur, et pour refuser si elles me proposent de déjeuner avec elles. Harry savait ce qu'il avait à faire, et il le ferait, même s'il n'était pas enchanté à l'idée qu'il allait devoir se donner beaucoup de mal pour ne pas être embêté par deux nanas sur le retour.

Tout à son travail, il ne vit même pas passer le temps. À une heure, il songea un instant à se faire monter un sandwich et à déjeuner rapidement sur place, mais il décida finalement de n'en rien faire et sortit. Après le repas, il résolut de marcher quelques minutes pour faire disparaître un début de torticolis. En fait, c'était une belle journée pour se balader. Il ne faisait ni trop chaud ni trop humide, et, à l'abri du soleil, il faisait bon, si bien qu'il resta sur le côté ombragé de la rue et marcha quelques instants pour se dégourdir les jambes...

Oh, putain,

deux heures dix. Nom de Dieu ! Une fois encore, il fit demi-tour et courut jusqu'au bureau. Bon sang, comment peut-il être si tard ? Il n'était même pas en train de suivre une nana. Il se baladait, tout simplement, en jetant bien un petit coup d'œil de temps à autre, comme tout homme normalement constitué, mais rien de plus. Même pas... Oh merde ! Et cet ascenseur qui va mettre toute la journée pour arriver ! Il sentait ses pieds gigoter dans ses chaussures tandis qu'il attendait que ce putain d'ascenseur veuille bien descendre pour pouvoir regagner son bureau. Merde. Deux heures et quart. Putain, c'est pas vrai. Ah, enfin, c'est pas trop tôt. Il se précipita dans la cabine, et, une fois là-haut, se rua jusqu'à sa table qu'il couvrit rapidement de papiers.

Après quelques minutes, il jeta un coup d'œil autour de lui et constata que Wentworth n'était pas là. Merci Seigneur de vos petites bontés ! Il se détendit un peu et se plongea dans son travail, non sans s'arrêter de temps en temps pour regarder autour de lui. Tout le monde paraissait occupé à bosser, et, cependant, il avait l'impression que quelqu'un l'observait ; Louise et Rae ne semblaient pourtant pas regarder dans sa direction, et malgré cela, l'impression persistait. Au fil des minutes, elle se précisait, de façon étrange et troublante, jusqu'au moment où, incapable de résister davantage, il jetait un nouveau coup d'œil alentour. Il n'avait pas vraiment l'intention d'agir de la sorte et, en réalité, il ne devenait conscient de ce petit manège que lorsqu'il levait les yeux. Et merde ! et il se remettait au travail. Une fois de plus...

Mais le pire

fut que l'impression persista après qu'il eut quitté le bureau. Non pas qu'il eût le sentiment d'être observé pendant le trajet en métro, mais une sorte de vague inquiétude couvait en lui.

Après le dîner, cette saloperie

n'avait toujours pas disparu. Il alla jusque chez Casey et

resta à bavarder quelque temps avec les types qui étaient là, et à écouter les conneries qu'ils racontaient sur les courses de chevaux et les matches de base-ball, sans vraiment suivre la conversation, puis il rentra chez lui de bonne heure. Il monta dans sa chambre et essaya de lire pendant quelques minutes, puis il referma le livre, le serra dans ses mains et secoua la tête. C'était ridicule. Tout ça était parfaitement ridicule. Sans aucune raison, une idée ne cessait de lui trotter dans la tête. Et merde ! Il jeta le livre sur une chaise et alla téléphoner à Linda.

Bon Dieu, il lui fallut une éternité pour répondre. Et pendant tout ce temps, Harry avait le sentiment que son estomac lui montait à la gorge, et il espérait qu'elle était sortie, et, au même instant, il souhaitait lui parler, sentant confusément que c'était la seule chose capable d'apaiser l'étrange inquiétude à laquelle il était en proie. Après une éternité, elle finit par décrocher, et, quand il l'entendit dire Allô, il commençait à avoir des crampes dans les doigts à force de serrer le combiné.

Puis il murmura un bonsoir, comment vas-tu ? d'une voix hésitante, et ses entrailles torturées parvinrent à accoucher de quelques paroles d'excuses, et il se détendit peu à peu pour finir par se retrouver vautré dans un fauteuil, tenant le combiné du bout des doigts... et ensuite, il y eut son rire, et ils bavardèrent, et lorsqu'ils raccrochèrent, il ne savait pas très bien ce qu'il avait dit, ni ce qu'elle avait dit, mais il savait que tout allait bien maintenant. Il se sentait parfaitement calme. Tout en ressentant un petit frisson d'excitation, un frisson qui semblait grandir quand il pensait au rire de Linda. Et Harry passa le restant de la soirée à songer à elle.

6

Wentworth ne plaisantait pas quand il avait dit qu'il allait lui donner beaucoup de travail. Il en abreuva littéralement Harry qui ne s'en porta pas plus mal, au contraire. Il resta souvent après la fermeture des bureaux, non par nécessité, mais parce qu'il n'aimait pas laisser son travail inachevé, et préférait le terminer avant de partir.

Un autre changement significatif se produisait en lui. Il menait désormais une vie quasi monacale... monacale pour lui en tout cas. Non pas qu'il eût fait un vœu, ou des promesses, accompagnés du serment solennel de mettre son sexe au vert ; on n'en était pas là, et il savait encore à quoi ça servait ; mais pour lui, il y avait une énorme différence. Certains soirs, il restait purement et simplement chez lui à lire ou à étudier (ses parents commençant à être rassurés et se prenant à espérer en voyant leur fils s'assagir un peu), parfois ça lui arrivait même deux soirs d'affilée, et il ne sortait plus guère que pendant le week-end. À tel point qu'il passa même certains week-ends sans songer un seul instant à tirer sa crampe avec une nana... en réalité, ils furent peu nombreux, mais ça lui arriva une fois ou deux.

Et puis, il y avait Linda... la Dame au sourire. Les sentiments que Harry éprouvait lorsqu'il était en sa compagnie, ou lorsqu'il pensait à elle, l'intriguaient surtout parce qu'il n'avait jamais rien connu de semblable. Mais, avec le temps, ces sentiments lui devinrent de plus en plus familiers, sa gêne diminua, et il finit par s'y habituer au point de les trouver agréables. Il éprouvait une sorte d'excitation permanente, sans pour autant être tendu. En réalité, il n'arrivait pas à définir exactement ce qu'il ressentait, mais il savait fort bien ce qu'il ne ressentait pas. Il avait conscience d'un manque, mais ce manque ne lui manquait pas.

Ils déjeunèrent, dînèrent, allèrent au cinéma ou au théâtre ensemble à plusieurs reprises, et, à chaque fois, ce fut une joie. Une joie, oui, c'était bien le terme qui convenait. Rien à voir avec l'hystérie qui régnait à Fire Island, ou avec les hurlements que l'on pousse lors d'un match de base-ball ou un combat de boxe, ou la joie qu'on éprouve à baiser une nana et à se tirer avant l'arrivée de son vieux birbe... rien de commun avec toutes les choses qui sont censées donner de la JOIE.

De tous les sens dans lesquels il avait employé ce mot jusqu'alors, aucun ne semblait correspondre à ce qu'il ressentait aujourd'hui : et pourtant, joie était le seul terme qui lui venait à l'esprit quand il songeait aux moments passés en compagnie de Linda.

Joie... de marcher dans les rues en se regardant, ou sans se regarder, en bavardant, ou en restant silencieux... ouais... Joie de lancer des noisettes aux écureuils. Joie de voir une pièce de Shakespeare dans Central Park. Joie de parler politique avec une femme libérale au cœur tendre... Non, un débat politique ne peut pas être une joie, c'est idiot... si toutefois on pouvait parler de débat dans leur cas ; mais alors qu'était-ce sinon... une joie ? Ouais, il n'y a pas d'autre mot. Linda, la Dame au sourire, était la joie personnifiée. Bon Dieu, c'est débile. Tu passes du temps à faire un tas de choses avec une femme, et le seul mot qui te vienne à l'esprit, c'est joie. Complètement débile. Et pourtant, c'est comme ça. Il n'y a pas d'autre terme que Joie, Joie.

Le temps passa, et, au début de l'automne, Harry se remit à fréquenter les cours du soir deux fois par semaine. L'un de ses cours ne commençait pas avant huit heures, et, ce jour-là, il dînait avec Linda ; après quoi, ils buvaient leur café lentement, en bavardant jusqu'au moment où Harry devait partir.

Il obtenait de bons résultats, les meilleurs qu'il eût jamais eus. Il en fut surpris car il n'avait pas l'impression de travailler plus que d'habitude ou de fournir des efforts démesurés. Et pourtant, ses notes indiquaient que c'était probablement le cas. Sans savoir pourquoi, il se sentait plus détendu, moins fiévreux, et il éprouvait un immense intérêt pour ses études. Manifestement, cela ne pouvait que l'aider à gravir les échelons qui menaient à la réussite.

En outre, sa puissance de concentration semblait avoir décuplé. Aucun obstacle ne semblait plus se dresser entre lui et son travail. Il écoutait le professeur, lisait ses manuels, et tout devenait clair, sans qu'il eût à fournir de gros efforts pour comprendre et retenir ce qui lui était enseigné. Il passait de nombreuses heures plongés dans ses livres, sans qu'il lui en coûtât car il n'était pas en proie à ses habituelles contradictions, et à la tension qui en résultait ; et comme il prenait plaisir à ses études, il ne voyait pas le temps passer.

Les parents de Harry étaient ravis de voir leur fils rester si souvent à la maison ; il était si studieux, et semblait si détendu et si heureux. Mais ils eurent leur plus grande joie quand Harry les invita à dîner pour fêter leur anniversaire de mariage. Tout d'abord, ils furent tellement abasourdis qu'ils faillirent refuser son invitation. Jusqu'alors, Harry ne s'était même jamais donné la peine d'envoyer une carte, et n'avait jamais fait mine de se souvenir de la date de leur mariage. Et lorsque l'un d'eux disait : c'est notre anniversaire aujourd'hui, il souriait et déclarait : c'est merveilleux, félicitations et il les embrassait ; après quoi, il agissait exactement comme s'il avait chassé tout cela de son esprit, et c'est précisément ce qu'il faisait.

Et cette année, non seulement il s'en était souvenu, mais il les invitait à dîner. Il avait même acheté des billets pour une comédie musicale qui passait dans un théâtre de Broadway, ce qui voulait dire qu'il y avait songé à l'avance. Oohhh, c'était merveilleux. Tellement merveilleux. Jusqu'au temps qui se mettait de la partie.

Leur Harry les emmena dans un joli restaurant français où ils firent l'un des meilleurs repas de leur existence, et ils burent un peu de vin et Mme White se sentait si bien, et le père de Harry riait, et gloussait, et il pressait la main de sa femme et l'embrassait sur la joue de temps à autre, et Harry jubilait intérieurement de les voir si excités et si heureux. Pour une raison qu'il ne s'expliquait pas, il se sentait plus proche de ses parents ce soir qu'il ne l'avait jamais été au cours de toute sa vie. Et savoir qu'il était pour quelque chose dans le bonheur qu'ils éprouvaient ce soir le remplissait d'une joie extraordinaire dont il n'avait jamais soupçonné l'existence. Le fait de contribuer à leur félicité le comblait et l'étonnait à la fois. Il ne parvenait pas à établir un rapport bien défini entre ses actes et le sentiment de bien-être qu'il ressentait. Il n'essaya pas vraiment de comprendre, et se borna à jouir de l'instant présent.

Malheureusement, la soirée se termina trop vite. Mais, dans l'esprit de M. et Mme White, elle allait revivre bien des fois, et elle allait revivre aussi dans les récits qu'ils allaient en faire, en souriant, à leurs amis, en leur disant combien Harry était affectueux, et en partageant leur bonheur avec eux.

Cette soirée fut plus qu'une simple sortie. Ce fut une confirmation. La confirmation de leurs espoirs et de leurs rêves — et plus important encore peut-être, la confirmation d'une réussite : de leur réussite en tant que parents, et de sa réussite en tant que fils. C'était une justification du mode de vie qu'ils avaient choisi et de l'éducation qu'ils avaient donnée à leur unique enfant. La réalisation de leurs rêves et de ce qu'ils avaient toujours souhaité pour lui ; à savoir une bonne santé et une existence heureuse et sans soucis.

Bien sûr, il lui manquait encore quelque chose, mais un jour, bientôt peut-être, il aurait une femme et des enfants. Pendant des années, ils avaient eu peur d'en faire un enfant gâté du fait qu'il était fils unique et ils avaient même sérieusement envisagé, plusieurs années auparavant, d'adopter un enfant, mais les démarches à accomplir leur avaient semblé interminables et sans espoir, et ils avaient finalement renoncé. Et maintenant, avec la bonne chère, la musique, et le doux souvenir de cette soirée, leurs craintes se dissipaient. Oui, ils allaient revivre cette soirée maintes fois, et son souvenir leur serait précieux.

Petit à petit, au fil des jours, Harry passa une partie de plus en plus grande de ses loisirs avec Linda, au point de ne plus voir qu'elle ou presque. Bien sûr, il couchait encore avec une fille de temps en temps, mais il semblait capable de rester longtemps, parfois des semaines, sans songer à le faire. Entre son travail, ses cours et Linda, il n'y avait tout simplement pas de place, ou de temps, pour penser aux nanas. Il passait son heure de repas calmement, généralement en compagnie de Linda, si bien qu'il n'avait aucune difficulté pour être à l'heure au bureau. Dans tous les domaines, la vie de Harry White se déroulait sans heurts et sans à-coups.

Un jour, Wentworth lui demanda une nouvelle fois de déjeuner avec lui. Après s'être installés et avoir commandé un drink, il alla droit au but. Ce que je vais vous dire ne doit pas être ébruité, alors gardez-le pour vous, mais je tenais à vous informer des changements qui se préparent pour l'an prochain. Des changements assez importants. Nous sommes en pleine croissance, en pleine expansion, surtout en ce qui concerne nos activités à l'étranger. Et j'aimerais que vous soyez l'un des rouages essentiels, l'un des MOTEURS de ce changement.

Harry hocha la tête et sourit, Moi aussi.

Oui, en souriant, j'en suis persuadé. Et je le voudrais, car je crois que vous serez un atout inestimable pour la société et pour moi personnellement. Car voyez-vous, c'est moi qui serai chargé de mener ces changements à bien. Harry hocha la tête et lui lança un regard admiratif.

Le serveur apporta les boissons, et tous deux en burent une gorgée.

Puis Wentworth poursuivit.

Les choses semblent aller bien pour vous ces derniers temps, du moins si j'en juge par votre travail et votre attitude.

Oui, ça ne va pas mal. Très bien même.

Bon, tant mieux, j'en suis ravi. Mais bien entendu, ça sautait aux yeux.

Ils échangèrent un sourire. Nous avons déjà parlé de tout cela, et je ne veux pas revenir là-dessus encore une fois, mais j'ai comme l'impression que vous êtes prêt à gravir les échelons — l'estomac de Harry se contracta brusquement, et il sentit une vague d'excitation déferler en lui —, ou du moins presque prêt — un grand vide se fit en lui. Il ne savait plus très bien sur quel pied danser maintenant. Wentworth ne le quittait pas des yeux et Harry ne savait pas ce qu'il était censé ressentir, ni même ce qu'il ressentait, en dehors d'un grand trouble. Il but une autre gorgée de son drink et attendit les explications de Wentworth.

Il faut être un individu responsable pour réussir. Faute de quoi, vous portez en vous-même les causes de votre échec. Laissez-moi vous donner un exemple pour prouver ce que je dis. Je reçois en permanence d'autres cadres supérieurs, des hommes qui, comme moi, ont réussi, parce qu'ils sont comme moi des individus responsables. Nous sommes de bons pères et de bons époux, solidement implantés dans nos communautés respectives. Nous avons une vision saine des choses. Nous savons aussi — un sourire et un geste de la main — nous détendre et nous distraire, mais... MAIS nous revenons toujours au foyer familial, chaque chose à sa place, chaque chose en son temps. Il est impératif pour un dirigeant d'être un bon père de famille et un membre responsable de sa communauté. Wentworth regarda Harry quelques instants encore, puis il prit le menu et se mit à le consulter.

Harry, bien entendu, n'était pas complètement idiot. Il voyait très bien où Wentworth voulait en venir. Ce n'était pas la première fois qu'il lui tenait ces propos. Selon lui, pour inspirer confiance en ce bas monde, il fallait être père de famille. Et Harry partageait son point de vue, au moins dans une certaine mesure. Un homme conscient de ses responsabilités à l'égard de sa famille risquait moins de faire preuve d'irresponsabilité dans son travail, et, pour Harry, cela était de la plus haute importance.

Mais tel n'était pas vraiment le propos de Wentworth AUJOURD'HUI. Non. Il était tout bonnement en train de lui dire qu'il lui fallait renoncer au célibat s'il souhaitait jouer un rôle dans le bouleversement qui n'allait pas tarder à affecter la société.

L'autre chose que Wentworth était manifestement en train de lui rappeler à sa manière était qu'il tenait entre ses mains le sort de l'avenir de Harry dans la firme. Ou bien il suivait les conseils de Wentworth, et, dans ce cas, il pouvait espérer parvenir aux échelons les plus élevés de la hiérarchie — et Harry était persuadé que c'était effectivement ce qui arriverait —, ou bien il n'en tenait aucun compte, et il végéterait dans des postes subalternes et, dans le meilleur des cas, terminerait sa carrière comme vice-président en second. Harry comprit instantanément toutes les données de la situation. Mais quoi qu'il arrivât, ça n'arriverait pas avant l'an prochain. Dans l'immédiat, il s'en tiendrait à ce qu'il avait toujours fait. Jusqu'à maintenant, ça lui avait plutôt réussi.

7

Le premier dimanche de décembre, Harry et Linda rendirent visite à ses parents à elle. Plutôt que de s'inquiéter de l'état des routes qui, en cette saison, pouvaient être enneigées ou verglacées, ils prirent le petit train de Long Island. Linda connaissant bien les hasards et les côtés parfois imprévus de ce mode de locomotion, ils avaient emporté un thermos plein de café chaud.

De temps en temps, Harry jetait un coup d'œil par la fenêtre, regardant sans le voir le paysage morne et parfois franchement laid, conscient uniquement du bien-être qu'il ressentait.

« Pour tomber dans un sommeil profond, je n'ai nul besoin de compter les moutons. »

De leur bouche sortaient des nuages de vapeur, et, avec leurs doigts, ils traçaient des figurines naïves sur la vitre, puis ils soufflaient dessus et regardaient les dessins apparaître dans la buée qui se formait à la surface de celle-ci.

« *Je compte les charmes de Linda. Et ces derniers temps, il me semble...* »

Harry regarda le curieux petit dessin que Linda venait de faire, puis leva les yeux vers elle. Qu'est-ce censé représenter ?

Oh, en souriant, tu devrais pouvoir deviner.

« que dans tous mes rêves, je marche main dans la main avec Linda. »

Harry sourit et haussa les épaules. Non, je ne vois vraiment pas.

Linda se mit à rire. C'est Nanouk l'esquimau, voyons !

Ils s'esclaffèrent, des nuages de vapeur sortant de leur bouche,

« Et bientôt j'apprendrai à connaître Linda. »

et la voir et l'entendre sourire fit naître en lui une douce chaleur.

Le père de Linda les attendait à la gare, et, bien que le trajet en voiture ne prît que dix ou quinze minutes, le décor changea radicalement et Harry eut le sentiment de se retrouver dans un paysage de carte de Noël. Son sourire semblait naître au fond de lui-même pour venir ensuite éclairer son visage. Les hautes congères de part et d'autre de la route semblaient se terminer en pente douce d'un blanc éclatant, et des stalactites pendaient aux arbres couverts de neige et brillaient au soleil. Et le ciel... Dieu que le ciel était beau !

« Mais il y a encore des miracles, et lorsque ma bonne étoile se mettra à briller »

un ciel d'hiver, d'un bleu léger et transparent, parsemé de nuages blancs et duveteux qui se déplaçaient juste assez vite pour que vous n'ayez pas l'impression de vivre dans un rêve.

Quand ils arrivèrent à la maison, Harry fut présenté au frère et à la sœur de Linda, à sa mère et à une tante, sœur aînée de cette dernière. Ils restèrent assis un moment, occupés à faire plus ample connaissance tout en buvant du café. Puis ce fut l'heure des émissions sportives à la télévision. Harry, le frère et le père de Linda s'installèrent dans le salon pour regarder le match de football tandis que les femmes restaient à la cuisine pour préparer le dîner et parler de son petit ami avec Linda.

Harry prit plaisir à regarder le match avec eux. Tous deux aimaient le football et s'y connaissaient, si bien que les commentaires allèrent bon train et ne manquèrent pas d'agrément. Harry avait eu peur d'avoir affaire à des gens semblables aux vieilles cinglées de son bureau qui criaient et hurlaient pendant les World Series [1], et semblaient particulièrement ravies quand votre équipe favorite était en train de perdre, puis vous demandaient : à propos, qui joue, les Rangers ou les Knicks ? Mais là rien de semblable, et en outre, le match était vraiment bon, si bien que Harry n'eut pas le sentiment d'être observé comme une bête curieuse.

Le dîner fut tout simplement délicieux, et la conversation très agréable. Quand ils sortirent de table, après y avoir passé deux heures, ils retournèrent au salon pour y prendre le café tout en continuant à bavarder, et tous se sentaient repus et apaisés en contemplant les bûches qui rougeoyaient dans la cheminée.

Le temps passait doucement et agréablement, et la chaleur de ces gens, de ce foyer et de ces moments semblait infinie, et la joie et la gaieté qui vous envahissaient paraissaient ne jamais devoir mourir. Dieu, que c'était bon ! Et ce qui s'était dit serait oublié, mais les sentiments resteraient présents dans les mémoires, comme ils le font toujours, et ce, pendant longtemps, alors que les paroles et les événements sont déjà oubliés.

Et toute cette gaieté prit fin quand ils s'aperçurent qu'il était l'heure de partir, et le thermos fut rempli de café bouillant, et Harry et Linda furent emmitouflés dans leur manteau, et ce fut le moment des étreintes, et des embrassades et des claques dans le dos dans un concert de rires et de baisers, et on se serra la main avant de se quitter ; au revoir, au revoir, n'oublie pas d'appeler dès que tu seras rentrée, ma chérie.

Je te le promets, maman, ne t'inquiète pas.

Et revenez nous voir bien vite, Harry.

Vous pouvez compter sur moi, en souriant largement, et merci pour cette excellente journée. Ça a été vraiment mer-

---

1. Série de matches de base-ball entre les meilleures équipes des deux ligues principales (National League et American League) en vue de décerner le titre de champion. Événement sportif capital aux États-Unis. (*N.d.T.*)

veilleux. Et merci à VOUS pour ce succulent repas. Vous êtes un vrai cordon-bleu.

Merci, je suis contente que ça vous ait plu.

Eh bien, au revoir.

Au revoir.

Merci encore. À bientôt.

À très bientôt.

Rentrez bien.

Je crois qu'il est temps d'y aller ; et la porte fut ouverte sur la froide nuit d'hiver, et ils coururent jusqu'à la voiture et s'y engouffrèrent en poussant des exclamations qui restaient joyeuses et gaies en dépit de la température.

Oooohhh, il fait vraiment froid, Brrrrrrr.

Dites donc, ça fait un sacré effet. L'instant d'avant, vous êtes dans une pièce où règne une douce chaleur et puis, vlan, le pôle Nord.

Ils rirent pendant que le père de Linda laissait tourner le moteur quelques minutes avant de prendre le chemin de la gare. Le chauffage ne va pas tarder à fonctionner, et il va faire plus chaud dans la voiture.

Ils ne quittèrent la chaleur de l'auto que lorsque le train fut en vue ; ils s'embrassèrent et se serrèrent la main, puis Harry et Linda coururent jusqu'à la gare.

Ils eurent un peu moins froid pendant le voyage de retour ; ils trouvèrent une voiture où le chauffage marchait et s'y installèrent. Ils regardèrent par la fenêtre, et lorsqu'ils laissèrent les lumières de la gare derrière eux, chacun d'eux était en train de contempler le reflet de l'autre ; ils échangèrent un sourire et continuèrent à scruter l'obscurité à travers leur image. La nuit cachait la laideur du paysage, et, çà et là, des lumières faisaient briller les plaques de neige et de glace. Le spectacle était féerique. Harry fit un clin d'œil, et Linda sourit ; tous deux se mirent à rire et cessèrent de regarder par la fenêtre,

« *Nous nous rencontrerons dans la rue* »

Bonjour Linda.

Ils se fixèrent longuement dans les yeux et échangèrent

un sourire chaleureux. Harry prit les mains de Linda dans les siennes, les contempla un instant, puis la regarda de nouveau dans les yeux. J'ai passé une bonne journée, une journée merveilleuse.

Tant mieux, son sourire s'élargissant, j'en suis ravie.

Harry fixa encore une fois les mains de Linda, les pressa doucement, et, quand il releva la tête, il souriait tendrement. La seule chose qui soit plus belle que cette journée, c'est toi. Linda sentit le sang lui monter au visage. Je ne connais rien de plus beau au monde que toi. Il embrassa le bout de ses doigts, doucement, si doucement, puis leva de nouveau les yeux. Je t'aime.

Pendant un instant, il y eut un silence, troublé par le seul bruit des roues sur les rails, et ils se regardèrent, surpris l'un comme l'autre par ce qu'ils venaient d'entendre. Linda avait souhaité entendre ces mots et Harry ignorait qu'il allait les prononcer, mais il se sentit bien après s'être entendu les dire.

Il ne faut pas employer ce verbe à la légère, Harry.

Je sais. Je le sais très bien. Tu ne m'as jamais entendu l'employer à tout bout de champ, n'est-ce pas ?

Non, c'est vrai, je le reconnais. Mais c'est un verbe qui peut avoir bien des sens.

Je sais. Du moins, je crois savoir ce que tu veux dire. Je crois bien que c'est la première fois de ma vie que je songe à cela.

Linda regarda Harry fixement, avec un air de grande fermeté. TOI, Harry, quel sens lui donnes-tu ?

Il cilla, un peu surpris de ses sentiments et par ce qu'il allait dire. Je veux t'épouser.

Ils continuèrent à se faire face, les yeux dans les yeux pendant un moment, le temps pour les mots de former un tout cohérent, une sensation auditive que le cerveau va enregistrer avant de réagir. Le train poursuivait sa route vers New York en cahotant dans un bruit de ferraille, et, peu à peu, le visage de Linda se détendit puis s'épanouit en un large sourire.

J'aimerais beaucoup être ta femme, Harry, et elle mit ses

bras autour de lui et l'embrassa, et il partit d'un petit rire et l'embrassa aussi, et tous deux se mirent à rire et à sauter de joie sur la banquette en se serrant l'un contre l'autre. Linda se rejeta en arrière un instant, regarda Harry et secoua la tête, Oh, Harry, je t'aime. T'aime. Ses yeux étaient légèrement humides et brillaient dans la demi-obscurité du train. Elle se blottit de nouveau dans ses bras et ils s'étreignirent, se serrèrent l'un contre l'autre et s'embrassèrent, puis ils finirent par s'écarter légèrement l'un de l'autre, et Harry se demanda en riant ce que les autres passagers devaient penser.

Ils pensent sans doute que nous sommes heureux, et, de toute façon, on s'en moque.

Harry prit le thermos et versa deux tasses de café fumant, et les deux amoureux, joyeux et insouciants, burent à leurs fiançailles.

Les parents de Linda furent fous de joie en apprenant la chose, et ils bavardèrent longuement au téléphone avant de raccrocher. Après avoir bu deux ou trois tasses de café et avoir fait part de la bonne nouvelle à la jeune femme qui partageait l'appartement avec Linda, Harry partit.

Pendant le chemin du retour, il se mit instinctivement à penser aux événements de la journée. Tout ça s'était fait spontanément — il n'avait pas eu l'intention de demander à Linda de l'épouser et de lui dire qu'il l'aimait. Il ne s'était jamais avoué qu'il l'aimait et, pourtant, quand il le lui avait dit, il savait que c'était la chose à dire. Et épouser Linda lui semblait être la chose à faire. Tout cela était arrivé inopinément, et il commençait seulement à prendre conscience de ce qu'il avait fait, mais il était toujours persuadé d'avoir bien fait. Il avait le sentiment — la quasi-certitude — que cela allait combler un vide dans son existence, que c'était ce dont il avait besoin pour parvenir à une plénitude totale.

Harry apprit la nouvelle à ses parents le lendemain matin, et il fut surpris de leur réaction. Sa mère poussa littéralement des cris de joie et l'embrassa en le serrant dans ses bras. Oh, c'est merveilleux, mon petit ! Je suis si heureuse pour toi. Je me doutais bien qu'il y avait quelque chose entre toi et cette Linda.

Son père n'arrêtait pas de lui donner des claques dans le dos. Félicitations, Harry. C'est une bonne nouvelle, une excellente nouvelle. Tout homme devrait fonder une famille. Après tout, en faisant un clin d'œil à Harry, nous portons tous notre croix, alors pourquoi pas toi ?

Oh, espèce de sale menteur, tu aimes ça et tu le sais très bien.

Il rit et embrassa sa femme, et tous deux félicitèrent Harry encore une fois.

En se rendant au bureau, Harry en souriait encore intérieurement. Jamais il n'aurait imaginé qu'un simple petit déjeuner pouvait être une telle fête. Ses vieux manifestaient une joie enfantine, à tel point qu'il se demanda s'ils n'étaient pas en train de devenir gâteux. J'ai l'impression que cette histoire fait plaisir à tout le monde. Sûr que ça les rend bigrement heureux. Lui aussi était heureux. Faudra que je demande à Linda de venir dîner à la maison dimanche. J'espère que p'pa ne va pas lui tomber dessus à bras raccourcis. Il faillit éclater de rire mais parvint à se contrôler.

Tandis qu'il allait de la station de métro au siège de la société, il commença à éprouver une certaine appréhension. S'en tenant à ses bonnes résolutions, il avait quelques minutes d'avance, si bien qu'il n'aurait pas à traverser le bureau sous les regards inquisiteurs de tous les employés, mais il avait l'impression qu'il devait adopter une attitude, sans savoir exactement laquelle. Et dans quelques minutes, le bureau serait plein, et les coups d'œil et les questions allaient commencer... Harry fronça mentalement les sourcils. Peut-être pas. Après tout, on n'était que lundi matin, et tout ça ne s'était produit que la veille au soir. Vraiment, il n'y a que si peu de temps ? Bon Dieu, c'est vrai, ça ne fait que quelques heures ! C'est pas du tout l'impression qu'ça m'fait. En tout cas, ça fait tout drôle.

La matinée n'était pas très avancée, et on était encore loin de la première pause-café lorsque Rae et Louise se plantèrent devant son bureau.

Tiens, bonjour, séducteur.

Harry leva rapidement les yeux, se laissa aller en arrière dans son fauteuil et se mit à rire ; elles lui firent écho.

Il était temps. J'ai eu peur que vous ne la laissiez échapper.

Hé là, qu'est-ce que c'est que ça, une espèce d'inquisition ?

Exactement. Et alors ? Autrefois, ça a été votre tour, maintenant c'est le nôtre.

Harry rit avec elles, puis regarda Rae ; allez vous faire pendre.

Après leur départ, il lui fallut quelques minutes pour se remettre au travail. Voilà au moins une bonne chose de faite. Avec les autres collègues, ce sera plus facile, et je m'en tirerai avec quelques félicitations et quelques poignées de main. Harry était tout sourire, et il ne vit pas passer le restant de la matinée.

En retrouvant Linda pour le déjeuner, il eut un instant l'impression qu'ils attiraient l'attention, mais ce sentiment disparut bien vite. Après tout, c'était la première fois qu'il l'attendait à leur étage, devant les ascenseurs, plutôt que dans le hall de l'immeuble, ce qui rendait leurs fiançailles officielles.

Ceci amusa beaucoup Linda. Je n'y avais pas songé, mais tu as sans doute raison.

Ouais, mais ça ne surprendra bientôt plus personne, et on ne nous embêtera plus.

Espérons. Elle se mit à rire, et Harry sourit en regardant ses yeux briller. Dieu qu'il se sentait bien avec elle ! Il ne semblait jamais avoir pleinement conscience du bien-être qu'il éprouvait. Et il se sentait de mieux en mieux. Seigneur, il allait se marier, lui... et c'était bien ainsi. C'était vraiment très bien ainsi.

Harry voulait que Wentworth apprît ses fiançailles, mais, pour une raison obscure, il ne désirait pas aller le trouver dans son bureau pour les lui annoncer. Il se serait senti idiot. De toute façon, il ne tarderait pas à être au courant. Et dans pas longtemps probablement. Rae n'était pas la seule commère de la maison.

Harry avait raison : il ne fallut pas longtemps. Lorsqu'il entra dans le bureau de Wentworth cet après-midi-là, ce dernier arborait un large sourire. Donlevy m'a appris que vous étiez fiancé à sa secrétaire.

Oui, en souriant, c'est exact.

Bien, bien. Je suis ravi de voir que vous devenez sérieux et posé. C'est une sage décision que vous prenez là, Harry, une décision très sage. Vous n'imaginez pas à quel point votre vie va changer.

Harry s'assit à son bureau, remerciant le ciel de ne pas être paranoïaque. Autrement, il aurait sans doute eu l'impression que les gens qui l'entouraient passaient leur temps à parler de lui et de son futur mariage. Ça fait tout drôle. Comme s'ils savaient quelque chose que vous ignorez. Et à voir la façon dont ses vieux agissaient, on aurait pu penser qu'ils savaient déjà comment ils allaient utiliser sa chambre une fois qu'il serait marié et parti, et espérons que ce ne sera plus long maintenant. On pourrait peut-être t'aider à faire tes valises. Il haussa les épaules et sourit. Eh bien, tout le monde est heureux. Et Wentworth a probablement raison : ma vie va BEAUCOUP changer.

8

Le mariage fut fixé au premier dimanche de juin et Harry était tellement pris par son travail qu'il aurait pu oublier l'imminence de l'événement s'il n'y avait eu toutes sortes de formalités à remplir dont Linda se chargeait en général, mais dont un certain nombre lui incombait, de sorte que la date de son prochain mariage restait présente à son esprit.

Vers la mi-mai, il eut un bref entretien avec Wentworth. Vous vous mariez bientôt, n'est-ce pas, Harry ?

Oui, euh, voyons... dans trois semaines à compter de dimanche, pour être précis.

J'espère, avec un sourire égrillard, que vous savez ce qu'il faut faire pour tirer le meilleur parti d'une lune de miel ?

Harry eut un petit rire, si ce n'est pas le cas, je tirerai le plus possible jusqu'à ce que je sache.

Wentworth éclata d'un rire bruyant. Elle est bien bonne. J'apprécie. Ils rirent un moment, puis Wentworth reprit brusquement son sérieux.

Bon, et Wentworth esquissa un sourire. Je veux que vous vous amusiez et que ce moment fasse date dans votre vie. Notre société sait apprécier les hommes de valeur et leur manifester sa reconnaissance, et vous allez recevoir une prime de cinq cents dollars pour vous aider à faire de votre lune de miel un événement mémorable.

Merci. Je ne m'attendais pas à cela. C'est vraiment formidable.

N'en parlons plus, n'en parlons plus, avec un geste de la

main pour couper court à ses remerciements, nous espérons vous retrouver débordant d'énergie à votre retour. Je vais être bref, les changements dont je vous ai parlé il y a quelques mois sont sur le point de se produire et vous allez en faire partie intégrante. Nous sommes en train de créer un nouveau service sur une base multinationale et c'est moi qui, en tant que vice-président, suis chargé de mener l'opération à bien ; vous serez placé directement sous mes ordres, vous serez mon bras droit, mon second...

Harry rejeta la tête en arrière et regarda Wentworth, se forçant à ne pas le fixer avec des yeux ronds de simple d'esprit et à ne pas sauter sur place en criant hourra... Vous saurez à ce moment-là ce que travailler signifie vraiment. Wentworth sourit à nouveau et Harry se leva, comprenant que l'entretien était terminé.

Merci, monsieur Wentworth. Je, euh... je ne sais pas quoi dire.

Continuez simplement à faire du bon boulot, c'est tout.

D'accord, en hochant la tête.

Et souvenez-vous, Harry, personne, une pause pour donner à la phrase tout son poids, personne n'est irremplaçable.

Harry était tellement surexcité qu'il eut beaucoup de mal à rester assis derrière son bureau. Il était bien parti. Il était vraiment bien parti maintenant. Rien à voir avec le titre bidon de Davis. Seigneur, encore une demi-heure avant le déjeuner. Bon Dieu, ça c'est ce qui s'appelle un cadeau de mariage ! Il était impatient de prendre ses nouvelles fonctions.

Enfin, l'heure du déjeuner arriva et il annonça la bonne nouvelle à Linda et elle fut si enthousiasmée qu'elle n'arrêtait pas de le serrer contre elle et de l'embrasser. Oh, je suis si contente pour toi, mon chéri, si contente ! Quand ils vont savoir ça à la maison, ils vont être fous de joie. Oh, je suis si fière de toi, chéri !...

Harry souriait et riait, son excitation entretenue par la sienne. Seigneur, elle avait un rire adorable et l'avenir se présentait comme un lit de roses.

Leur lune de miel fut ce que devrait être toute lune de miel digne de ce nom : une merveilleuse partie de cul. Bien des facteurs contribuent à faire d'un voyage de noces une réussite, un véritable enchantement, et Harry et Linda les trouvèrent tous réunis à La Nouvelle-Orléans. Mais il est un facteur qui décide de la réussite ou de l'échec : l'entente au plumard. Sans elle, la contrée la plus exotique fait figure de planète sinistre et désolée, avec elle, un endroit aussi minable que Secaucus paraît excitant et romantique, et, lorsque tous ces facteurs sont réunis, ils se renforcent mutuellement et l'expérience vécue alors et les souvenirs qui en découlent, chéris tout au long de la vie, deviennent une source de réconfort et d'espoir. Et la lune de miel de M. et Mme Harold White fut pour le moins idyllique.

Que peut-on dire de La Nouvelle-Orléans quelles que soient l'époque ou les circonstances ? Ce n'est évidemment pas seulement Jeannette Mac Donald et Nelson Eddy ou le Mardi gras ou même le vieux Satchmo en personne.

Et lorsque vous venez de quitter New York avec votre jeune épouse et que tout est nouveau et inhabituel et que vous flânez dans le quartier français par une nuit de juin et que vous sentez flotter dans l'air et passer dans la main de votre partenaire un courant d'excitation, alors c'est un pur enchantement.

Et que dire de Harry au lit ? ? ? ? Eh bien, pas mal de choses. Et toutes flatteuses. Mais ce qui comptait le plus aux yeux de Harry, c'était le changement qu'il constatait dans ses réactions, un changement dont il prit conscience peu à peu, tandis que les premières flambées de désir faisaient place à un plaisir plus intense. Il était incapable de définir ce changement ni même de le cerner vraiment ; il savait seulement que ce n'était pas pareil que par le passé. La seule manière dont il parvenait à dépeindre cette vague impression, c'est qu'il ne se sentait pas pressé de partir.

Un après-midi, alors qu'ils se promenaient dans une avenue après avoir dégusté un fantastique repas créole, Harry embrassa le bout des doigts de Linda, héla un taxi et ils retournèrent à l'hôtel. Plus tard, en début de soirée, alors qu'elle prenait sa douche et se frottait paresseusement le corps avec un savon parfumé, se délectant du contact et de l'odeur du savon et de l'eau et même du bruit de l'eau, se sentant divinement bien, elle se surprit à rire intérieurement en réalisant que si elle avait su, ou si elle avait pu se douter un seul instant que coucher avec Harry serait aussi merveilleux, elle ne lui aurait peut-être pas dit qu'elle préférait attendre d'être mariée. Elle regarda la mousse glisser lentement de son corps sous la douche. Non, non, elle n'aurait certainement pas fait ce petit discours. Mais, grâce à Dieu, elle l'avait fait. Sans quoi, elle ne serait peut-être pas Mme Harry White aujourd'hui, et c'est précisément ce qu'elle désirait être. Elle aimait Harry et était heureuse d'être sa femme.

Leur voyage de noces devait évidemment prendre fin, mais l'atmosphère persista. Ils rentrèrent tard le vendredi soir et passèrent le week-end à rendre visite à leurs parents et à leurs amis et à s'installer dans leur adorable appartement de Central Park West et à se préparer à la nouvelle vie qui les attendait. Ils n'eurent pas à attendre longtemps : jusqu'au lundi.

Ce fut Linda qui dut faire face à tous les assauts, mais ça lui était égal. Elle était à peine assise que Rae était là pour prendre de ses nouvelles et toutes les autres filles voulurent tout savoir de son voyage de noces pendant la pause-café, puis elle déjeuna en compagnie de Rae et de Louise et dut répondre à d'autres questions.

Mais Linda en fut ravie. Elle était enchantée de parler de leur lune de miel. Elle en revivait tous les moments avec passion rien qu'en les racontant à d'autres. Et puis, elle n'ignorait pas non plus que les choses allaient reprendre leur cours normal dans un jour ou deux.

Pour Harry, elles reprirent leur cours normal tout de suite, sauf qu'il avait même encore plus de travail. Wentworth lui demanda s'il avait fait un bon séjour, et ils s'attaquèrent sans plus attendre aux tâches de toutes sortes qui s'étaient accumulées. Ils passèrent la plus grande partie de la journée dans le bureau de Wentworth, se faisant monter des sandwiches à l'heure du déjeuner — et Harry se souvint fugitivement qu'il avait rêvé de faire son chemin dans le monde et de déjeuner dans les meilleurs restaurants — et y restant tard le soir, établissant ainsi un rite auquel ils allaient se soumettre pendant encore pas mal de temps.

Linda fut déçue en apprenant qu'ils ne rentreraient pas à la maison ensemble, puis elle comprit que cela lui laisserait tout le temps de préparer à Harry un bon dîner et elle s'habitua très vite à ce nouvel horaire.

Les nouvelles fonctions de Harry étaient exigeantes et harassantes, mais il y réussissait à merveille. Étant donné la nouveauté de celles-ci et le peu de similitudes qu'elles offraient avec des méthodes de travail éprouvées, il lui fallait constamment élaborer de nouveaux systèmes et remanier ceux qui avaient été adoptés. Il se posait chaque jour de nouveaux problèmes et il fallait trouver une solution à chacun d'eux. Tout cela était absolument passionnant, exaltant et dissipait toutes ses tensions.

Travailler jusqu'à sept ou huit heures du soir fit bientôt partie de la routine, mais Harry s'arrangeait la plupart du temps pour prendre ses repas de midi avec Linda, même s'il était obligé de les écourter.

Puis, quatre ou cinq heures chaque samedi vinrent s'ajouter à son horaire de travail et Linda consacra ce temps aux tâches ménagères dont elle ne pouvait s'occuper pendant la semaine. Harry voulait qu'elle engage une domestique, mais Linda préférait tout faire elle-même. Ils étaient tous deux ancrés dans leurs habitudes et leur vie conjugale se passait sans histoires. Leur vie amoureuse s'améliorait avec le temps. La connaissance intime de l'autre décuplait leur plaisir. Ils aimaient cette découverte mutuelle de leurs corps, de ces endroits sensibles, de ces caresses qui amènent chez le partenaire un frémissement ou un soupir.

Le temps passait sans heurt et sans qu'ils s'en aperçoivent autrement que par le passage d'une saison à une autre et la nécessité de porter un manteau.

Puis le journal du dimanche se fit plus épais, les pages publicitaires devenant plus nombreuses, et voilà qu'une période de congés se profilait à l'horizon d'une période ventée.

Linda attendait avec une impatience croissante leurs premières vacances en tant que mari et femme. Elle s'en faisait une joie.

Le jour du Thanksgiving fut l'occasion d'une véritable fête, surpassée seulement par Noël. Linda avait rêvé, conçu et fait des achats et leur appartement, rutilant de couleurs, respirait la joie de vivre. Ils installèrent l'arbre une semaine avant Noël et Linda en allumait les guirlandes électriques dès qu'elle rentrait le soir. Il y avait une couronne de houx sur la porte d'entrée et une branche de gui était suspendue au lustre placé au-dessus de la table de la salle à manger. Il y avait une chaleur, une lumière, une... une aura de bonheur où baignaient l'appartement tout entier et ses occupants. Harry se sentait pris par cette atmosphère dès qu'il pénétrait dans l'ascenseur et ce sentiment se renforçait quand il ouvrait la porte et entendait tinter la petite cloche placée sur la couronne et il était complètement absorbé par elle sitôt qu'il avait refermé la porte et qu'il passait dans la cuisine où il trouvait Linda s'affairant devant ses casseroles et qu'il entendait sa voix. Bonsoir, chéri, comment ça va ? Et avant de retirer son manteau, il l'embrassait, puis il s'installait confortablement dans son fauteuil et regardait l'arbre de Noël et savourait le sentiment de plénitude qui l'emplissait.

Le matin de Noël, ils s'assirent par terre, au pied de l'arbre, déchirant le papier qui enveloppait les cadeaux, comme des enfants, en faisant ooooohhh et aaaahhh, en poussant des cris étranglés, en se serrant l'un contre l'autre, en s'embrassant et en riant... Il y eut beaucoup de rires.

Ils allèrent rendre visite aux parents de Harry, puis à ceux de Linda et, lorsqu'ils revinrent chez eux, tard, au soir de cette longue journée de Noël, ils étaient fatigués et ivres d'une joie qui avait surpassé tout ce qu'ils avaient pu connaître ou espérer.

Harry jeta son manteau sur le canapé et se laissa tomber dans son fauteuil. Linda se pelotonna sur ses genoux et appuya son front contre le sien un instant, puis elle l'embrassa. Joyeux Noël, monsieur White, mon beau, mon doux mari.

Harry sourit et enroula une mèche de ses cheveux autour de son doigt et l'embrassa doucement sur le front, le bout du nez et les lèvres. Je t'aime. Je t'aime énormément, Linda White. Tu es mon joyeux Noël.

Linda menait une vie confortable. Elle ne voyait pas Harry autant qu'elle l'aurait voulu, et elle ne comprenait pas vraiment son désir et son besoin de réussir, mais elle les acceptait, ainsi que ses horaires. Et le temps qu'ils passaient ensemble était tout à eux et lui était un bien précieux. Et c'étaient des promenades en voiture ou à pied, des spectacles, et des visites au zoo, des balades dans les jardins publics et des séances de lèche-vitrine, des dîners en ville et des soirées passées à la maison à bavarder et à rire et à se sentir proche l'un de l'autre dans une intimité unique et feutrée. Leur vie lui procurait un sentiment de plénitude totale et elle était sûre que Harry partageait ce sentiment.

Il avait une façon de la toucher et de la regarder qui lui donnait l'impression d'être unique, l'impression que personne ni rien d'autre n'existaient, et une sensation de chaleur douce et excitante à la fois envahissait son corps et faisait briller ses yeux.

Et, de temps en temps, en rentrant du bureau, elle trouvait un petit mot ou une carte de Harry et la carte représentait un de ces personnages amusants qui ont l'air de faire dix choses à la fois et s'agrémentait d'une légende bébête du genre : qu'est-ce qu'on mange ce soir ? ou d'une autre tout aussi stupide, mais elle aimait cela. Quelquefois, elle ouvrait une enveloppe et y trouvait ces mots : bonjour, je t'aime, ou : à bientôt Mme White, P.S. : je t'aime, baby. Elle riait doucement et rougissait de plaisir et ajoutait le mot ou la carte à sa collection.

Et bien sûr, ce n'étaient pas la carte ou le petit mot qui la mettaient de si bonne humeur, qui la faisaient fredonner dans l'ascenseur et se planter au milieu de la salle de séjour en disant : bonjour chez moi, c'était le fait de savoir que Harry prenait le temps au cours de ses journées chargées d'acheter une carte ou d'écrire ces mots, puis de les mettre sous enveloppe et de les envoyer.

Savoir qu'il pensait à elle comme elle pensait à lui lui procurait une joie intense.

Et, bien qu'elle n'eût pas, comme Harry, de passion pour son travail, elle aimait celui-ci et se sentait à l'aise au bureau, et les jours semblaient simplement succéder aux jours en douceur.

Mais, peu à peu, un sentiment d'insatisfaction apparut dans la vie de Mme Linda White. Elle en sut la raison bien avant que cela ne soit devenu un vrai problème à résoudre. Elle avait toujours su qu'il manquait quelque chose, aussi, lorsqu'elle s'aperçut de cette insatisfaction, elle en comprit la cause et n'en fut pas inutilement chagrinée ou contrariée. Son seul sujet d'appréhension était ce que Harry dirait et elle allait tirer les choses au clair sitôt qu'elle trouverait le moment propice. En attendant, elle ne se faisait pas de mauvais sang en y repensant constamment.

Un clair et lumineux dimanche de mai, jaune et vert, un mois environ avant leur premier anniversaire de mariage, ils se promenaient dans les allées du jardin botanique de Brooklyn et admiraient les cerisiers en fleur. C'était la première belle journée du printemps, avec un ciel bleu et un soleil qui vous donnaient l'impression de sentir fondre vos os, un de ces rares jours de l'année où tout a l'air frais et propre.

Les cerisiers semblaient innombrables et ils avançaient lentement le long de l'allée en foulant un moelleux tapis de fleurs. Lorsqu'ils eurent dépassé le dernier arbre, ils se dirigèrent vers la roseraie et s'assirent sur un banc, au soleil. Ils restèrent ainsi, sans rien dire, un moment, savourant la beauté du lieu, cette parcelle d'enchantement qui semblait si loin de la ville qui l'entourait...

Linda caressa la main de Harry du bout des doigts. Elle le regarda et lui sourit tendrement. Il sourit aussi et lui embrassa le bout du nez.

Harry, j'ai envie de quelque chose. J'en ai terriblement envie.

C'est comme si tu l'avais.

Non, mon amour, en souriant. Je parle sérieusement.

Mais, moi aussi, lui rendant son sourire et l'embrassant à nouveau sur le nez.

Oh, toi...

Ils rirent ensemble et finalement Harry dit, bon, alors qu'est-ce que c'est ?

Je veux un bébé.

Tout de suite, expression faussement choquée, ici ?

Eh bien, ça prendra vraisemblablement plus longtemps que ça.

C'est ce que je me suis laissé dire, souriant tendrement et suivant le contour de son oreille avec le doigt, même en ce qui concerne les oiseaux et les abeilles.

Je ne sais pas comment ça se passe chez les oiseaux et les abeilles... chez les papillons non plus, d'ailleurs.

Les yeux de Harry s'arrondirent de surprise, chez les papillons non plus ?

Je t'en prie, Harry, ne me taquine pas. Je veux un bébé. J'en ai terriblement envie.

Harry passa doucement le bras autour de ses épaules et inclina légèrement la tête. Tes désirs sont des ordres. C'est fait, belle dame.

Ah oui. Alors j'ai dû être mal informée. Ils rirent un moment, puis Linda jeta soudain ses bras autour de lui. Oooohhh, Harry. Je t'aime, et elle le serra contre elle.

Harry la prit dans ses bras et l'embrassa sur la joue, dans le cou et sur l'oreille. Je t'aime, madame White. Nous allons faire de beaux enfants, Linda ferma les yeux et s'abandonna à ses baisers, et nous ferions aussi bien de nous y mettre tout de suite.

Je pense que nous devrons attendre, les yeux toujours fermés, au moins d'être rentrés à la maison.

Poule mouillée, la serrant toujours contre lui et l'embrassant.

Cochon.

Ils rirent, se levèrent et prirent le chemin du retour main dans la main, le long de l'allée de cerisiers en fleur.

En septembre, le 23, pour être précis, Linda annonça à Harry qu'elle était enceinte.

Tu es sûre ?

Absolument, en souriant, le docteur m'a communiqué les résultats cet après-midi.

Tu veux dire que ton test de la lapine a échoué ?

Ça dépend des points de vue, moi, je dirais plutôt qu'il a réussi.

Ils rirent et Harry la regarda un moment puis il sourit largement. Maman White.

Eh bien, ça me la coupe. Ça, c'est quelque chose. Depuis quand ? Depuis combien de temps ?

Six semaines.

Tu es bien sûre ?

Oui, oui, j'ai vérifié sur le calendrier.

Harry se mit à rire. Tu y tiens à ton bébé, hein ?

Linda hocha la tête, le visage éclairé par un sourire heureux.

Eh bien, en frappant dans ses mains, je crois que le moins que je puisse faire, c'est de t'emmener, de vous emmener tous les deux, dîner en ville.

Il rit. Je n'arrive pas à m'y faire. Maman White, ça c'est quelque chose.

Oh oui, alors, souriant et inclinant la tête, papa White, en l'entourant de ses bras et en se nichant contre lui.

Ils emménagèrent dans leur nouvel appartement quelques mois avant la naissance du bébé. C'était un appartement magnifique situé dans le même immeuble, mais plus haut, qui donnait une merveilleuse impression d'espace et jouissait d'une vue splendide sur Central Park. Il y avait une pièce pour Harry, pour les fois où il avait à travailler à la maison, et une chambre de bonne ; mais Linda persistait à dire qu'elle voulait s'occuper elle-même de son enfant et de sa maison et elle refusa de prendre une domestique à demeure ; mais elle permit néanmoins à Harry d'engager une femme de ménage quelques heures par semaine pour l'aider dans les gros travaux. Il n'y a aucune raison pour que tu fasses tout toi-même dans un appartement aussi grand. Et d'ailleurs, il est impensable que la femme de l'adjoint au vice-président, et le responsable des opérations internationales, se charge des tâches domestiques de bas étage.

Linda rit et secoua la tête, c'est bon, tu as gagné. Mais si je deviens grosse et paresseuse, ce sera ta faute.

Ils regardèrent son ventre et éclatèrent de rire.

Harry n'aimait pas seulement l'appartement et la vue, il aimait aussi l'idée de vivre dans un gigantesque et luxueux appartement à Central Park West.

Ç'avait été l'un de ses buts, l'un de ses rêves, et à présent, c'était une réalité.

La grossesse de Linda fut sans histoire et son accouchement sans complication. Comme de juste, il était tard le soir lorsqu'elle demanda à Harry de l'emmener à l'hôpital — je crois que c'est le moment — et tôt le matin lorsqu'elle donna finalement naissance à leur premier-né : un beau garçon. Harry resta près de Linda jusqu'à ce qu'elle s'assoupisse, puis il rentra chez lui où il dormit jusqu'à midi avant de retourner au bureau.

Il se sentait encore un peu groggy, mais très exalté. Il annonça la nouvelle à Wentworth qui lui tapa dans le dos à plusieurs reprises. Ça, c'est quelque chose, Harry. Rien de tel que d'avoir un fils du premier coup. C'est bien, très bien.

Lorsque Harry eut annoncé la nouvelle à toute la direction, il se mit au travail et fut bientôt absorbé par celui-ci comme à l'habitude, mais il sentait encore au-dedans de lui ce chaud tourbillon d'exaltation qui le faisait soudain sourire de temps à autre. Walt a raison, c'est bon d'avoir un fils.

Après être allé chercher Linda et Harry Junior à l'hôpital et les avoir ramenés à la maison, ils mirent le bébé dans son berceau et restèrent plantés là à le regarder pendant de longues minutes. Il était extraordinaire, absolument extraordinaire. Harry n'avait jamais vu de nouveau-né auparavant. Il est si petit. Comment peut-il être aussi minuscule ? je n'arrive pas à m'y faire.

Il te paraît peut-être minuscule, mon chéri, mais ce n'est pas l'impression qu'il m'a faite à moi, vois-tu.

Harry se mit à rire et l'entoura de ses bras et la serra tendrement contre lui et l'embrassa doucement sur la joue. Difficile d'imaginer qu'un jour il sera grand, qu'il sera un homme et tout ça.

Linda rit et secoua la tête. Laisse-moi au moins profiter

de mon fils quelques instants avant de faire ses valises pour l'envoyer au collège.

D'accord, riant et la serrant contre lui. Comme tu voudras, m'man.

C'étaient des parents de fraîche date, et ils en étaient fiers, tout particulièrement lorsqu'ils se promenaient dans le parc le dimanche. Et Harry était timide aussi. Il n'en croyait pas ses yeux lorsqu'il voyait avec quelle aisance Linda soulevait le bébé, le mettait sur le ventre et lui étalait ceci sur la peau ou lui retirait cela et avait tout simplement l'air de le manipuler en tous sens. Harry le prenait dans ses bras de temps en temps, mais craignait toujours de lui faire mal. Il avait surtout très peur d'enfoncer le doigt par mégarde dans la partie molle de son crâne, ou de lui casser ceci ou cela. Linda riait et l'assurait que le bébé était beaucoup moins fragile qu'il ne le croyait. Après tout, tu es son père, et elle se nichait contre lui.

Le temps passant, Harry s'enhardit et Harry Junior qui poussait comme un champignon se sentit plus à l'aise et plus en sécurité dans ses bras.

Harry en vint au point d'aimer le tenir dans ses bras... plusieurs minutes d'affilée.

Harry pensait à sa femme et à son fils plus d'une fois au cours de la journée même lorsqu'il était en plein travail. Il aimait alors le sentiment qui s'emparait de lui en pensant à eux et la joie anticipée qu'il ressentait le soir sur le chemin du retour. Il aimait aussi embrasser sa femme lorsqu'il rentrait à la maison et l'entourer de ses bras tandis qu'ils contemplaient leur fils.

La main de Harry descendit lentement le long du dos de Linda et lui caressa les fesses et elle se serra davantage contre lui et laissa aller sa tête contre sa poitrine. Oh, Harry, j'aime quand tu me touches, surtout quand tu me caresses comme ça, levant les yeux vers lui en souriant, tu es tellement sexy !

Vraiment, hein ?

Oui, c'est vrai.

Alors je vais te dire une chose, sa main épousant lentement la courbe de sa cuisse, tu as le plus joli cul de la ville.

Linda se retourna avec douceur et lui fit face et lui mit les bras autour du cou et lui planta de petits baisers sur les lèvres. J'aimerais tellement faire comprendre au médecin ce que je ressens. Cette histoire de six semaines avant et de six semaines après, c'est si long... et si injuste.

Harry éclata de rire et l'embrassa sur le bout du nez. Nous ferions peut-être mieux de nous serrer la main, copain, copain jusqu'à nouvel ordre.

Veux-tu bien ne pas dire des choses pareilles, en l'attirant de nouveau contre elle, remets ta main où elle était.

Oui, m'dame, en laissant glisser lentement sa main le long de son dos, tu n'es qu'une catin, sans gêne et sans pudeur.

Ça oui, c'est sûr.

Un soir, Harry était au lit, attendant que Linda vienne se coucher, quand elle entra dans la chambre vêtue de la chemise de nuit qu'elle portait le soir de leur nuit de noces. C'était une chemise légère, à la fois près du corps et très fluide et Harry essaya de suivre toutes ses courbes des yeux tandis qu'elle avançait lentement vers lui.

Voilà une chose que je n'ai pas vue depuis longtemps.

Oui, je sais. Beaucoup trop longtemps, en s'asseyant tout près de lui, au bord du lit.

Hhhmmm, voilà qui sent bon, en quel honneur tout ça ?

Oh, en lui ébouriffant les cheveux, c'est tout simplement parce que ton fils a six semaines aujourd'hui, levant la tête et le regardant dans les yeux, Harry haussant un sourcil, une légère expression grivoise sur le visage et les lèvres.

Voilà qui me rappelle quelque chose.

Oh, vraiment, souriant avec coquetterie, je me demande pourquoi.

On dirait que je vais devoir l'ôter... une fois de plus.

À quoi bon perdre du temps ? ? ? ?

Harry se mit à rire et l'attira vers lui.

9

Harry fut surpris de constater qu'ils étaient restés chastes si longtemps. Six et six font douze. Mais ça fait trois mois ça ! Et trois mois, ça fait un sacré bout de temps. Ça lui paraissait impossible, et pourtant c'est ce qui était arrivé. Incroyable comme le temps passe vite. Il venait de tirer trois mois (sans tirer un coup, hahaha !).

Et pendant toute cette période, il n'avait pas une seule fois éprouvé le besoin de partir de son côté pour aller flâner dans les rues et les magasins à l'heure du repas. Depuis que Linda avait cessé de travailler, il déjeunait tous les jours en compagnie de Wentworth et/ou d'autres dirigeants de la société dans le genre de restaurants dont il avait toujours rêvé, et qui étaient l'un de ses buts dans l'existence. Il aimait poser sa carte de crédit sur l'addition d'un air nonchalant ; il aimait la compagnie de ces hommes, non seulement parce qu'ils étaient le symbole même de la réussite, mais parce qu'il savait qu'avec eux, il retournerait au bureau dès la fin du repas. Il n'avait pas besoin de se tenir sur ses gardes.

Ce qui lui procurait un sentiment de sécurité ; sentiment qu'il appréciait, sans pouvoir le définir avec précision, car il se trouvait plus détendu. Il n'était en proie à aucune tension intérieure autre que celle occasionnée par son travail, et ça aussi, c'était surprenant. Pourtant, il était indéniablement plus détendu. Parfois, il songeait à tout cela, sans se donner la peine d'analyser ce qu'il ressentait ; il se laissait porter par cette vague de bien-être, et se contentait d'en jouir. Et, maintenant que leur vie amoureuse avait repris un cours normal, cette sensation de sécurité et de bien-être semblait se renforcer encore.

Son travail, dans le cadre des nouvelles activités de la société, marchait comme sur des roulettes, et, depuis des mois, il rentrait chez lui à l'heure pour dîner. Parfois, lorsque d'importants représentants d'une firme étrangère venaient à New York pour entamer des discussions et/ou des négociations, il accompagnait Wentworth et les gens du service de relations publiques, mais, dès la fin des discussions d'affaires, il s'en allait sans participer aux activités sociales. Il s'arrangeait aussi pour ne manger que légèrement, afin de pouvoir souper avec Linda en rentrant chez lui.

Il comptait bien procéder ainsi une fois encore le jour où ils reçurent deux représentants d'une entreprise belge de dimension internationale. Wentworth était passé maître dans l'art de recevoir, et, comme toujours, le restaurant qu'il avait choisi était élégant, et les femmes, fascinantes sans être voyantes ; et Harry jouissait sans arrière-pensées du sentiment de bien-être et de sécurité qui s'emparait de lui. Il savait qu'il n'avait nul besoin de se tenir sur ses gardes, et il mangea sans se presser, appréciant chaque mets, et, quand Wentworth suggéra de poursuivre la soirée dans la suite qu'il avait réservée, il suivit le groupe.

Les Belges avaient déjà choisi leur partenaire, et l'une des filles qui restaient vint s'asseoir sur le canapé à côté de Harry. Il but un verre ou deux, se mêla à la conversation, échangeant des plaisanteries avec les autres, et invita même Marion à danser. Il appréciait sa compagnie, mais n'avait nullement l'intention de coucher avec elle. Il allait rester quelques instants encore pour s'assurer que la réception prenait bien la tournure voulue, et pour éviter de laisser une des filles faire tapisserie, puis il rentrerait chez lui.

Il se retrouva bientôt seul avec Marion et haussa mentalement les épaules en se disant : Après tout, ça n'fera de mal à personne si je tire un p'tit coup ! Je n'la baiserai même pas. Juste une petite pipe, et je m'barre. Une heure plus tard, il quittait l'hôtel, après avoir soigneusement vérifié qu'il n'avait pas de marques de rouge à lèvres sur lui ou sur ses vêtements.

Le lendemain matin, il ouvrit les yeux avant d'avoir entendu la sonnerie du réveil et se coucha en chien de fusil, sentant qu'il se recroquevillait intérieurement. Derrière lui, il entendait le souffle régulier de Linda, et il aurait voulu se retourner pour voir si elle le regardait, mais il eut peur de le faire. En restant au lit, il avait curieusement le sentiment d'étaler sa faute au grand jour : il avait l'impression de pleurer intérieurement et éprouvait le besoin de dire et de répéter : je te demande pardon. Il voulait se lever et aller prendre sa douche, mais il pensa qu'il était préférable d'attendre que la sonnerie du réveil eût retenti. C'est toujours ce qu'il faisait le matin. Du moins, pour autant qu'il pût s'en souvenir. Comment pouvait-il ignorer ce qu'il faisait tous les matins ? C'était ridicule. JE TE DEMANDE PARDON. JE TE DEMANDE PARDON. Et ce putain de réveil qui ne se décidait pas à sonner !... Bon Dieu, et mon estomac qui déconne. J'ai l'impression d'avoir un creux dedans, et ça grouille. Mais qu'est-ce qui se passe bon sang ? C'est dingue de se mettre subitement dans un état pareil. Mais sonne donc, nom de Dieu !...

et les secondes s'égrenèrent lentement jusqu'au moment où la sonnerie du réveil retentit enfin, et il se leva et alla rapidement à la salle de bains pour prendre sa douche. L'eau eut sur lui un effet apaisant, et il se sentit un peu mieux ; il resta sous la douche beaucoup plus longtemps que d'habitude, fixant la paroi de verre dépoli, mais il lui fallut finalement renoncer aux sentiments de réconfort et de sécurité qu'elle lui procurait.

Pendant le petit déjeuner, il se sentit agité, nerveux et incapable de regarder Linda en face. Dieu merci, le bébé eut la bonne idée de faire des caprices ce matin-là si bien que Linda ne put lui adresser que quelques mots par-dessus son épaule entre deux allées et venues dans la cuisine. Il avala son petit déjeuner rapidement ; pas trop tout de même, pour qu'elle ne remarquât rien. En réalité, il n'eut pas à se forcer pour ne pas manger trop vite, car la seule vue de la nourriture lui levait le cœur ; il devait se faire violence pour porter la fourchette à sa bouche, mâcher, puis avaler à grand-peine, et il faisait de gros efforts pour ne pas vomir, tout en étudiant les dessins au fond de son assiette. Lorsqu'il eut enfin terminé, il mit sa veste et parvint à embrasser Linda sur la joue avant de quitter la maison.

Bon Dieu, ça faisait du bien de se retrouver dans l'ascenseur... du moins jusqu'au moment où la cabine s'arrêta pour laisser monter un abruti, et Harry s'absorba dans la contemplation de ses chaussures et de ses revers de pantalon, tout son être hurlant à l'ascenseur de se magner d'arriver en bas...

Enfin il se retrouva dans la rue. Bon Dieu, et cette nausée qui lui brûlait les tripes ! Il n'aurait pas dû manger hier soir. J'aurais pas dû avaler cette saloperie de bouffe. Oh, écrase ! Pas la peine de faire toute une histoire pour une malheureuse petite pipe, bon Dieu — VAS-Y, VAS-Y, VAS-Y, PLUS VITE, BABY !...

Aaaahhhh, sanctuaire. Son bureau. Porte fermée. Qui restera fermée s'il le veut. Ça va passer. Mets-toi au travail. T'en fais pas. Du travail et un peu de Pepto Bismol, et ça va... Merde ! Est-c'qu'il avait examiné son slip ? De toute façon, il n'y avait pas de trace de rouge dessus. C'était pas possible. Et puis, de toute manière, elle ne remarquerait rien. Comment le pourrait-elle ? Tu n'auras qu'à le jeter dans le panier de linge sale et envoyer le tout à la blanchisserie. Ça devrait aller comme ça. Faut qu'ça aille... Le téléphone sonna ; il sursauta et eut un mouvement de recul instinctif, comme si le combiné s'était subitement transformé en un cobra prêt à mordre. Il le regarda fixement pendant un instant. La sonnerie retentit à nouveau ; il décrocha vivement et soupira de façon presque audible en entendant la voix de Louise. Pendant de longues et pénibles minutes, même après avoir raccroché, il fut incapable de garder les yeux ouverts plus d'une seconde à la fois...

Et puis, son travail l'absorba,

et il oublia tout le reste pour ne plus penser qu'aux responsabilités qui étaient les siennes, et il n'eut plus conscience de rien d'autre, jusqu'au moment où il se retrouva dans l'ascenseur qui le menait à son appartement. Alors, son malaise le reprit. Il avait beau se répéter que Linda avait bien trop à faire entre Harry Junior et les tâches ménagères pour remarquer quoi que ce soit, il avait parfois l'impression que son comportement inhabituel ne pouvait manquer de la frapper, et il essayait d'agir normalement, puis, s'apercevant qu'il en faisait trop, il rectifiait de nouveau le tir et tentait d'adopter une attitude naturelle, sans avoir aucune idée de ce que « naturel » pouvait vouloir dire en l'occurrence.

Vers la fin de la soirée, alors qu'il essayait de s'intéresser à une émission télévisée, Linda sortit de la chambre de Harry Junior, lui mit les bras autour du cou et l'embrassa sur la joue. Harry sentit qu'il se contractait, ses yeux se fermèrent automatiquement et il attendit...

Linda l'embrassa de nouveau. Parfois, j'ai l'impression de te négliger.

Me négliger ? en essayant de respirer aussi régulièrement que possible.

Oui.

Qu'est-ce qui te fait dire ça ? en faisant de son mieux pour empêcher son sourire de se transformer en un rire hystérique.

Eh bien, tu sais, chéri, il faut tout le temps que je m'occupe de Harry Junior, et puis il y a tant de choses à faire que j'ai parfois l'impression de te négliger, de consacrer tout mon temps à notre fils et à notre foyer, et de sacrifier mon tendre et doux mari.

Harry sourit, poussa mentalement un soupir de soulagement, l'attira sur ses genoux et la serra dans ses bras. Oui, la vie a été particulièrement difficile dans cette maison ces derniers temps, mais je te pardonne.

Ils se mirent à rire, Linda laissant voir son soulagement, tandis que Harry essayait de dissimuler le sien. Tu sais, mon chéri, j'aime tendrement notre fils, mais tu es toujours le SEUL homme qui compte dans ma vie.

Oh Dieu, et elle avait un sourire si doux, et la paume de sa main était si chaude et si caressante sur sa nuque, et Harry l'attira contre lui, posant sa tête sur son sein, et il sentit les battements réguliers de son cœur apaiser le tumulte qui grondait en lui, et il resta niché là quelques instants, puis il se hasarda à l'embrasser dans le cou et releva la tête, et il sourit à l'amour qu'il lisait dans ses yeux, tandis qu'il sentait les siens se remplir de larmes, et il l'embrassa à nouveau et se leva lentement en emprisonnant dans les siennes cette main caressante et douce comme les pétales d'une rose pour y déposer un baiser, et il sourit à sa femme, puis il l'entraîna vers la chambre et il la prit dans ses bras et l'embrassa encore une fois, avant de la déposer doucement sur leur lit.

Les souvenirs sont comme l'histoire ancienne : ils s'oublient aisément quand ils ne semblent avoir aucun rapport avec le présent, et puis, un jour, ils refont surface et reprennent un caractère d'actualité. Pour Harry, tout baigna dans l'huile pendant deux mois, jusqu'à la prochaine soirée passée en compagnie du service des relations publiques. Il téléphona à Linda et lui dit de ne pas l'attendre pour dîner ; qu'il ne rentrerait pas très tard et qu'ils souperaient ensemble à son retour.

Sans même avoir bu, il fut rapidement pris au piège de l'atmosphère détendue qui régnait dans le restaurant ; le rire des hommes et des femmes assis autour de la table était communicatif, et il se retrouva bientôt en train de raconter des histoires drôles et des anecdotes, goûtant et savourant sans méfiance cet agréable dîner. En sortant du restaurant, il passa un coup de fil à Linda pour lui annoncer qu'il y avait un contretemps, que, de ce fait, il rentrerait tard, et qu'il était inutile de l'attendre.

Il fut sincèrement surpris de se retrouver au lit avec cette fille. Il n'avait jamais eu l'intention d'en arriver là. Il avait suivi les autres dans la suite pour leur tenir compagnie quelques instants et s'assurer que tout se passait bien, fermement décidé à rentrer chez lui. Il n'avait pas songé un seul instant à rester seul avec l'une des filles, encore bien moins à coucher avec elle.

Mais il l'avait fait. Il avait l'impression que tout cela était arrivé contre sa volonté, comme s'il était en quelque sorte VICTIME des circonstances. La fille appréciait sa compagnie. Harry était différent des michetons qu'elle rencontrait habituellement. Il était gentil. Il lui parlait et la traitait comme si elle n'était pas différente des autres femmes, si bien que son enthousiasme était plus réel que professionnel.

Et elle était en train de lui sourire et de lui caresser la poitrine quand il remarqua l'heure. Pendant le chemin du retour, il ne cessa de secouer mentalement la tête en essayant de reconstituer les événements de cette soirée. Comment après le dîner s'était-il retrouvé dans ce lit ? Qu'est-ce qui était arrivé ? Comment était-ce arrivé ? Il n'avait jamais eu l'intention de faire ça. Il n'avait même pas envie de baiser. Il était là à bavarder et à dîner tranquillement, et il allait s'assurer que tout se passait bien, et subitement, il se retrouvait dans un lit, avec cette fille, en sachant très bien qu'il venait de la baiser. Et pour la deuxième fois... Pourquoi ? Pourquoi avait-il fait ça ? Mais au nom du ciel, que se passe-t-il ? Je n'y comprends rien. Absolument rien. Qu'est-c'qui m'arrive ? Sainte Vierge, qu'est-c'qui s'passe ? Nom de Dieu ! NOM DE DIEU ! ! ! !

Et puis le lendemain matin, et ces saloperies de remords, et ce sentiment de culpabilité qui torturent votre corps couvert de sueur et accablent votre esprit sans qu'on puisse jamais les identifier clairement parce que vous les refoulez, vous les rejetez au tréfonds de vos entrailles pour qu'ils s'y noient, se perdent dans autre chose, n'importe quoi, pourvu qu'on n'ait pas à les regarder en face, à les reconnaître et à les accepter pour ce qu'ils sont. Sainte Vierge, faites que cela n'arrive pas. Ne me laissez pas seul face à la vérité. Au nom du ciel, qu'en ferais-je ? ? ? ? Qu'y ferais-je ? ? ? Non, faites que ces sentiments m'agitent, me bouleversent et me déchirent, mais faites qu'ils restent sans nom, pour qu'il ne soit nul besoin d'en rechercher les causes. Faites qu'ils répondent au nom de « souffrance ». Il suffira. Ne cherchons pas à les exposer au grand jour pour trouver la vérité. Je vous en prie. Je ne saurais qu'en faire. Je ne saurais vraiment pas...

Et un autre petit déjeuner passé à fixer obstinément votre assiette — le précédent vous revient subitement à l'esprit, avec le souvenir précis des procédés et des petits trucs employés cette fois-là — et l'atroce, l'interminable trajet jusqu'au bureau, et l'ascenseur qui n'en finit pas de monter, et la longue marche jusqu'à la sécurité du sanctuaire dont la porte se referme enfin sur vous, et vous vous prenez la tête dans les mains, et puis vous serrez les dents et les poings, et vous faites un effort désespéré pour vous mettre au travail, et alors, le soulagement tant souhaité envahit tout votre être, jusqu'aux replis les plus profonds de votre conscience, et la journée reprend enfin un cours normal.

Et puis soudain, le silence qui vous entoure, et qui vous force à lever la tête, et vous vous apercevez que les bureaux sont presque déserts. C'est l'heure, mais Dieu merci, vous vous trouvez quelque chose à faire, quelque chose qui ne peut attendre. J'vais rester quelques instants encore. Inutile de téléphoner pour la prévenir. J'vais travailler encore un petit moment. J'appellerai plus tard. Travailler. Travailler ! Travailler ! ! ! ! Et pour finir, un bref coup de téléphone ; après quoi, il n'est plus question de jouer à cache-cache avec le temps ; l'heure est venue de mettre de l'ordre sur le bureau et de rentrer à contrecœur.

Bon Dieu, est-ce que j'ai vérifié qu'il n'y avait rien sur mes vêtements ? J'ai dû le faire. Sûrement. J'l'ai fait. J'en suis certain. Le bébé qui fait ses dents — merci mon Dieu —, une émission idiote à la télévision, et deux êtres fatigués qui restent assis à bavarder un moment peu importe de quoi, pourvu que le temps passe... passe...

et puis, le sommeil miséricordieux. Et l'oubli. Encore une histoire ancienne...

Harry Junior avait environ six mois quand Linda le quitta pour la première fois. C'était un grand événement ; elle l'emmena chez mamie White (et papie aussi, bien entendu) et il y passa la nuit. Ils étaient arrivés dans l'après-midi, et rentrer seule dans un appartement désert lui parut étrange. Cette solitude ne devait durer que quelques heures, et pourtant elle se sentait inquiète et appela les White à deux reprises, se moquant d'elle-même à chaque fois, mais leur téléphonant quand même. Elle n'avait absolument aucune inquiétude pour son petit bonhomme et fut très surprise de la façon dont elle prenait son absence qui, au début, lui avait semblé ne devoir être que de quelques heures ; or, elle réalisait maintenant qu'il allait rester absent toute une nuit, et même vingt-quatre heures, si l'on tenait compte du temps qu'il fallait pour aller chez les White.

Linda se mit à rire tout haut lorsqu'elle s'aperçut qu'elle n'était rien d'autre qu'une mère poule s'inquiétant pour sa progéniture. Elle ne s'était jamais vue sous ce jour-là auparavant, tout simplement parce qu'elle n'avait jamais eu l'occasion de le faire. Mais elle savait aussi, même en cet instant, alors que son fils lui manquait et qu'elle venait d'appeler les White pour la seconde fois, que dès que Harry rentrerait et qu'ils se retrouveraient seuls tous les deux, ils allaient sortir, et elle se détendrait et passerait une bonne soirée, tout comme Harry Junior et ses grands-parents allaient le faire de leur côté.

Et cette soirée était un événement. Un très grand événement. Il y avait un dîner au Bankers Club auquel étaient invités les membres du conseil d'administration, certains cadres supérieurs de la société ainsi que leurs femmes. Harry lui-même ignorait certains détails, mais il lui avait fait part de ce qu'il savait ; les nouvelles activités de la société connaissaient une expansion rapide, supérieure à toutes les prévisions, et le but essentiel de ce dîner semblait être d'échanger des claques dans le dos en se félicitant de ce remarquable résultat. Par ailleurs, Harry avait entendu dire qu'il ferait l'objet d'une promotion qui devait être annoncée par le président-directeur général lors du discours qu'il prononcerait pour exprimer sa satisfaction.

Linda était prête quand Harry rentra, et il ne put faire autrement que de rester là à la regarder, en souriant, en proie à une douce émotion qui lui réchauffait le cœur et faisait briller ses yeux. Dieu qu'elle était belle ! Tout en elle était resplendissant — ses yeux, ses cheveux, son teint — et sa robe toute simple révélait discrètement ses formes. Vous voulez que je vous dise quelque chose, madame White ? Vous êtes un leurre. Vous êtes irréelle. Vous êtes un mythe.

Je sais que je devrais me sentir flattée, en inclinant la tête avec un sourire, mais je suis trop émue pour ça.

Il s'avança vers elle en riant. Eh bien, c'est que j'ai toujours entendu dire qu'une femme avait tendance à s'empâter un peu, ou du moins, à s'avachir un tantinet et à tomber plus ou moins en ruine après quelques années de mariage et un bébé, mais toi, tu deviens plus jolie et plus excitante tous les jours.

Laissez-moi vous dire, monsieur White, en mettant ses bras autour de son cou, qu'avec vous, je me sens belle. Je ne suis qu'un miroir.

Ils rirent et se préparèrent à partir.

Bien que Linda fût la plus jeune de l'assistance — elle était même beaucoup plus jeune que tous les autres invités, Harry excepté — elle se sentit très à l'aise. Il devait y avoir moins d'une douzaine de couples, et les présentations furent rapidement faites. Linda s'intégra parfaitement au groupe, écoutant beaucoup plus qu'elle ne parlait, et elle fut immédiatement adoptée par tous. Beaucoup de femmes, qui étaient assez vieilles pour être sa mère, lui murmurèrent à l'oreille qu'elle les rendait jalouses tant elle était jeune et jolie, et elle rit avec elles.

Et, bien entendu, Harry s'entendit dire à maintes reprises qu'il avait de la chance d'avoir une femme aussi belle. Il souriait, riait et reconnaissait volontiers qu'elle était vive et charmante, et il serrait Linda contre lui et l'embrassait.

L'une des choses qu'il aimait chez Linda était l'assurance

dont elle faisait preuve en toute circonstance, et ce soir-là, à la grande joie de Harry, elle fut éblouissante. Elle se montra extrêmement gracieuse quand il la présenta à la ronde, se mêla de façon charmante à la conversation pendant le dîner, écoutant attentivement ce que les autres disaient, posant des questions pertinentes, et faisant des compliments toujours bienvenus.

Harry en fut d'autant plus conscient que lui-même ne se sentait pas à l'aise avec les personnes de l'assistance. Il fit et dit ce qu'il fallait, mais il dut se faire violence car ses pensées n'étaient pas en accord avec ses actes.

Et ses sentiments lui parurent étranges. Il avait déjà rencontré ces hommes — leurs femmes aussi dans certains cas — et n'avait jamais éprouvé le moindre malaise quand il était assis avec eux autour d'une table de conférence, mais, ce soir, il se sentait gêné et nerveux, et ces sentiments ne faisaient que croître quand il essayait d'en trouver la cause, et plus il cherchait, plus son trouble augmentait. Et il finit par se débattre dans un cercle vicieux ; plus son malaise augmentait et plus il cherchait à en définir la cause, et plus il s'acharnait, plus son malaise augmentait. Il finit par prendre son mal en patience, arborant le sourire qui était de circonstance, et prononçant des paroles qui ne l'étaient pas moins.

Il fallut une surprise de taille pour lui faire oublier ses sentiments, et cette surprise vint lorsque le président-directeur général se leva, réclama le silence, et se mit à parler de l'expansion de la société, de son développement, et des perspectives concernant la poursuite de cette croissance dans l'avenir — en particulier sur les marchés étrangers —, puis il commença à remercier diverses personnes, contant une ou deux anecdotes au sujet de chacune d'elles, le tout avec un petit rire de circonstance, et Harry entendit son nom, et il sourit machinalement, puis le choc vint instantanément lorsque le P.-D.G. annonça qu'il avait le plaisir de leur présenter le nouveau vice-président, le plus jeune vice-président que la compagnie ait jamais eu ; M. Harry White.

Linda saisit son bras, et il sentit qu'elle sautait de joie sur sa chaise. Oh, chéri, c'est merveilleux, tout simplement merveilleux ! et elle l'embrassa ; et il se retrouva debout, au milieu des applaudissements, en train de faire le petit discours qui s'imposait. Il remercia toutes les personnes présentes de leurs bontés pour lui, et de l'honneur qu'elles lui faisaient ; et il leur dit à quel point il croyait à la réussite de l'entreprise et leur fit un tableau idyllique de ce que l'avenir leur réservait, et il réaffirma son dévouement à la société ; ensuite, il remercia Wentworth de tout ce qu'il avait fait pour lui depuis qu'il travaillait dans la maison — Harry remarqua les hochements de tête et les sourires approbateurs — et, enfin, il voulait remercier une dernière personne, et non des moindres : sa belle et tendre épouse qui s'était toujours tenue à ses côtés et avait été pour lui une source d'inspiration constante (Seigneur, est-ce que cet abruti de Davis n'avait pas dit ça lui aussi ? Salut, comment ça va VéPé en second ? Hahahaha), parfois d'ailleurs, je m'en serais bien passé — il adressa un grand sourire à Linda, et tous de se mettre à rire comme il convenait —, et il remercia tout le monde une fois encore et s'assit tandis que les convives applaudissaient avec enthousiasme, et que Linda le serrait dans ses bras et l'embrassait. Et Harry, hilare, lui rendit son baiser.

Les félicitations, les poignées de main, les claques dans le dos, les étreintes et les embrassades parurent interminables à M. et Mme White, mais ils y prirent un grand plaisir, et, quand elles prirent fin, ils eurent l'impression que tout cela n'avait duré que quelques secondes. Ils étaient encore tout à leur joie et leur excitation quand ils prirent congé et rentrèrent chez eux, la main dans la main.

Harry s'assit dans le canapé et Linda resta debout devant lui, souriant largement et le regardant avec une fierté manifeste. Elle tremblait presque de joie et d'orgueil. Oh, Harry, je suis tellement émue, tellement émue !

Harry sourit et la prit par la main, c'est assez incroyable, n'est-ce pas ? J'ai l'impression qu'il nous faudra un peu de temps pour nous faire à cette idée. Eh bien, en attendant, et elle s'assit à côté de lui, je vais embrasser mon mari. Et ils restèrent sur le canapé à bavarder, à rire, à se tenir la main et à s'embrasser, et à se griser du souvenir de cette merveilleuse soirée.

10

Au nom du ciel, comment est-ce possible ? Ce doit être un rêve. Seigneur, faites que ce soit un rêve. Faites que le réveil sonne pour que je puisse me lever et aller au travail comme à l'ordinaire. Et Harry tenta désespérément de se réveiller tandis que la femme, les yeux clos, ondulait de plaisir sous ses coups de boutoir. Il l'entendit gémir. Bon Dieu, on n'entend pas les gens gémir en rêve ! Et il sentait la chaleur de son corps sous le sien, et la rondeur de ses fesses contre ses paumes, et il se mouvait, roulait et s'enfonçait en elle, et elle gémissait de plus en plus fort, et il aurait voulu se lever et s'enfuir, mais en était incapable, et il restait là, tel un spectateur impuissant, et se voyait baiser la fille ; jusqu'au moment où il vit la lumière filtrer à travers les persiennes closes, et Harry sut qu'il ne rêvait pas ; incapable de nier plus longtemps la réalité, il en prit son parti et se mit à baiser avec une ardeur redoublée, et leurs deux corps furent soudain agités de spasmes convulsifs ; et puis le silence et l'immobilité, et il ferma les yeux, secoua la tête, sentant une nausée incoercible lui tordre les tripes ; il se laissa rouler sur le dos, alla rapidement s'enfermer dans la salle de bains, fit couler la douche et resta immobile sous le jet cinglant. Il n'allait pas vomir ; de cela du moins il était certain, tout en ayant le sentiment que c'était ce qui allait lui arriver d'une minute à l'autre. Que pouvait-il faire maintenant ? Qui était cette fille ? Mais bon Dieu, qu'est-ce qui a bien pu se produire ? Il faudrait qu'il s'habille rapidement pendant qu'elle prenait sa douche. Et il fallait qu'il retourne au bureau. Oh, merde !

Après s'être essuyé, il sortit de la salle de bains, une serviette autour des reins. Elle était toujours dans le lit, le drap remonté jusqu'au cou. Il avait peur de la regarder — il savait qu'il ne la reconnaîtrait pas — mais il lui fit face, en s'efforçant de regarder ailleurs. Tourne-toi, je voudrais me lever. SEIGNEUR, VOLONTIERS. AVEC JOIE. Il lui tourna le dos, et, dès qu'il entendit l'eau couler, il s'habilla sans bruit et quitta la chambre et l'hôtel. Il traversa la rue en courant et pénétra dans un magasin, au cas bien improbable où elle l'aurait observé par la fenêtre pour savoir où il travaillait. Il se fraya un chemin parmi les rayons aussi rapidement que possible, et ressortit de l'autre côté, impatient de se retrouver dans le calme de son bureau.

Comment avait-il pu faire une chose semblable ? Il n'avait jamais eu l'intention de lever une nana. C'était dingue. Il ne comprenait vraiment plus. Il avait quitté le bureau de bonne heure pour pouvoir déjeuner seul, n'ayant plus envie, pour une fois, de manger en compagnie de Walt et des autres, sans très bien savoir pourquoi. Et il se retrouvait dans un hôtel, en train de baiser une nana. Enfin quoi, ça n'avait pas de sens ! Bon Dieu, mais qu'est-ce qui avait bien pu se passer ? Il avait pris l'ascenseur, quitté l'immeuble, et, en tournant au coin de la rue, s'était heurté à quelqu'un, et il avait tendu les bras pour empêcher la personne de tomber, et il s'était excusé et avait souri et elle avait souri, et, l'instant d'après, il est en train de la besogner tandis qu'elle gémit sous lui. Il ne faut pas que ça se reproduise. Il ne faut pas. Tu n'as qu'à faire attention, faire preuve d'un peu de maîtrise ! Voilà la solution : il faut que je me maîtrise.

Sa maîtrise dura une semaine, ses bonnes résolutions, encore moins longtemps. Pendant deux jours, il déjeuna dans son bureau et s'excusa auprès de Walt et des autres en prétendant qu'il avait un travail en cours et ne voulait pas le laisser en plan ; pourtant, son désir de sortir ne cessait de croître, au point que son travail finit par en pâtir. Il faisait de gros efforts pour se concentrer, mais il finissait toujours par se lever et aller à la fenêtre pour regarder dans la rue, ou bien tournait dans son bureau comme un ours en cage. Le troisième jour, il sortit pour déjeuner en compagnie de Walt et de Simmons. Tout bien pesé, il ne voyait aucune raison de lutter ainsi contre lui-même. Mais il se montra prudent ; il resta constamment à proximité des deux autres, et rentra au bureau avec eux dès la fin du repas.

C'est alors qu'il se surprit à penser aux femmes ; parfois même, il se tenait sur le seuil de son bureau et jetait un coup d'œil alentour, ne pouvant s'empêcher de remarquer au passage la longueur des jupes et les jambes des employées. Jamais il n'avait fait cela auparavant. Il lui semblait ne jamais avoir accordé la moindre pensée aux nanas. Apparemment, dans ce domaine, il avait toujours agi avant de réfléchir. Il s'était promené avec bien des femmes, il avait bavardé avec elles, dansé avec elles, couché avec elles, mais il ne se souvenait pas d'avoir jamais pensé à elles. Alors, il s'enfermait dans son bureau et essayait de chasser ces idioties de son esprit, et, pendant quelques instants, il ne songeait plus qu'à son travail ; mais il se remettait à songer, non pas à une nana en particulier, mais aux nanas. Pour les oublier, il essayait de penser à Linda, mais, sans très bien savoir pourquoi, cette idée lui répugnait, et il se replongeait dans son travail et, par la même occasion, dans ses pensées contradictoires.

Il résista pendant une semaine. Après quoi, il jugea intolérables cette agitation permanente, cette perpétuelle lutte contre lui-même, d'autant plus qu'elles le gênaient dans l'exercice de ses fonctions — et cela finissait par l'effrayer. Il ne pouvait pas, et ne voulait pas, se permettre de laisser quelque chose mettre sa situation en danger.

Cette fois-ci, il était parfaitement conscient de ce qu'il allait faire, et il n'eut aucun mal à renouer avec ses vieilles habitudes. De retour à son bureau, il revit toute la scène, et une souffrance brutale s'empara de lui en songeant à la facilité avec laquelle il s'était contraint à entrer dans la cafétéria la plus proche pour y lever une nana, l'emmener dans un hôtel et la baiser.

Chez lui, ce jour-là, il passa une soirée embarrassante et pénible. Chacun de ses gestes lui semblait emprunté et il n'arrêtait pas de se demander s'il se comportait d'une manière normale. Il essayait d'agir et de parler comme il le faisait habituellement ; et pourtant, il était certain d'avoir l'air compassé. Et indifférent. Surtout au lit. Deux heures avant de se coucher, il commença à se plaindre d'une migraine et d'une raideur dans la nuque dues au fait qu'il avait trop travaillé. Bientôt, pas trop tôt tout de même, ils se mirent au lit, et il resta couché dans son coin ; la journée était enfin terminée, et il sombra dans un sommeil agité.

La fois suivante, il tint encore une semaine avant de lever une nouvelle nana. Mais maintenant, et la chose l'effraya, il en avait pris son parti ; et le vendredi midi, il s'excusa auprès des autres et partit déjeuner seul. Il ne tenta même pas de résister. Il se borna à organiser son travail en tenant compte du fait qu'il allait désormais s'absenter plus d'une heure le vendredi midi. Dès qu'il eut pris cette décision, il s'aperçut qu'il pouvait de nouveau se consacrer pleinement à son travail.

Bien entendu, il ne baisait pas une fille tous les vendredis, mais c'était sans importance. Ce qui importait, c'était que cette routine, ce petit jeu l'eussent libéré de son obsession, et qu'il pût se consacrer à son travail et faire face aux responsabilités que sa situation impliquait.

Et il en vint bientôt à considérer que cette nouvelle habitude faisait partie de sa vie, tout en demeurant distincte du reste de son existence. Le vendredi soir, ou tout autre soir d'ailleurs, il n'éprouvait plus la moindre gêne. Il semblait désormais capable de rentrer chez lui et de se comporter de façon parfaitement naturelle. Et pourquoi en aurait-il été autrement ? Tous les hommes agissaient de la sorte, en particulier ceux qui évoluaient dans les mêmes sphères que lui. Et, à sa connaissance, les femmes qu'il levait étaient mariées elles aussi. Il ne se rappelait pas s'être juré d'être fidèle à Linda, et, s'il l'avait fait, c'était par manque de discernement et de maturité...

Parfois, il éprouvait bien une espèce de tiraillement, surtout lorsque les autres lui proposaient de déjeuner avec eux et qu'il se voyait obligé de décliner leur invitation. Ils ne posaient pas de questions, n'élevaient aucune objection, et Harry était certain qu'on ne lui demanderait pas de remettre sa démission parce qu'il prenait son temps pour déjeuner une fois par semaine — l'époque où il n'était qu'un petit cadre subalterne tenu de rendre des comptes sur son emploi du temps était révolue —, non, mais il avait quand même le sentiment de voler ces instants-là à la société.

Mais enfin, quelle que fût l'origine de ce tiraillement, il pouvait l'ignorer sans danger. Il n'en allait pas de même par contre pour ce conflit qui le déchirait et diminuait sa puissance de travail. Si bien que Harry parvint à se raisonner, et finit par s'accommoder de sa nouvelle vie. Le temps passant, il s'habitua à sa nouvelle existence, à son nouvel emploi du temps, à tel point qu'il ne tarda pas à trouver tout cela bien naturel, et, dès lors, sa vie familiale et professionnelle se remit à s'écouler sans heurt.

Et puis, un mercredi après-midi, il se surprit à suivre une femme dans un magasin. Elle regardait les soutiens-gorge et les culottes, et lui l'observait. Jusqu'au moment où il prit soudainement conscience de ce qu'il était en train de faire ; alors il fit brusquement demi-tour et regagna son bureau. Assis dans son fauteuil, parfaitement immobile, il avait l'impression d'être en train de courir un mille mètres. La panique qu'il éprouvait ne le quitta plus de la journée, et il fut incapable de se concentrer sur son travail. La seule chose dont il eût conscience était l'intensité des sentiments qui l'agitaient, et son incapacité à leur donner un nom ne faisait qu'accroître la panique qu'il ressentait.

Au milieu du dîner, ce soir-là, Linda lui demanda si quelque chose n'allait pas.

Comment ça ?

Eh bien, je ne veux pas dire que tu sembles avoir des

ennuis, non, mais tu ne dis rien, et tu parais préoccupé. Elle rejeta la tête en arrière et se mit à rire. Je ne sais pas si tu es vraiment différent ce soir, ou si c'est simplement dû au fait que le bébé est sage, et que nous pouvons enfin passer quelques instants ensemble... calmement.

Harry sentit qu'il se forçait à sourire. Eh bien, je pensais que nous pourrions peut-être acheter une maison.

Voilà une décision bien soudaine.

Pas vraiment. J'y songe déjà depuis pas mal de temps.

Mon Dieu, Harry, tu me prends au dépourvu, en souriant, je ne sais que dire.

Ça me paraît être une bonne idée.

Je me garderai bien de protester ou de me plaindre, mon chéri, simplement, il me faut quelques minutes pour me faire à cette idée.

J'ai pensé que ce serait agréable d'avoir une cour... ou une sorte de jardin où tu pourrais peut-être faire pousser quelques fleurs, et où Harry Junior pourrait s'ébattre sans que tu aies à te faire du souci pour lui.

Le sourire de Linda s'élargit. C'est une idée merveilleuse. J'ai toujours rêvé d'avoir un petit jardin. Tu as déjà songé à un endroit particulier ?

Oui, à Westchester. Ce n'est pas trop loin de New York, et on y trouve encore des coins agréables.

Plus j'y pense, et plus cette idée me plaît, en se trémoussant sur sa chaise. Je me sens déjà pleine d'enthousiasme.

Je me mettrai en rapport avec quelques agents immobiliers dès demain pour voir ce qu'on peut trouver.

Quel genre de maison avais-tu en vue ?

Je ne sais pas. À vrai dire, je n'y avais pas songé.

J'espère que nous en trouverons une de style Tudor. Je les adore. Surtout lorsqu'elles sont entourées d'un jardin planté d'arbres et de rosiers où serpente une allée bordée de muguet. Oh, Harry, ce serait merveilleux !

En ce qui me concerne, je n'y vois pas d'inconvénient ; je suis incapable de distinguer un style d'un autre, de toute façon.

Linda le regarda pensivement. Tu es bien sûr de vouloir acheter une maison ?

Évidemment ! C'est moi qui ai émis cette idée, non ?

Je sais, mon chéri, mais tu ne sembles pas très enthousiaste.

Mais si, mais si, en essayant désespérément de sourire, seulement j'ai l'esprit préoccupé par un certain nombre de choses en ce moment, voilà tout. Mais je suis content que tu sois si heureuse à l'idée d'avoir une maison.

Je le suis, mon chéri, je le suis vraiment. Mais si ça ne te tente pas, ça ne me fait absolument rien de continuer à vivre ici. Je sais à quel point tu aimes cet appartement et Central Park West.

Je sais, mon chou. Ne t'inquiète pas. J'ai envie de déménager, tu peux me croire, j'ai vraiment envie de déménager.

L'argent n'étant pas un problème, il ne leur fallut pas longtemps pour trouver exactement ce qu'ils cherchaient, ou, plus précisément, ce que Linda cherchait, car Harry, pour sa part, n'était pas très fixé ; ce qu'il voulait au premier chef, c'était changer de décor, et ce, de façon aussi radicale que possible. Le terrain faisait presque cinq mille mètres carrés ; il y avait des arbres fruitiers, des érables, un grand saule pleureur, quelques arbustes et des buissons. Aucune allée, aucun ruisseau ne serpentait parmi les arbres, et pourtant Linda n'avait jamais rêvé d'une telle splendeur. La maison elle-même était un rêve. Lorsqu'elle appela sa mère pour lui apprendre la nouvelle, celle-ci éclata de rire à plusieurs reprises et lui demanda de parler plus doucement. Je n'arrive pas à te suivre, tu vas plus vite qu'un lapin qui cherche à échapper aux chiens.

Mais, maman, c'est tellement beau !

Très bien, ma chérie, je te crois. C'est sûrement très beau.

Elles rirent toutes deux, et Linda continua à décrire la maison et le jardin dans leurs moindres détails.

Il fallut ensuite remplir de nombreuses formalités administratives, signer une foule d'actes. De sa vie, Linda n'avait jamais été aussi anxieuse. Tous les soirs, quand Harry rentrait, elle lui demandait s'il avait appris du nouveau, et il secouait la tête et lui disait de se détendre. Tout cela prenait du temps.

Encore quelques semaines, et tout sera en ordre.

Mais je n'arrive pas à me détendre. Je pense mettre des rideaux bleus dans la chambre de Harry Junior. Ce serait joli, tu ne crois pas ? Et des jaunes dans le séjour, pour mettre nos meubles en valeur, et peut-être...

Hé là, calme-toi, en se mettant à rire et en la prenant dans ses bras, tu t'emballes, tu t'emballes, et, à ce train-là, tu vas te retrouver en train de courir après toi-même sans espoir de te rattraper !

Oh Harry, espèce de grand fou, en lui mettant les bras autour du cou et en frottant son nez contre le sien, je suis tellement surexcitée ! Parfois j'ai l'impression que je vais exploser.

Non, vraiment ? ça ne m'avait pas frappé.

En un sens, Harry était aussi surexcité que Linda, mais pour des raisons différentes. Cette surexcitation se manifestait d'ailleurs de façon différente, et c'était précisément ces manifestations qui le mettaient en joie. Voir Linda heureuse suffisait à le rendre heureux, mais la vraie raison de son émoi était qu'il avait renoncé aux habitudes qu'il avait prises récemment : il ne se promenait plus dans les rues à la recherche d'une femme le vendredi midi, et il s'était remis à déjeuner en compagnie de Walt et des autres.

Bien plus, son esprit et son corps semblaient ne plus être la proie de pensées contradictoires, de ces conflits et de ces sentiments qui le déchiraient. Il se sentait libéré et pouvait de nouveau se consacrer entièrement à son travail, et, en rentrant chez lui, il n'éprouvait plus la moindre gêne. Tout dans sa vie semblait être redevenu parfaitement normal.

Lorsqu'il apprit de la bouche de l'agent immobilier qu'ils étaient désormais officiellement propriétaires de la maison, il appela Linda, mais se ravisa, alors qu'il avait déjà composé la moitié du numéro. Tout compte fait, il préférait le lui annoncer de vive voix ; qui sait, elle allait peut-être avoir une attaque ou s'évanouir ! Il se mit à rire en son for intérieur, et, de temps en temps, au cours de l'après-midi, il s'arrêta de travailler, fermant les yeux en se renversant dans son fauteuil, pensant à la soirée qui se préparait, à la façon dont Linda allait sauter en l'air et hurler en apprenant qu'ils étaient enfin propriétaires, imaginant le plaisir et l'enthousiasme de sa femme, et cette seule pensée lui procurait un plaisir indicible.

Depuis bientôt une semaine, peut-être plus — elle ne savait plus très bien combien de temps cela faisait —, Linda prenait sur elle-même pour ne plus demander à Harry s'il y avait du nouveau au sujet de la maison. Elle avait compris que, si elle n'arrêtait pas d'y penser constamment, cette affaire finirait par l'obséder, et qu'elle deviendrait folle, qu'ils deviennent propriétaires de la maison ou non. Si bien que, quand Harry rentra ce soir-là, elle ne lui demanda rien. Ils étaient en train de dîner en bavardant lorsque Harry dit *en passant*[1] à propos, Ralph m'a téléphoné aujourd'hui, la maison nous appartient, et il avala une autre pomme de terre avant de lui demander des nouvelles de sa mère.

Linda se figea, faillit lui répondre que sa mère allait bien, puis elle se leva subitement et se jeta sur ses genoux, le tout en moins d'une seconde. Oh, Harry, c'est merveilleux, en le prenant dans ses bras, le serrant contre elle et l'embrassant, merveilleux ! Alors ça a marché. Je n'arrive pas à le croire. C'est tout simplement merveilleux. Je dois rêver. Elle est à nous. C'est impossible, je n'arrive pas à croire qu'elle nous appartient vraiment.

À nous et... à la banque. Tu sembles oublier la banque.

Oh, un jour, la banque t'appartiendra aussi. Il faut que j'annonce la nouvelle à papa et à maman. Et à Harry Junior.

Au cours des semaines qui suivirent, ils furent occupés à installer leur nouvelle maison et à préparer leur déménagement, et, d'une certaine manière, ils furent aussi heureux qu'aux premiers temps de leur mariage (Mon Dieu, cela fait déjà deux ans !). Ils étaient surexcités, tout au bonheur que

1. En français dans le texte. (*N.d.T.*)

leur procurait cet événement capital dans leur vie commune, et la joie de l'un alimentait celle de l'autre.

Un jour enfin, la maison fut prête pour les accueillir. Harry travaillant, ce fut Linda qui s'occupa du déménagement. Quand il rentra ce soir-là, il trouva la maison pleine de caisses et d'emballages en carton, mais, dans tout ce fatras, Linda avait trouvé ce dont elle avait besoin pour préparer à dîner et faire les lits.

Maintenant qu'ils étaient d'authentiques banlieusards, Harry comprit que sa femme aurait besoin d'une voiture, et la première chose qu'il fit fut d'acheter une autre Mercedes. La seconde fut de prendre une carte de membre du Wooddale Country Club.

Linda n'arrêtait pas de faire des projets pour l'aménagement de la maison ou du jardin. Harry, pour sa part, se trouva très vite à l'aise dans leur nouvelle demeure, et n'eut aucun mal à s'y faire, ainsi d'ailleurs qu'aux trajets entre celle-ci et son lieu de travail. Pendant longtemps, l'enthousiasme communicatif de Linda fit qu'il resta sensible à l'attrait de leur nouvelle situation, et puis, le temps passant, le charme de la nouveauté s'estompa et, petit à petit, il se sentit envahi par une vague d'insatisfaction. Un sentiment qui ne lui était pas totalement inconnu naissait au tréfonds de lui-même et tentait de s'imposer à son esprit, et il essayait de l'ignorer ; mais le sentiment persistait, et, même si Harry était incapable de lui donner un nom, il lui était impossible de le méconnaître, car celui-ci l'assaillait de toute part, telle une force irrésistible surgie d'un passé vague et lointain.

11

Harry prenait maintenant ses aventures amoureuses avec philosophie. Ça valait mieux que de devenir fou en luttant contre le désir qui s'emparait de lui. En renonçant à y résister, il pouvait au moins se concentrer sur son travail, et exercer un certain contrôle sur ses actes — curieuse façon de se contrôler en réalité.

Pendant un temps, il se borna à marcher en flânant dans la rue, une fois de temps à autre, sans vraiment prêter attention aux femmes. Mais il ne tarda pas à sortir tous les jours ou presque, déshabillant les femmes des yeux tandis qu'il se promenait dans les rues ou qu'il déambulait parmi les rayons d'un grand magasin ; parfois encore, il s'asseyait sur un banc et mangeait son sandwich, en pensant à tout autre chose. Et ça marcha. Les petites satisfactions qu'il tirait de ces balades lui permirent de calmer son agitation, et de continuer à mener une existence professionnelle et familiale normale.

Mais sa maîtrise ne tarda pas à l'abandonner et, une fois de plus, il se retrouva dans une chambre d'hôtel avec une nana. Cette fois-ci, il n'essaya pas de se leurrer, de nier l'évidence ; il prit une douche, regagna son bureau et se remit au travail. Apparemment ce fut suffisant pour faire disparaître le nœud qui s'était formé au creux de son estomac, et ce pour plusieurs semaines. Il prit donc l'habitude de procéder ainsi une fois par mois, se bornant le reste du temps à se balader dans les rues ou à déjeuner avec Walt et les autres.

Cependant, s'il parvenait encore à exercer un certain contrôle sur ses actes, il n'en allait pas de même pour ses pensées. Assis dans le train qui le conduisait au bureau, essayant de s'absorber dans la lecture de son journal, il tombait par exemple sur un article traitant du coût de la médecine, et il se prenait à se demander ce que pouvait bien faire un gynécologue quand il auscultait une jeune et jolie patiente. Se penchait-il sur elle pour l'embrasser tandis que ses doigts exploraient son intimité ? Était-il seul avec elle dans son cabinet ou bien son infirmière et lui... Il froissa le journal dans ses mains et regarda par la fenêtre de tous ses yeux, essayant de chasser cette idée et cette image de son esprit, mais le bruit régulier des roues sur les rails se changea curieusement en gémissements de plaisir, et il continua à voir une jeune fille étendue sur la table d'auscultation, jambes écartées, pieds posés sur les étriers tandis que le docteur et l'infirmière se préparaient, et il chassa de nouveau cette image de son esprit, pensa à autre chose, et il rouvrit en hâte le journal et parcourut encore une fois les cours de fermeture de la veille, cherchant dans la liste interminable celui des actions qu'il possédait, et l'image finit par disparaître ; tout au long de la journée, elle ne cessa de resurgir devant ses yeux, et il lutta encore et encore pour la chasser, et il déjeuna dans son bureau, travaillant avec toute l'ardeur dont il était capable, mais, chaque fois qu'il croisait une femme dans le bureau ou en rentrant chez lui, il ne pouvait s'empêcher de fixer son mont de Vénus, et elle devenait une sorte de sexe ambulant, et, le désir devenait si fort que ses jambes se dérobaient sous lui, et, enfin, il arrivait chez lui, dans son sanctuaire, et il se détendait, et la tension, les craintes informulées qui le déchiraient et lui nouaient les tripes ces derniers temps s'évanouissaient, et il pouvait assouvir ses désirs charnels avec sa propre femme.

Linda était sensible aux sautes d'humeur de son mari et elle sentait plus qu'elle ne voyait le changement qui s'opérait en lui et la tension qui l'habitait. Il était moins disert, plus silencieux qu'à l'habitude. Et au lit, elle ne pouvait manquer de remarquer la différence à la façon dont il lui faisait, ou ne lui faisait pas l'amour.

Parfois, avant même la fin du dîner, Harry insistait lourdement sur le fait qu'il était fatigué, qu'il avait eu une journée pénible au bureau, et, quand ils allaient se coucher, elle le sentait contracté, et elle aurait voulu lui dire qu'il n'avait pas à se justifier, qu'elle trouvait parfaitement normal qu'il n'eût pas envie de faire l'amour. Mais elle avait peur de le gêner et n'en faisait rien ; elle se contentait de l'embrasser en lui souhaitant une bonne nuit, sans le caresser comme elle aurait aimé le faire pour lui procurer la détente nécessaire au repos dont il avait besoin.

D'autres fois, Harry se comportait presque normalement, sauf qu'elle avait le sentiment qu'il en rajoutait un peu, et tout en lui trouvant l'air las et fatigué, elle savait qu'une fois au lit, il la prendrait de façon plus brutale qu'à l'habitude, en raison de la tension qui s'était accumulée en lui au cours de la journée. Et bien qu'en secret, au fond d'elle-même, elle sût qu'elle n'était pas l'unique cause de ce violent désir et en éprouvât de la peine, Harry la mettait dans un tel état que ce sentiment disparaissait rapidement. D'autant plus rapidement qu'elle savait qu'elle aimait Harry, et savait aussi, sans l'ombre d'un doute, qu'il l'aimait, et que, même s'il paraissait parfois distant, cela ne durait pas et était uniquement dû à la tension occasionnée par son travail. C'est un homme brillant, sensible, nerveux. Après tout, il est le plus jeune vice-président que la société ait jamais connu, et on peut bien lui pardonner ses petites sautes d'humeur de temps à autre. C'est humain.

Les journées de Linda étaient si bien remplies qu'elle n'avait pas le temps ni l'envie de se créer des problèmes. Harry ayant insisté, elle avait engagé une femme de ménage à temps complet mais refusait d'avoir une bonne, une cuisinière ou une nurse pour Harry Junior. Elle voulait être une épouse et une mère avant tout et continuer à s'occuper elle-même de sa petite famille. Et, bien qu'ils eussent un jardinier pour tondre la pelouse, tailler les arbres et faire les gros travaux, le jardin restait le domaine de Linda, et elle y passait des heures joyeuses en compagnie de Harry Junior qui marchait maintenant, et se dandinait dans les allées en émettant toutes sortes de petits cris. Ils avaient installé une balançoire, et Linda prenait l'enfant sur ses genoux et lui chantait des chansons, et tous deux se balançaient doucement. Il poussait comme de la mauvaise herbe et Linda le considérait maintenant comme son petit homme.

Lorsque Harry fut chargé une fois encore de recevoir les représentants d'une société étrangère, il resta en ville toute la nuit. À l'origine, telle n'était pas son intention, mais le destin sembla en décider autrement. Il se retrouva allongé sur un lit en compagnie d'une des filles du service des relations publiques, conscient du fait qu'il pouvait encore prendre le dernier train, mais sachant qu'il n'en ferait rien. Comme si cette décision lui avait été imposée, sans qu'il eût son mot à dire, et il se résigna sans vraiment protester. Tout au plus un peu effrayé.

Le lendemain matin, avant huit heures trente, il était dans son bureau, toutes portes fermées, essayant une fois encore de comprendre ce qui lui était arrivé la veille au soir, et pourquoi il avait agi de la sorte. Il éprouvait un sentiment de dégoût et de crainte, et, plus il y songeait, plus il essayait de comprendre comment il en était arrivé là, et plus sa confusion et son dégoût augmentaient. Finalement, il respira profondément et appela Linda. Il se sentit subitement défaillir, serra les dents et marmonna quelque chose qui ressemblait fort à une prière. Il chercha désespérément quelque chose à dire, quelque chose qui se tienne, mais ne trouva foutrement rien. Bonjour, comment ça va ? Nom de Dieu, c'est tout ce qui te vient à l'esprit ? Jamais tu pourras sortir des banalités pareilles dans l'état où tu es, bordel !

Bonjour mon chéri, comment s'est passée ta réunion ?

(Eh ben merde alors, il croyait l'entendre rire et percevait la présence de son fils à l'arrière-plan.) Très bien. C'est terminé.

Tant mieux. J'en suis ravie. Tu m'as tellement manqué hier soir.

Tu m'as manqué aussi.

Tu seras à la maison pour dîner ce soir, chéri ?

Oui.

Parfait. Passe une bonne journée, mon chéri. Je t'aime. Ils échangèrent encore quelques propos anodins et elle raccrocha.

Elle raccrocha enfin. Enfin, enfin, ENFIN. Bordel, combien de temps avaient-ils parlé ? Quelques secondes ? Quelques minutes ? Une éternité ?... Ouais, ouais, je sais, c'est la première fois que je découche depuis que nous sommes mariés. Et alors, qu'est-c'que tu crois ? que je baise à couilles rabattues ? Oh écrase ! Qu'est-c'que tu t'imagines ? J'fais rien d'plus que tous ces enfants de salauds ! Alors ferme-la, tu veux !

Et puis il tenta avec frénésie de se plonger dans le travail pendant tout le restant de la journée ; à midi, il se fit monter un petit en-cas, une pomme, pour pouvoir croquer dans le fruit défendu afin de se purifier. Oh merde ! Mais bon Dieu, qu'est-ce qui m'arrive ? La porte de son bureau resta fermée toute la journée. De temps à autre, il était subitement pris de frissons et de tremblements, mais cela ne durait pas.

Oh Seigneur ! ! !

Travaille. Travaille ! Fous-toi au travail et oublie toutes ces conneries. Travaille...

Ainsi s'écoula cette sombre et interminable journée pour Harry White.

Et pour Linda, la femme de Harry White, l'horizon ce jour-là fut couvert par intermittence. Parfois un sentiment de profonde tristesse s'emparait d'elle et elle arrêtait là toute activité, et regardait autour d'elle en fronçant les sourcils, essayant de comprendre le pourquoi de ce désespoir subit. Jamais elle n'avait connu cela depuis son adolescence, et cette époque de sa vie lui semblait bien lointaine. Depuis lors, il lui était arrivé de se sentir déprimée et seule, jamais depuis son mariage cependant. Plus elle y songeait, plus elle comprenait à quel point elle aimait Harry, et plus elle s'apercevait que leur vie était merveilleuse. Bien sûr, elle n'était pas débordante de joie et de bonheur tous les jours, mais, avec lui, elle ne s'était jamais sentie triste — jusqu'à ce jour.

Et puis c'était la première fois que Harry ne rentrait pas de la nuit, et il était bien naturel qu'elle en fût attristée. Après tout, rentrer à Westchester en pleine nuit était une véritable expédition, et Harry n'avait pas eu le choix. Rien d'anormal dans tout cela. Ce qui était anormal par contre, à en juger par ce qu'elle avait lu ou entendu dire, c'était que deux personnes (trois en réalité en comptant Harry Junior) puissent être aussi heureuses ensemble. Être mariés depuis trois ans ne constituait certes pas un record, même de nos jours, mais bien peu de couples qui vivaient ensemble depuis aussi longtemps semblaient connaître le même bonheur que Harry et elle.

Et ce n'était pas dû uniquement au fait qu'ils vivaient dans une belle maison entourée d'un jardin — ou même à la présence de Harry Junior — elle éprouvait les mêmes sentiments avant l'achat de la maison et avant la naissance du bébé. Elle s'était sentie heureuse depuis le jour où elle avait rencontré Harry. Exception faite du soir où elle l'avait repoussé et où il était parti. Plusieurs semaines s'étaient écoulées avant son coup de téléphone, et c'était la dernière fois qu'elle s'était sentie seule.

Il lui inspirait une véritable passion. Le seul fait de penser à lui suffisait à l'enflammer. Ce n'était pas seulement la passion qu'il faisait naître en elle lorsqu'il lui faisait l'amour, encore qu'elle reconnût bien vite que cela était en grande partie responsable de sa félicité ; elle n'imaginait pas qu'il pût exister un homme capable de lui donner autant de plaisir, un amant meilleur que Harry. Bien des fois elle avait songé à leurs rapports et essayé de savoir ce qui, en lui, la rendait si heureuse et, bien qu'il y ait toujours dans les relations amoureuses un côté magique qui échappe à l'entendement et à l'analyse, elle était parvenue à isoler certains aspects de sa personnalité qui lui étaient chers.

Elle aimait son rire. Non pas qu'il fût particulièrement musical ou quelque chose dans ce genre-là, mais il exprimait une telle joie ! En l'entendant, on avait le sentiment que chaque parcelle de son corps était heureuse. Rien que d'y penser, les yeux de Linda se mettaient à briller.

Ils brillaient aussi quand elle songeait à sa tendresse, à la façon dont il lui tenait la main, lui caressait la nuque ou les épaules, ou lui mordillait le lobe de l'oreille... à cette habitude qu'il avait de lui tapoter le bout du nez en souriant, sans raison, uniquement pour le plaisir de le faire et de sourire. Elle ferma les yeux un instant, et elle vit son sourire et sentit sa chaleur...

Et derrière tout cela, il y avait cette force qui émanait de lui. Une force qui n'était pas uniquement verbale mais réelle et tangible dans chacun de ses actes, dans chacune de ses attitudes. Il s'était fixé un but et savait comment l'atteindre. Rien ne pourrait l'arrêter. Et elle savait que, quoi qu'il arrive, elle pouvait compter sur lui, toujours, et qu'il serait toujours à ses côtés pour lui apporter l'appui et le soutien dont elle avait besoin. Il était digne de confiance, et son esprit était indomptable...

Plus elle pensait à lui, plus le soleil semblait briller, et, lorsqu'elle donna son déjeuner à Harry Junior, sa tristesse avait disparu ; elle souriait, chantonnait tout en songeant à ce qu'elle allait préparer pour le dîner de Harry.

12

La vie de Harry n'était plus désormais qu'une série de petits compromis, d'accommodements avec la morale et d'adaptations successives à la situation. Pour continuer à vivre, il lui fallait prendre conscience de la réalité et s'y résigner à contrecœur, non sans déchirement d'ailleurs, et cette prise de conscience l'obligeait à mentir, ce qui entraînait d'autres mensonges, d'autres accommodements et d'autres réévaluations. Ce n'était pas avec la morale généralement admise que Harry se voyait contraint de faire des compromis, mais avec son éthique personnelle. C'était là la source du conflit qui l'agitait, de la douleur qu'il ressentait.

Ce qui était le plus pénible dans cette évolution, et qui était la cause essentielle de la confusion qu'il éprouvait, était que Harry se devait de nier jusqu'à l'existence de ces compromis et de ces mensonges. Il fallait à tout prix qu'il continue à penser que tout allait bien, que tout ce qui lui arrivait était normal, que tous ces événements étaient la conséquence naturelle de la tension qui s'accumulait en lui dans le cadre de son travail.

Après tout, il avait réussi : il jouissait de l'estime de ses collègues, passait pour un homme de ressources, aux moyens considérables, et qui n'avait encore que trente ans. Dans son esprit, ou dans celui de ses collaborateurs, il n'était pas douteux qu'il serait un jour millionnaire. C'était certain. Dans ces conditions, comment les choses auraient-elles pu aller mal ?

Et il avait une famille merveilleuse qu'il aimait et chérissait tendrement, et qui l'aimait. Quand il rentrait chez lui, son fils accourait (d'un pas mal assuré certes !) pour se jeter dans ses bras, et sa femme l'accueillait toujours avec un grand sourire et se serrait contre lui en l'embrassant. La réussite ! Il avait vraiment réussi. Alors, comment les choses auraient-elles pu aller mal ? C'était impossible, manifestement impossible. Un homme jeune, connaissant la même réussite que Harry White, ne pouvait avoir de problèmes, et ce nœud qui se formait parfois au creux de son estomac, cette tension qui lui donnait l'impression d'être semblable à un ressort prêt à lâcher finiraient bien par disparaître, quelles qu'en fussent les causes. Dans l'immédiat, il n'y avait rien de mal à lever une bonne femme de temps en temps, ou à passer la nuit avec l'une des filles du service des relations publiques. Ça le soulageait, et il avait fini par s'accommoder du vague sentiment de remords et de culpabilité qu'il éprouvait en se réveillant le lendemain matin. L'important était que rien ne puisse diminuer sa puissance de travail, et c'était précisément ce que faisait cette tension. Il était donc prêt à tout pour s'en débarrasser. Il fallait qu'il puisse travailler.

Si bien que les compromis et les mensonges en amenèrent inévitablement d'autres, et il finit par coucher en ville, même lorsqu'il n'était pas chargé de recevoir une délégation étrangère, ce qui lui fournissait un prétexte commode et aisément crédible pour Linda.

Bientôt, il fut obligé de découcher de plus en plus fréquemment. Il se contrôlait de moins en moins. Après chaque nouveau compromis et chaque nouveau mensonge, il se sentait déprimé pendant un jour ou deux, et faisait des efforts désespérés pour ne pas sembler trop morne et silencieux chez lui. Puis il redevenait lui-même et reprenait cette vie de changements perpétuels, et son existence familiale et professionnelle redevenait normale tandis que la passion qui l'habitait gravissait un nouvel échelon.

Mais le temps semblait s'accélérer, et de nouveaux accommodements s'avéraient nécessaires, les périodes de dépression se faisant de plus en plus fréquentes. Une semaine, Harry resta en ville à deux reprises, et, en rentrant chez lui après la deuxième nuit, il acheta un philodendron à feuilles découpées. Sans très bien savoir pourquoi, il avait éprouvé l'irrésistible besoin de l'acheter. Non pas pour se faire pardonner sa conduite par Linda (Seigneur, avec le jardin qu'elle avait, autant apporter des boules de neige à un Esquimau !), mais il avait quand même l'intention de le lui offrir en cadeau.

Le lendemain, il se prit à penser à la plante et acheta un livre sur l'entretien des philodendrons. Il le parcourut dans le train et fut bientôt fasciné par les innombrables variétés de philodendrons et autres plantes de la même espèce. Ce week-end-là, il en acheta une autre, plus petite.

Je ne savais pas que tu aimais les plantes, mon chéri.

Moi non plus. J'ai dû attraper un virus ou quelque chose dans ce genre-là, en lui souriant. J'ai pensé que pendant que tu jardinerais à l'extérieur, je pourrais peut-être jardiner à l'intérieur.

Une famille où tout le monde jardine reste unie.

Voilà un excellent dicton.

Nous devrons cependant faire attention à ce que nos mains ne deviennent pas trop vertes car on pourrait bien nous mettre en quarantaine.

Tous deux éclatèrent de rire, et Harry contempla les deux plantes.

La semaine suivante, il en rapporta une troisième, une ophrys-araignée plantée dans un joli pot de porcelaine entouré d'un cache ajouré.

Tu ne trouves pas qu'elle fait joli devant cette fenêtre ?

Oui, très. Ce pot et ce cache ajouré sont très beaux. Où les as-tu achetés ?

Et la plante alors ? Elle n'est pas belle ? Tu ne voudrais tout de même faire de la peine à ce chlorophytum !

Tu parles comme un botaniste.

C'est que j'ai potassé mon livre dans le train, en riant. Et puis dans la Cinquante-sixième Rue, il y a un grand fleuriste qui a un choix incroyable de plantes, de pots et d'accessoires divers.

Eh bien, en lui pressant le bras, je n'aurais jamais imaginé que tu pouvais me tromper avec une boutique de fleuriste.

Ils se mirent à rire, tous deux sentant la tension qui les habitait se relâcher ; cette tension dont l'origine était différente et identique à la fois.

Au cours de la semaine suivante, Harry acheta deux autres livres et une quatrième plante agrémentée d'un autre cache-pot. Il prit l'habitude d'en acheter tous les vendredis, et cette nouvelle routine se substitua à l'ancienne ; il abandonna les femmes pour les plantes, mais l'effet fut identique : sa tension et son anxiété disparurent. En quelques mois, il y eut des plantes suspendues devant chaque fenêtre. Des colomnées, des épiscias, des pélargoniums à feuilles de lierre et même des gesnériacées. Par terre, dans un assortiment de pots tous plus beaux les uns que les autres, il y avait des *Dieffenbachia picta, Ficus elastica*, *Ficus lyrata*, *Schefflera, Podocarpus, Chamaedorea sifrizii* et autres palmiers, ainsi que des philodendrons à feuilles découpées. Il y avait même des philodendrons et du lierre qui grimpaient le long des poutres apparentes dans la salle de séjour.

Au fur et à mesure que sa collection de plantes augmentait, Harry devait se lever de plus en plus tôt pour vérifier que chacune d'elles était en bonne santé, et s'assurer qu'elle avait assez de lumière et d'eau, et que l'air ambiant était suffisamment humide. Et dans le train, il lisait ses livres de botanique ainsi que le *Wall Street Journal*.

Un jour bien sûr, il finit inévitablement par rapporter des violettes africaines. Ce week-end-là, il confectionna deux bacs qu'il posa sur le rebord des fenêtres, et bientôt on y vit fleurir plusieurs variétés de violettes : des Wedgewood, des Cambridge Pink, des Dolly Dimple, des Norseman, des Lilian Jarrett, des Wintergreen, aux feuilles lisses, cannelées, ridées, vert foncé ou bigarrées. Il acheta des pinceaux spéciaux pour les nettoyer et repiqua des plants.

Pendant un temps, Linda assista, médusée, à l'arrivée de toute cette flore qui transformait sa maison en un décor digne d'un film de Tarzan ; sans parler des efforts qu'elle devait constamment déployer pour empêcher Harry Junior de renverser les pots ou de les transformer en bacs à sable. Mais ça en valait la peine. Harry paraissait plus calme et moins triste depuis qu'il s'était pris de passion pour ce nouveau hobby. Son humeur était moins changeante, il était plus attentionné, et elle retrouvait le Harry qu'elle avait connu autrefois. Et, bien sûr, Linda n'en était que plus heureuse. Le fait qu'il ne sortît plus avec des clients, et ne découchât plus, ne pouvait bien entendu qu'ajouter à son bonheur. Et puis, elle aimait les plantes si bien qu'elle n'eut aucun mal à se faire à ce changement de décor.

Tu sais, mon chéri, si tu rapportes encore des plantes, la quantité d'oxygène sera telle dans la maison que nous finirons par suffoquer.

Eh bien, si nous avons avons assez de plantes, nous pourrons vivre isolés du reste du monde, loin des nuisances et de la pollution.

Le jardin d'Éden en somme.

Bien sûr, pourquoi pas ?

Dieu merci, Harry finit par ne plus acheter de plantes. Et il choisit le bon moment pour ce faire. Celles qu'il possédait étaient belles, et elles ajoutaient indéniablement quelque chose à leur intérieur, et Linda était ravie de voir Harry si heureux, mais elle ne voyait vraiment pas où ils auraient pu caser ne serait-ce qu'une plante supplémentaire.

Harry n'aurait d'ailleurs pas eu le temps de s'en occuper. Pendant la semaine, il arrêta bientôt d'en prendre soin le matin, ne leur consacrant que quelques minutes le soir mais continuant à s'en occuper pendant le week-end. Petit à petit, il les négligea totalement le soir et se borna à les arroser le dimanche, et encore pas toujours.

Et il se sentit de nouveau tendu, anxieux, et les contractions qui lui nouaient l'estomac et les membres réapparurent, plus fortes que jamais. Il s'aperçut qu'il était moins proche de sa famille, et il essaya de lutter, sans savoir avec quelles armes car il ne parvenait pas à identifier l'ennemi.

Il s'efforçait de combattre la crispation de sa bouche et de sourire. Un dimanche, il décida d'emmener toute la famille faire une balade en voiture. Le temps était clair et ensoleillé ; Harry Junior, installé dans son baby-relax, ne cessait pas de montrer du doigt ce qui l'entourait et de poser des questions. Harry commença à se détendre en écoutant son fils, et sa femme qui riait, et en sentant la chaleur du soleil sur son visage.

Mais il avait du mal à concentrer son esprit sur la conduite de son véhicule. Il semblait toujours légèrement surpris par la présence d'autres voitures, par les feux rouges et les piétons qui traversaient. Il finit par comprendre pourquoi : du coin de l'œil, pour que Linda ne remarquât pas son manège, il regardait constamment les femmes sur le trottoir, ou dans les autres voitures. De toutes ses forces, il essaya de se maîtriser, mais la tâche lui parut surhumaine. Ce combat incessant et les remords qu'il éprouvait finirent par lui donner la nausée. Il n'arrivait pas à comprendre ce qui n'allait pas. Pourquoi ne parvenait-il pas à garder les yeux sur la route ? Et il regardait de nouveau droit devant lui, en faisant des efforts désespérés pour ne plus détourner les yeux, jusqu'au moment où une nana traversait, le cul à moitié à l'air, et il savait qu'elle allait s'engouffrer dans le magasin d'en face, et il allait devoir accélérer s'il voulait jeter un coup d'œil à son cul et voir si elle avait une belle paire de nichons. Affolé, il ramenait les yeux sur la chaussée, et, lorsque son cerveau hagard avait constaté que la voie était dégagée, il essayait d'entrevoir Linda du coin de l'œil pour savoir si elle avait suivi son regard et compris ce qu'il était en train de faire, et puis il ramenait les yeux sur la route (Et si j'avais heurté une autre voiture !), bonté divine, il devenait dingue, et il gardait les yeux braqués droit devant lui, et il percevait les voix de Linda et de Harry Junior, et il entendait même sa propre voix qui leur répondait, et ces deux connasses qui sortaient d'un magasin là-bas et qu'il distinguait à peine, et il ralentissait, espérant qu'elles allaient se rapprocher, mais ces deux abruties se traînaient comme des escargots, et il ne voulait pas les perdre de vue, mais il devait s'assurer que Linda ne remarquerait pas son manège maintenant qu'il avait ralenti, et il regardait de son côté en faisant semblant de s'intéresser à ce qui se passait sur le trottoir de droite pour savoir ce qu'elle faisait, et, voyant que tout allait bien, il regardait de nouveau l'autre trottoir, mais ces deux imbéciles de nanas prenaient leur temps — Bon Dieu, elles marchaient à cinq centimètres à l'heure, pas possible ! — et il allait devoir virer, et peut-être qu'alors il pourrait les voir, mais d'abord il fallait s'assurer que Linda regardait Harry Junior ; il tourna à gauche, et elles étaient belles, surtout avec le vent qui plaquait leur robe sur leur mont de Vénus, et l'une d'entre elles ne portait pas de soutien-gorge, et il voyait les pointes de ses seins qui saillaient, provocantes, et ses... Une voiture surgit de nulle part, et Harry écrasa la pédale de frein, et la voiture fit une embardée, et en fait, il n'y avait pas d'obstacle, et Linda cria : que se passe-t-il ? et Harry essaya de redresser et il vit la Mercedes s'écraser contre un autre véhicule et Linda et Harry Junior roulèrent sur le plancher et il les entendit hurler, et il s'arrêta le long du trottoir...

et il ferma les yeux et lutta contre les larmes qui lui brûlaient les yeux et la nausée qui lui nouait les tripes et lui remontait à la gorge...

Linda le regarda un instant en essayant de reprendre ses esprits, étonnée, bouleversée par la soudaineté des événements et par le fait qu'elle ne comprenait pas pourquoi ils s'étaient produits.

Ça va Harry ? Tu ne te sens pas bien ?

Si, si, en secouant la tête, ça va très bien.

Que s'est-il passé ? Subitement...

Je ne sais pas.

C'est la voiture qui...

Non. Il se laissa aller en arrière et prit une profonde inspiration. Je ne crois pas. C'est uniquement mon pied qui a glissé. Tout va bien. Je me suis laissé surprendre, c'est tout.

Tu me rassures. J'ai cru un instant que tu avais été pris d'une douleur subite, ou quelque chose de ce genre. En tout cas, avec un grand sourire, Harry Junior lui s'est bien amusé. Il en rit encore, n'est-ce pas mon petit chéri ?

Harry les écouta et les regarda pendant un moment, et, petit à petit, sa peur s'évanouit, son agitation diminua et il reprit le chemin de la maison. Il conduisit prudemment, encore tremblant, mais il n'eut plus de problèmes et parvint à garder les yeux fixés sur la route.

Un peu plus tard dans l'après-midi, il était assis dans un fauteuil à lire son journal lorsque son fils fit tomber un de ses jouets. Harry se leva d'un bond pour le ramasser ; ce faisant, il se cogna la tête contre l'une des plantes suspendues devant la fenêtre. Il jura grossièrement entre ses dents, décrocha rageusement le pot et le balança par la porte ouverte.

Linda regardait la scène avec effarement.

13

Le lundi soir, Harry ne rentra pas coucher chez lui. Le sentiment de culpabilité et les remords qui l'accablèrent le lendemain matin furent difficiles à supporter, moins cependant que cette lutte perpétuelle contre le désir. Tout valait mieux que ces sentiments vagues et indéterminés de crainte, d'angoisse, et que cette impression de courir à sa perte. Et, en fin de compte, il n'eut pas le choix.

Les plantes dépérirent et moururent, les unes lentement, les autres rapidement. Pendant quelque temps, Linda essaya d'en prendre soin puis cette corvée finit par lui paraître trop pénible, et elle renonça elle aussi, en tentant désespérément de ne pas voir la lente agonie qui se déroulait sous ses yeux, et de ne pas en vouloir à Harry.

Ce dernier essaya, lui aussi, de ne plus s'intéresser aux plantes et aux nombreux livres qu'il avait achetés, mais il y revenait toujours, poussé par le remords. De temps en temps, il faisait un effort pour s'en occuper, mais à chaque fois il se sentait pris d'une apathie proche de la paralysie. Quand il rentrait chez lui le soir, il avait l'impression de savoir immédiatement, comme par intuition, combien de feuilles supplémentaires étaient mortes au cours de la journée. Où qu'il tournât les yeux, où qu'il fût, tout, autour de lui, lui paraissait brun. Brun, brun, brun partout ; tous les tons, toutes les nuances de brun.

Un matin il fut frappé par le fait que Linda ne souriait pas, sans très bien savoir si c'était particulier à ce matin-là, ou si cela durait déjà depuis un certain temps. Il eut envie de lui demander si quelque chose n'allait pas mais n'en fit rien, par peur. Il craignait d'apprendre de sa bouche les causes de sa tristesse car, quelles qu'elles fussent, il savait qu'il en était responsable. À deux reprises il faillit poser la question, mais à chaque fois les mots moururent sur ses lèvres au dernier moment. Il se sentait incapable de rester là à l'écouter lui dire ce qui n'allait pas, et en quoi il était responsable de la peine qu'elle avait dans le cœur et qu'il pouvait lire sur son visage.

Et son fils...

Oh, Seigneur.

Il passa la matinée à interrompre son travail et le cours de ses pensées pour revivre les instants qui avaient suivi le petit déjeuner. Il l'avait fait bien rire quand il lui avait demandé si quelque chose n'allait pas. Rien du tout !

J'ai dû me froisser un muscle en dormant et j'ai mal à l'épaule, c'est tout, mon chéri.

Tu es sûre qu'il n'y a rien que je puisse faire ?

Absolument certaine.

Et elle lui avait souri, et il l'avait prise dans ses bras et embrassée, puis il avait embrassé Harry Junior, et Linda encore une fois, et il avait serré dans ses bras sa jolie femme qu'il aimait tant, tant.

Son rêve fut interrompu par un coup de fil de Walt. Il voulait savoir si Harry acceptait de se joindre à Simmons et à lui pour le déjeuner.

Merci Walt, mais je crois que je me passerai de déjeuner aujourd'hui, se sentant pris au dépourvu.

Tout va bien, Harry ?

Mais oui, très bien, sentant son cœur battre sous l'effet de la panique et ayant l'impression d'être pris au piège.

Ça n'est pas l'impression que j'ai en vous écoutant. On ne vous voit plus guère ces derniers temps.

Bah, vous savez ce que c'est, Walt, j'ai été très occupé par ce dossier Landor.

Harry avait douloureusement conscience du tremblement dans sa voix.

Oui, je sais, d'un ton sceptique. N'oubliez pas que nous avons rendez-vous avec Landor demain à une heure.

C'est entendu, Walt. Harry poussa un soupir avant même d'avoir raccroché et se demanda immédiatement si Walt l'avait entendu, ou s'il ne pouvait pas l'entendre même maintenant que le combiné reposait sur la fourche. Avec un haussement d'épaules, il tourna le dos au téléphone.

À l'heure du repas, il sortit pour flâner dans les rues et les magasins mais, contrairement à l'habitude, il n'en retira aucun soulagement. Il avait l'impression qu'on l'observait, presque comme s'il cherchait à se dissimuler.

Il savait qu'il ne pouvait pas continuer à voler ces heures-là à la société, sa situation et ses responsabilités le lui interdisaient, mais il ne voulait pas s'arrêter tout de suite. Plus tard.

Il passa un après-midi atroce. Il sentait les muscles de ses jambes se contracter et sa peau semblait le démanger en permanence. À dix reprises, peut-être plus, il prit le téléphone pour appeler Linda et lui dire qu'il ne rentrerait pas ce soir-là, et, à chaque fois, il renonça au dernier instant. Et il lutta, et lutta encore, et il avait l'impression que ce combat l'usait à petit feu, au point qu'il ne resterait plus rien de lui le soir venu. Et le conflit continuait à faire rage, et une fois encore il saisissait le téléphone, puis se forçait à raccrocher. Il fallait qu'il rentre ce soir-là. Il le fallait absolument. Il avait le sentiment que c'était une question de vie ou de mort. Cette fois au moins, il ne devait pas céder. Il ne pouvait pas céder.

Il ne réalisa à quel point il était tendu qu'au moment où ses muscles commencèrent à se relâcher quand le train quitta la gare. Une fois sorti du tunnel, celui-ci commença son long périple à travers la banlieue et Harry sentit son corps se liquéfier littéralement et il eut subitement peur de s'endormir.

Au cours du dîner ce soir-là, ses yeux furent constamment attirés par un grand dieffenbachia complètement fané dont les feuilles avaient la même couleur que la terre desséchée dans laquelle il était planté. Tandis qu'il mangeait, son esprit fut de plus en plus accaparé par cette saloperie de plante, et ses mains se mirent à trembler légèrement chaque fois qu'il regardait ce putain de bordel de végétal, et son estomac se nouait et il se sentait des envies de mordre ; il se mit à lacérer sa viande jusqu'au moment où, incapable de supporter plus longtemps la vue de cette saloperie de dieffenbachia, il se leva de table et le tailla en pièces avec son couteau ! ! ! Et il s'escrima contre lui encore, et encore, et encore, et il le tordit dans ses mains jusqu'à ce que cette saloperie jaunie fût réduite à une tige qui sortait du pot et alors il poignarda la terre à plusieurs reprises jusqu'au moment où, la gorge en feu, il se laissa tomber sur une chaise et resta là immobile, les yeux fixés, le menton sur la poitrine.

Il entendit Harry Junior demander à Linda pourquoi papa avait détruit la plante et il perçut le tremblement dans la voix de sa femme tandis qu'elle essayait de calmer l'enfant et de lui faire oublier ce qu'il venait de voir en changeant de sujet et en lui donnant un morceau de pudding.

Le corps de Harry continuait à trembler et à frémir de rage ; il se sentait froid et pervers et eut du mal à supporter cette soirée. Quand elle eut donné son bain à Harry Junior, Linda le mit au lit ; après quoi, elle s'approcha de Harry, lui mit la main sur l'épaule et lui demanda si quelque chose n'allait pas. Il secoua négativement la tête. Tu es sûr que je ne peux rien faire pour t'aider ? De nouveau il fit non de la tête. Elle le contempla un instant puis retira lentement sa main de son épaule et passa le restant de la soirée à lire.

Il faisait froid dans la chambre. Harry se sentait glacé jusqu'aux os. Il n'avait jamais eu aussi froid. L'atmosphère était glaciale, sépulcrale. Et ce sentiment de perversion qui ne le quittait pas. Ils se couchèrent et Linda l'embrassa pour lui souhaiter une bonne nuit, et il savait qu'elle était anxieuse, inquiète, mais tout ce qu'il put faire fut de s'enfoncer davantage dans son silence glacial et pervers.

Il eut le sentiment qu'il n'avait pas dormi de la nuit. Même quand il parvenait à s'assoupir, il rêvait qu'il était éveillé, et il faisait des efforts désespérés pour trouver le sommeil, tant et si bien qu'il se réveillait, et tout était à refaire. Lorsque le réveil sonna, il était épuisé. Pendant qu'il prenait son petit déjeuner, Linda s'occupait de Harry Junior, et il réussit à lui adresser quelques mots. Il avait l'impression de vivre dans un rêve, en sachant que tout cela était bien réel.

Dans le train, en allant au travail, le bruit régulier des roues sur les rails semblait dire idiot, idiot, idiot, idiot, et les mots semblaient traverser le plancher, remonter le long de son corps pour lui marteler la tête : IDIOT ! IDIOT ! IDIOT ! IDIOT ! IDIOT ! ! !

Ouais, c'est bien vrai, j'suis un foutu idiot. J'aurais dû savoir que c'était la connerie à ne pas faire. Quel imbécile j'ai été ! Après tout ce temps, j'aurais dû comprendre qu'il fallait à tout prix éviter ça. Bon Dieu, que c'est emmerdant ! T'as ameuté toute la maison. Me demande ce que Harry Junior peut bien penser. Probablement rien. Mais Linda... Seigneur, faut pas que ça se reproduise, absolument pas. Quelle idée d'être rentré hier soir ! Je le savais. Je savais que c'était une erreur. J'aurais dû m'écouter. P'têt' que ça me servira de leçon. La prochaine fois, je saurai ce que je dois faire. Je sais ce qu'il faut faire quand je suis dans cet état-là.

Pendant le trajet en train, il décida qu'il n'allait pas passer la journée à se torturer. À l'heure du repas, il irait se promener. Rien de particulier, juste une petite balade pour se détendre les jambes en somme. Ouais, tout compte fait, c'était une bonne idée. En arrivant au bureau, il se mit au travail immédiatement et, en deux heures, abattit pratiquement le travail d'une journée. Vers onze heures et demie, il commença à éprouver une légère nervosité ; il cessa aussitôt de travailler, alla à la porte et jeta un coup d'œil dans le bureau voisin du sien pour voir qui s'y trouvait, puis il traversa la pièce comme pour se rendre aux toilettes, en prenant bien soin d'éviter les parages du bureau de Wentworth ; après quoi, il descendit à l'étage inférieur pour y prendre l'ascenseur.

Son intention était de faire une petite balade plus ou moins innocente. Non pas qu'il fût déterminé à garder les yeux braqués sur le sol droit devant lui, mais il n'avait pas non plus projeté de dévisager avec concupiscence, ou même de regarder toutes les femmes qui passeraient à sa portée. En fait, il n'avait aucune intention précise. Il voulait uniquement faire un petit tour pour faire disparaître sa tension et sa nervosité, puis rentrer au bureau.

Et il n'avait sûrement pas prévu de se retrouver au plumard avec cette nana qu'il était en train de baiser tout en lui mordillant le cou. Il savait très bien comment il en était arrivé là, et ce qui le rendait malade était la facilité avec laquelle les événements s'étaient enchaînés. Un sourire, un bonjour, un regard et une brève conversation, et puis sa queue qui fouille la chatte mouillée de la fille tandis qu'elle s'accroche à lui et gémit comme si le jour du Jugement dernier était venu. Et il jouit, et il a l'impression que sa semence n'en finit plus de jaillir et d'inonder ce con insatiable, et il attend le sentiment de bien-être, de soulagement qui suit habituellement l'éjaculation qui, chez lui, n'est pas faite que de sperme...

Mais il ne vient pas. Pour une raison qui lui échappe, la méthode sûre et éprouvée qu'il emploie de longue date n'a plus l'efficacité qu'elle avait, qu'elle devrait avoir. Que son esprit soit torturé par le remords et le sentiment de sa culpabilité, qu'il ressente cette amertume dans la bouche et ce dégoût pour lui-même, soit, mais du moins son corps devrait être apaisé. Ne serait-ce que cela ! Ne plus avoir l'impression que ses tripes sont déchirées par de vieilles boîtes de conserve rouillées et des tessons de bouteille, ne plus éprouver cette contraction douloureuse qui lui serre la poitrine et les muscles au point d'avoir envie de hurler, hurler et hurler encore ; tout cela, au moins, devrait avoir disparu.

Il resta couché sur le dos à contempler le plafond, un de plus. Elle était étendue à ses côtés, toujours active. Au plus profond de son agonie, il avait vaguement conscience de devoir faire quelque chose : oui, il fallait qu'il retourne au bureau. Sans très bien savoir pourquoi, il lui semblait que ça avait une grande importance, une importance capitale, et il aurait voulu se lever et se tirer comme il l'avait toujours fait par le passé, mais il se sentait incapable de bouger. Il sentit que ses dents se serraient de plus en plus. Il les entendait frotter les unes contre les autres avec des grincements et des craquements. Seigneur, il était malade comme une bête. BON DIEU, mais qu'est-ce qui se passe ? Il avait l'impression que son corps allait exploser et se désintégrer à tout instant. Ça n'avait pas marché. Dieu du ciel, pourquoi est-ce que ça n'avait pas marché ? Il éprouvait une immense envie de pleurer et tout son corps lui semblait baigner dans les larmes. Et ce sentiment d'oppression qu'il avait et dont il ne parvenait pas à définir ou à comprendre la cause... C'était atroce ! Et son remède habituel qui s'avérait inopérant... Une voix tonnait en lui comme pour lui dire quelque chose...

Il la fit taire en roulant sur le côté et en refermant la bouche sur un nichon. Il lécha et mordilla tout en plongeant sa main dans le con humide de la fille, et elle le serra contre elle, collant à lui comme une seconde peau jusqu'au moment où il se dégagea, la fit rouler sur le ventre et l'encula, et ses cris et ses gémissements furent étouffés par l'oreiller tandis qu'à grands coups de reins il tentait de chasser son angoisse, et elle, folle de désir, allait au-devant de ses coups de boutoir, et il avait l'impression que sa queue allait casser net, et il aurait voulu se retirer, mais il continua, jusqu'au moment où ils furent pris de spasmes violents, et dans les instants de calme qui suivirent, il sentit le vide béni et si ardemment souhaité se faire en lui. Il avait l'esprit plein de dégoût et de haine pour lui-même, une bile amère qui brûlait la gorge, mais il ne regrettait rien. C'était le prix qu'il lui fallait payer, il le savait. Mais maintenant au moins, il pouvait respirer. Et du moins, son corps ne lui donnait plus le sentiment qu'il allait perdre la tête.

La douche chaude lui fit du bien. Dieu que c'était bon de sentir l'eau tomber sur ses épaules et dégouliner le long de son corps ! Une nausée lui serrait la gorge, mais ça, il arrivait à s'en accommoder. Et maintenant, il pouvait crier à sa conscience de la fermer. Ta gueule à la fin ! Va emmerder qui tu veux. Moi, tu ne m'auras pas. Plus maintenant. Bon Dieu, que cette eau était bonne ! et elle coulait, coulait, coulait...

Puis le retour au calme de son bureau. Son bureau. La porte fermée. Oh Dieu, un sanctuaire. Travail. Travail ! Travail bien-aimé ! Un havre de paix. Un lieu, une occupation pour oublier. Sanctuaire ! ! !

Souillé, profané le sanctuaire ! En une seconde. Un semblant de paix pendant un instant, et puis la porte qui s'ouvre, et tout s'écroule.

Mais nom de Dieu, où étiez-vous, Harry ?

Harry regarda Wentworth en clignant des yeux pendant quelques secondes, essayant désespérément de reprendre ses esprits. Pourquoi ? Que se passe-t-il, Walt ?

Que se passe-t-il ? ? ? Von Landor, vous vous souvenez ? À une heure.

Von Landor ? ? ? Oh merde, nous avions rendez-vous aujourd'hui ?

Aujourd'hui, à une heure ; et il est trois heures et demie.

Bon Dieu, en se prenant la tête dans les mains, j'avais complètement oublié.

Pas besoin de me le dire ! Enfin nom de Dieu, comment avez-vous pu oublier une chose pareille ? — Harry hochait la tête tout en écoutant Wentworth — la plus grosse affaire que notre société ait jamais traitée. Des mois et des mois de travail. Enfin bon Dieu, Harry, c'est votre affaire. C'est vous qui avez tout fait du début jusqu'à la fin. La plus belle opération destinée à former un consortium international que j'aie jamais vue. Que quiconque ait jamais vue. Et vous vous occupez de tout, jusqu'au moindre détail, et au moment où il ne reste plus qu'à signer, vous disparaissez ! Hier encore je vous ai rappelé que...

Je sais, je sais Walt, j'ai tout embrouillé et...

Vous vous sentez bien ? Vous avez vraiment une sale gueule.

Quoi ? Oh oui, ouais, ça va. C'est seulement... je ne sais pas, en secouant la tête, je n'arrive pas à comprendre...

Écoutez, von Landor est toujours au Waldorf. Il ne part pas avant ce soir. Après vous avoir attendu quelque temps, j'ai fait semblant de recevoir un coup de téléphone de Linda, et je lui ai dit que vous étiez malade, mais que vous passeriez quand même au bureau dans l'après-midi.

Et il a avalé ça ? en continuant à secouer la tête qu'il tenait toujours entre ses mains.

Oui, sans broncher. Il n'y a pas à s'inquiéter. Il souhaite conclure cette affaire autant que nous. Dieu merci, vous aviez fait un boulot extraordinaire...

Laissons tomber tout ça pour l'instant et allons au Waldorf.

D'accord. L'allant de Wentworth l'aidait à retrouver ses esprits.

Je vais dire à ma secrétaire de lui passer un coup de fil pour le prévenir de notre arrivée. Il appela Louise, lui donna ses instructions, puis il regarda Harry. Nous n'aurons aucun mal à le persuader que vous êtes réellement malade. Qu'avez-vous donc ?

Harry haussa les épaules.

Bon, nous parlerons de cela plus tard.

L'esprit organisé de Harry reprit le dessus ; en quelques secondes, il rassembla les pièces nécessaires et ils partirent pour le Waldorf. Wentworth ne s'était pas trompé : quand von Landor vit Harry, il ne douta pas un seul instant qu'il fût malade.

Le génie de Harry pour les affaires semblait avoir une vie propre, et en l'occurrence, il fit merveille ; tout fut rapidement réglé et von Landor eut largement le temps de faire ses préparatifs de départ. Ils l'accompagnèrent jusqu'à la voiture de maître qui l'attendait devant l'hôtel, lui serrèrent la main et regardèrent le véhicule se perdre dans la circulation. Wentworth était rayonnant et donna une claque dans le dos de Harry. Et si nous allions prendre un verre, en indiquant l'hôtel d'un signe de tête, qu'en dites-vous ? Ça s'arrose. Harry acquiesça, et ils repassèrent devant le portier souriant.

Wentworth était plein d'entrain et d'exubérance. Allons Harry, souriez, pour l'amour du ciel ! C'est un grand jour. Cette affaire, c'est de l'or ; de l'or, Harry. Et ce n'est qu'un début. Un tout petit début, Harry, et ce grâce à vous. Vous devriez pétiller de joie comme du champagne, bon sang !

Je sais, Walt, mais je suis trop fatigué pour ça.

Dans deux semaines von Landor sera de retour et nous serons dans la salle du conseil en train d'apposer nos signatures sur ces documents.

Peut-être que ce jour-là, je pétillerai, en esquissant un faible sourire.

Allez, videz votre verre et vous vous sentirez mieux. Wentworth fit signe au barman de renouveler les consommations. Cet événement mérite bien une petite célébration. Vous avez besoin de vous détendre. Il suffit de vous regarder pour le comprendre. Vous avez trop travaillé ces derniers temps. Nous allons faire une petite virée ce soir, et je vais vous aider à vous relaxer. Qu'en dites-vous, mon vieux ?

Harry fit oui de la tête.

Bon, en lui donnant une claque dans le dos et en ramassant sa monnaie sur le bar, je vais faire venir des spécialistes de la relaxation.

Harry le regarda s'éloigner ; il était malade, atterré à l'idée qu'il n'avait même pas songé à protester. Il avait accepté la proposition de Wentworth sans éprouver la moindre envie, le moindre besoin ou le moindre désir. Il fut pris d'une immense tristesse et eut conscience d'avoir subi une perte, une perte irréparable.

14

Linda finit par jeter toutes les plantes. Pendant quelque temps, elle avait espéré que leur présence dans la maison ferait renaître l'enthousiasme de Harry, mais cet espoir dépérit au même rythme que les plantes. Chaque jour, il y en avait une ou deux qui mouraient, et elle les entassait dans un coin du garage. Elles finirent par se flétrir toutes, et Linda les entreposa dans le garage, ainsi que les cache-pot.

Lorsqu'elles eurent toutes subi le même sort, il lui fallut plusieurs semaines pour n'y plus penser ; en allant et venant dans la maison, elle ne pouvait s'empêcher de remarquer les signes de leur ancienne présence, et de ressentir douloureusement leur absence.

Le temps passant, elle s'aperçut aussi qu'elle était de plus en plus sensible aux changements d'humeur de Harry. Elle se sentait ballottée au gré du pendule de ses états d'âme. Elle essaya désespérément de résister, mais, à chaque fois, elle se trouvait entraînée dans le sillage de ses humeurs.

Linda ne parvenait pas à s'expliquer la conduite erratique de Harry et ses sautes d'humeur, et, pendant très longtemps, elle essaya de ne pas y prêter attention, espérant que, quel que fût le problème, il finirait par se solutionner. Mais maintenant, l'attitude de Harry l'affectait à un point tel qu'elle éprouvait le besoin d'agir, sans avoir la moindre idée de ce qu'elle pourrait faire. Elle aimait son mari, et avait une foi inébranlable en son amour pour elle, mais ce sentiment d'impuissance était insupportable. Elle aurait voulu pouvoir l'aider, mais comment ? Chaque fois qu'elle lui demandait ce qui n'allait pas, et si elle pouvait faire quelque chose, il répondait invariablement mais non, tout va bien, j'ai beaucoup de travail, c'est tout. Parfois, il ajoutait qu'il était désolé de la bouleverser ainsi, et il la prenait dans ses bras, la serrait contre lui et l'embrassait. Et elle, sensible à ces paroles réconfortantes et à son affection, oubliait tout jusqu'au jour où, le moral de Harry étant au plus bas, le sien suivait la même pente.

De temps à autre, Linda tentait de se remémorer avec précision le moment où tout avait commencé pour déterminer les causes de ce phénomène. En vain. Tout cela s'était fait peu à peu, imperceptiblement, si bien qu'il était impossible de remonter dans le temps et de dire : voilà, c'est à cet instant que tout a commencé ; impossible de reconstituer les circonstances précises dans lesquelles le problème était apparu, donc d'en connaître les causes, et donc d'y apporter une solution. Parfois elle avait du mal à imaginer que les choses n'avaient pas toujours été ainsi, et puis, elle se souvenait des trois ou quatre premières années de leur mariage, et se rappelait combien Harry était différent alors, à quel point ses manières et son comportement étaient enjoués, gais... oui, presque insouciants. Et pourtant, elle ne parvenait pas à cerner avec précision la différence qui existait entre le Harry d'alors et celui d'aujourd'hui. Sauf bien sûr qu'il était maintenant sujet à ces brusques accès de colère, et à ces périodes de dépression pendant lesquelles il restait des jours entiers sans dire un mot ; elle avait aussi l'impression, bien vague elle devait le reconnaître, qu'il éprouvait parfois le besoin de s'excuser de son existence. Comme si, implicitement et explicitement, il répétait sans cesse : Pardonne-moi.

Il fallait qu'elle chasse ces pensées de son esprit où elles n'introduisaient que confusion. D'ailleurs, c'était ridicule ; elle n'avait en fait aucune raison de croire que tout cela était bien réel. Bien sûr, de temps en temps, un vague malaise s'emparait d'elle et elle se mettait de nouveau à y songer, mais elle finissait toujours par se rappeler combien elle l'aimait, et la tendresse que Harry montrait pour elle et pour son fils. Et elle arrivait toujours à la même conclusion irréfutable : Ils s'aimaient, et tout finirait par s'arranger. Il ne pouvait en être autrement.

En attendant, toutefois, un autre fait non moins irréfutable s'était imposé à son esprit : il fallait qu'elle parle de tout cela à quelqu'un. Pendant longtemps elle n'avait eu conscience de ce besoin que de façon imprécise, et puis, tant qu'elle parvenait à se persuader qu'il n'y avait pas de problème, elle ne voyait pas ce qu'elle aurait pu raconter. Mais maintenant qu'elle en était moins sûre, son besoin de se confier à un tiers grandissait. Elle chercha à qui elle pourrait s'adresser, ne voulant inquiéter personne, et trouva la réponse à cette question, tout simplement, le jour où sa mère téléphona. Après lui avoir dit bonjour et demandé comment elle allait, elle s'enquit de la santé de Harry.

Il va très bien.

Non, je veux dire, comment va-t-il VRAIMENT ?

Pourquoi cette question ? Tu sembles sérieuse.

Mais c'est que je le suis, ma chérie. Chaque fois que je pose une question au sujet de ton mari, j'ai l'impression que tu cherches à me cacher quelque chose. Et depuis quelque temps, tu ne sembles plus être toi-même. Or, si quelque chose ne va pas et que tu...

Mais non, maman, je t'assure que tu te fais des idées...

Je ne veux pas m'immiscer dans la vie de mes enfants, tu le sais, et si...

Je sais, maman, et je n'ai pas le sentiment que tu cherches à t'immiscer dans ma vie.

Eh bien, si ça m'arrive, tu n'as qu'à me le dire, et je...

Non, maman, franchement... mais tu as raison, quelque chose ne va pas, mais pas entre Harry et moi. En fait, je ne sais pas ce qu'il y a.

Est-il malade, ma chérie ? Quand a-t-il consulté un médecin pour la dernière fois ?

Je ne sais pas... je ne crois pas que ce soit ça. Mais je ne sais vraiment pas.

Bon, alors quel est le problème ?

Eh bien, justement, maman, c'est ça que j'ignore. Parfois il semble en pleine forme et puis, brusquement, son humeur change, et il devient irritable, nerveux et semble, comment dire... préoccupé. Je ne sais pas comment t'expliquer, maman. Je crois que ce n'est rien d'autre qu'une impression. C'est comme je te le disais, il est parfois irritable — rien de bien grave, entendons-nous —, c'est difficile à expliquer.

Je comprends tes sentiments, ma chérie, mais il est inutile de le défendre avec un pareil acharnement. Je ne vais pas l'accabler parce qu'il se montre humain.

Toutes deux se mirent à rire, et Linda sentit qu'elle commençait à se détendre.

Je ne pensais pas que tu allais t'en prendre à lui, maman, je ne...

Je sais, ma chérie ; seulement tu ne veux pas que l'on puisse penser que la merveille que tu as épousée a des défauts.

Elles se remirent à rire, et, cette fois, Linda éprouva une joie sincère et sans mélange. Ça va, maman, tu as gagné.

Tu sais, ma chérie, je suis mariée avec ton père depuis bien longtemps, plus longtemps que je ne voudrais l'admettre, et, dans l'ensemble, nous avons été très heureux ; mais notre vie commune n'a pas toujours été calme et sereine. Bien des fois Monsieur ton père s'est conduit comme un ours enragé et grognant, et — en fait, c'est un euphémisme — il lui arrive encore de se conduire comme un gredin.

Linda s'esclaffa et continua à rire pendant plusieurs minutes, ne parvenant plus à se contrôler tellement elle était heureuse. Oh, maman, gloussant encore, tu es abominable !

Et pourtant, pour parler comme les gens de ta génération, c'est comme j'te l'dis.

Dis-moi, ma chérie, tu es sûre que vous ne vous êtes pas disputés et qu'il n'y a...

Non, maman, franchement. Il n'y a rien eu de ce genre entre nous. À dire vrai, je ne sais pas ce qu'il y a. Harry n'est pas comme à l'habitude, c'est tout ce que je peux dire.

Quand vous êtes-vous trouvés seuls tous les deux pour la dernière fois ?

Eh bien, nous sommes allés au cinéma il y a quelques semaines.

Non, tu ne comprends pas ce que je veux dire. Depuis quand n'avez-vous pas été en tête à tête quelque part ?

Mon Dieu, je ne sais pas. Je suppose que c'était...

Si tu es obligée de supposer, c'est que ça fait trop longtemps.

Linda se mit à rire, franchement amusée. Encore un des principes de ta philosophie maison, je présume ?

Peut-être bien, ma chérie, mais c'est avec ce genre de principes que tu fais tourner une maison, précisément, en gloussant. Linda pouffa de plus belle. En tout cas, je pense que c'est ce que vous devriez faire. Vous devriez partir quelque temps dans un endroit que vous ne connaissez ni l'un ni l'autre, et qui soit suffisamment éloigné pour que vous vous sentiez totalement dépaysés.

C'est une idée merveilleuse, maman, vraiment merveilleuse. Je crois que tu as raison.

Et n'attendez pas trop. Le plus tôt sera le mieux.

D'accord, maman, je saisirai la première occasion qui se présentera.

Linda passa le restant de la journée à se demander où ils pourraient aller ; dehors, le ciel était gris et une petite pluie froide s'abattait sur le jardin, et, lorsqu'elle tomba sur une publicité de l'office du tourisme jamaïcain dans le dernier numéro du *Sunday Times*, elle sut qu'elle avait trouvé ce qu'elle cherchait. En outre, le moment semblait particulièrement bien choisi pour suggérer un tel voyage. Elle laissa la photo pleine page de la plage jamaïcaine ensoleillée bien en évidence sur la pile de journaux.

Harry rentra, et, après avoir quitté ses vêtements mouillés, se laissa tomber dans un fauteuil ; sans lui laisser le temps de reprendre ses esprits, elle lui tendit la publicité.

C'est beau, non ?

Ouais. Par une journée comme celle-ci, même Miami aurait l'air d'un endroit agréable !

Oh, en riant, n'exagérons rien, le temps n'est pas vilain à ce point-là. Mais j'ai une idée.

Ah ouais, dis-moi.

Pourquoi est-ce que nous — toi et moi... rien que nous deux... seuls — n'irions pas passer deux ou trois jours en Jamaïque ? Les plages de sable blond...

Hein ? Quoi ?

Le ciel bleu, la mer d'émeraude...

Mais de quoi parles-tu ?

De la Jamaïque. Nous deux. Seuls. Ensemble. Tu imagines un peu ?

Mais c'est impossible. J'ai mon travail, et il y a Harry Junior et...

Et rien du tout, en s'asseyant sur ses genoux et en lui mettant les bras autour du cou. Mamie ne serait que trop contente d'avoir la garde de Harry...

Quelle mamie ?

L'une ou l'autre. Elles sont toutes deux béates d'admiration devant leur petit-fils. Allez, mon chéri, partons. Je suis sûre que tu peux prendre un ou deux jours de congé. Cela fait si longtemps que nous n'avons pas été seuls tous les deux. Qu'en dis-tu ?

Eh bien, je ne sais pas. Je...

S'il te plaît... Allez... Nous avons besoin de passer quelques jours en tête à tête. Vraiment.

Harry regarda le visage souriant de sa femme, ses yeux brillants, et il la prit dans ses bras ; il aurait voulu enfouir son visage dans le creux de son épaule et pleurer... pleurer, simplement. Pleurer et lui dire encore et encore qu'il l'aimait, qu'il était désolé, qu'il n'avait pas l'intention de la faire souffrir car, et il prenait Dieu à témoin, il l'aimait. Il la serra contre lui et sentit son souffle tiède sur son cou. Il refoula ses larmes mais des sanglots intérieurs continuèrent à le secouer. D'accord, chérie, je m'en occuperai demain. Nous partirons le week-end prochain. Il l'embrassa encore une fois en essayant de se persuader que le sable blond, le ciel bleu et la mer émeraude allaient tuer cette chose en lui.

Les quelques jours qui précédèrent leur départ furent

éprouvants, atroces même, pour les nerfs de Harry. De toutes ses forces il souhaitait se retrouver seul avec Linda et raviver cette espèce de flamme qui brillait entre eux autrefois et qu'il sentait faiblir, et, au même instant, il redoutait de l'éteindre définitivement. Que ferait-il si ce besoin insensé (était-il vraiment insensé ? ? ? non, c'était une simple façon de parler. Quel autre mot pourrais-tu employer ?) s'emparait de lui ? Ici, du moins, il se sentait en sécurité. Il pouvait trouver l'apaisement aisément, sans que personne (et en particulier Linda) le sût.

Mais sur cette île ridiculement petite, comment ferait-il ? Où irait-il ? Quelle excuse invoquer ? Tout cela lui paraissait impossible. Il ne voyait pas comment il allait pouvoir passer quatre journées interminables sur cette saloperie d'île sans devenir complètement dingue ou sans détruire son mariage... Bon Dieu, il ne voulait pas en arriver là. Il ne voulait pas perdre les siens. Sans eux, il mourrait, il en était sûr. Mais alors, pour l'amour de Dieu, que pouvait-il faire ? Pas question d'annuler le voyage ; Linda y tenait trop. Elle était rayonnante, et sautait de joie à longueur de journée. Il ne savait pas comment ni pourquoi, mais ce voyage avait manifestement une grande importance à ses yeux. Il était bel et bien coincé ; pris entre deux feux. Il ne lui restait plus qu'à prier le ciel de survivre à ce voyage.

La première fois qu'ils allèrent à la plage, un frisson de peur tordit les tripes de Harry, et la seule chose qui l'empêcha de regagner l'hôtel en courant fut la nausée incoercible qui s'empara de lui et lui coupa le souffle.

Il s'arrêta de marcher brusquement et resta là, à osciller sur place.

Ça ne va pas, mon chéri ?

Hein ? Oh si, ça va très bien. Seulement... Heu... le soleil est si brillant que j'ai été aveuglé pendant un instant.

Tu ferais mieux de porter tes lunettes de soleil. Tiens.

Merci. Il les mit, continua à avancer en direction de l'eau puis s'arrêta. Nous sommes assez près comme ça.

Comme tu voudras, mon chéri. Elle posa ses affaires sur

le sable et se mit en maillot. N'est-ce pas magnifique ? Harry acquiesça. J'ai tellement envie de me baigner. Allez, dépêche-toi, lambin !

Vas-y sans moi. Je vais m'asseoir quelques instants.

D'accord. Essaie de ne pas fondre au soleil, et elle courut jusqu'à la mer, plongea dans les vagues et adressa un signe de la main à Harry.

Il lui répondit tout en essayant désespérément de retrouver une respiration normale. Il était en sueur. Bon Dieu, si seulement il savait ce qui lui arrivait ! Son corps et son esprit étaient en proie à toutes sortes de sentiments, mais la seule chose qu'il percevait avec netteté et qui semblait l'obnubiler était la présence de ces putains de nanas en bikini. Il savait, ou du moins une partie de lui-même savait, qu'il n'y avait pas grand monde sur la plage, et qu'elles ne pouvaient pas être plus d'une centaine. Il percevait tout cela. Il le percevait clairement. Mais son cerveau ne s'y attardait pas. Il était fasciné par les longues jambes, les fesses rondes et les nichons qui semblaient tout faire pour jaillir hors des bouts de tissu minuscules qui les enserraient, le léger renflement du ventre, sous le nombril, qui luisait et brillait au soleil, et plus bas, le mont de Vénus, incroyablement proéminent, et les poils folâtres qui dépassaient du slip et s'agitaient doucement, comme pour lancer une invite, et Harry sentait son estomac se nouer de plus en plus tandis qu'il restait assis là, le menton posé sur ses genoux relevés, serrant ses jambes contre lui, à observer toutes ces connasses qui entraient ou sortaient de l'eau en ondulant des hanches, et le tremblement qui l'agitait intérieurement se faisait de plus en plus fort, et la sueur dégoulinait lentement sur son visage...

Il entendit la voix de Linda ; elle lui fit un signe de la main et marcha lentement dans sa direction ; l'eau qui ruisselait le long de son corps jusqu'au sable étincelant faisait luire sa peau. Tandis qu'elle s'approchait de lui, il regarda le balancement de ses hanches, et, quand elle se pencha pour ramasser sa serviette, il lorgna les pointes de ses nichons et garda les yeux fixés sur l'intérieur de ses cuisses pendant qu'elle se frictionnait énergiquement. C'était merveilleux. Vraiment fantastique. Il faut que tu ailles te baigner, Harry, il faut absolument que tu y ailles. C'est tellement vivifiant.

Il n'y a pas que ça qui soit vivifiant, en l'attirant sur le sable à ses côtés, la prenant dans ses bras et l'embrassant dans le cou.

Fais attention, Harry, en s'abandonnant à ses baisers les yeux fermés, je vais être couverte de sable.

Aucune importance. Une petite douche arrangera ça. D'ailleurs ça ne me ferait pas de mal à moi non plus. Allez, viens, rentrons.

Harry amenait toujours Linda aux sommets de la jouissance quand ils faisaient l'amour, mais, même au plus fort du plaisir, elle sentait en lui une sorte de désespoir ; toutefois, elle chassait aisément cette impression de son esprit en attribuant ce désespoir à la tension causée par son travail. Et, les jours passant, elle fut convaincue d'avoir raison en voyant Harry se détendre de plus en plus.

Ils firent l'amour fréquemment, à n'importe quelle heure du jour ou de la nuit, Linda prenant particulièrement plaisir à le faire pendant la journée à cause de l'impression de nouveauté et de liberté que cela lui procurait. Cela l'aidait à se sentir libre de toute entrave, loin de la routine quotidienne, comme si elle vivait momentanément dans un autre monde.

Et ils dansaient et se tenaient la main au clair de lune, et ils voguaient sur les lagons sous le ciel clair des Caraïbes. Je suis tellement contente que nous soyons venus, Harry !

Moi aussi, chérie. C'est un endroit merveilleux. Presque aussi merveilleux que toi.

Elle nichait sa tête au creux de son épaule et elle sentait la chaleur de son amour et la présence du ciel sombre et velouté au-dessus d'eux.

Harry se sentait de plus en plus détendu, presque insouciant. Il tenait constamment Linda par la main, même quand ils dormaient. Parfois il se réveillait, les doigts entrelacés dans les siens, et il embrassait sa main jusqu'au moment où elle s'éveillait à son tour, et alors, il roulait sur le côté et embrassait son beau visage. Il semblait ne jamais être rassasié de sa femme. Il lui tenait la main dans la salle à manger, sur la plage et quand ils se promenaient dans les jardins tropicaux. De temps en temps, il déposait un tendre baiser sur sa joue ou sur le bout de ses doigts. Ce monde n'était que paix et beauté. Pour en jouir pleinement, il suffisait de prendre son temps pour marcher, parler et penser. Tous les soirs, une orchidée attendait Linda sur la table, et ils échangeaient un sourire heureux tandis que le maître d'hôtel accrochait la fleur sur la robe de Madame.

Malheureusement, la dernière journée et l'ultime soirée de leurs brèves vacances finirent par arriver. La main dans la main, ils montèrent dans l'avion qui allait les ramener à New York, et restèrent ainsi pendant toute la durée du vol.

Sitôt arrivés chez eux, Linda appela sa mère pour lui dire qu'ils étaient de retour et qu'ils avaient passé des journées merveilleuses. Je te raconterai tout demain en venant chercher Harry Junior, mais tu avais raison, maman — entièrement raison.

Ils passèrent le restant de la soirée assis sur le canapé à regarder distraitement la télévision, le bras de Harry passé autour des épaules de sa belle Linda, sa tête à elle reposant sur sa poitrine.

15

De nouveau, il se retrouvait au fond de l'abîme qui, cette fois-ci, était puant et dégueulasse. Il s'était rendu dans la Huitième Avenue, au sud de Times Square, et avait fait la tournée de plusieurs bistrots jusqu'au moment où il avait levé une pocharde en chaleur ; il avait acheté une bouteille, et ils étaient allés dans sa chambre qui sentait l'aigre et était infestée de cafards. Il sentait l'atmosphère fuligineuse de la piaule s'infiltrer sous sa peau tandis qu'il parcourait des yeux les murs et le sol couverts de crasse et sentait sur son corps le contact rugueux des draps dont la puanteur emplissait les narines.

Et il baisait l'épave humaine imbibée d'alcool qui gisait sur le lit, dégageant une forte odeur de sueur et de pisse, et il la baisa encore une fois avant qu'elle ne s'endorme, ivre morte. Il aurait pu partir, aller dormir ailleurs, n'importe où — il aurait même pu attraper le dernier train pour Westchester —, mais il resta. Dans la faible lueur qui parvenait à s'introduire à travers l'épaisse couche de suie recouvrant la fenêtre qui donnait sur le puits d'aération, il regarda la loque informe, être ou chose, allongée à ses côtés (plage de sable blond, ciel bleu), songeant à la jeter hors du lit comme on jette une vieille saloperie. Bon Dieu, vise-moi ce tas pathétique de chair désespérément, irrémédiablement bouffie ! Pourtant, il avait le sentiment qu'elle était plus jeune que lui. Pas beaucoup plus, un ou deux ans de moins peut-être, mais plus jeune. Elle avait l'air et l'odeur d'une épave que l'océan aurait laissée en se retirant (la mer émeraude) et qui commencerait à se décomposer sous le soleil tropical. Une cochonnerie de pocharde. Une saloperie de pocharde répugnante. Qui vivait dans un taudis dégueulasse dont un rat n'aurait pas voulu. Les cafards qu'il entendait courir sur le sol nu cherchaient sans doute à fuir ce trou pestilentiel. Comment un être humain pouvait-il tomber si bas sans réagir ? C'était impensable. Peut-être même qu'elle avait été jolie autrefois ! Il contempla ses cheveux gras et, dans la pénombre, il vit qu'elle avait un gros bouton sur l'épaule et se souvint de ses ongles en deuil. Il avait un début de crampe dans la jambe et il comprit qu'il allait devoir la remuer, mais il lutta pour refréner ce besoin, ne voulant pas imprégner son corps et son esprit de la crasse sur laquelle il était étendu. Finalement, la crampe devenant par trop douloureuse, il n'y tint plus et se roula dans toute cette fange sans cesser de regarder l'épave imbibée d'alcool qui dormait à ses côtés. Il se souleva sur un coude et la dévisagea. Il contempla sa peau grise sur les draps gris (Oh, Harry, je n'ai jamais vu une aussi belle orchidée ! Et moi, je suis sûr qu'elle n'a jamais rien vu d'aussi beau que toi) pendant un long moment qui lui parut interminable. Ses yeux brûlaient et aspiraient à être fermés, hermétiquement clos par le sommeil et l'oubli ; ainsi il pourrait nier l'existence de ce qui l'entourait ou du moins n'y plus songer momentanément. Son corps douloureux, lui aussi, appelait le sommeil ou une sorte d'apaisement. Harry sentit qu'il s'affaissait de plus en plus sur le lit, ses yeux se fermèrent petit à petit, jusqu'au moment où sa tête toucha presque la guenille qui tenait lieu d'oreiller, et il sursauta, ouvrit les yeux et essaya désespérément de les garder ouverts et de maintenir sa tête aussi haute que possible. Seigneur, il avait une envie folle de dormir. Il aurait voulu sombrer dans le sommeil, là, instantanément. Dans l'oubli. Voilà du moins ce que cette loque humaine, là, à côté de lui, connaissait : l'oubli. Oh, Seigneur, quel don ! La nausée lui tordait les tripes et lui soulevait le cœur, ses narines et sa gorge étaient en feu (ils se tenaient au bord de la plage, la main dans la main, et sentaient la douce caresse de l'eau et du sable sur leurs pieds tandis qu'ils regardaient le soleil s'enfoncer dans l'océan) et il luttait pour ravaler la bile amère qu'il avait dans la bouche. Il fallait qu'il fasse quelque chose. Il fallait qu'il se lève et prenne un bain — oh, mon Dieu, se laver, se plonger dans l'eau ! — et puis qu'il s'habille et se tire d'ici, et peut-être pourrait-il prendre un peu de repos... oui, du repos... Seigneur Dieu, un peu de repos. Mais bordel, pourquoi ne parvenait-il pas à bouger ? Il devait se lever et se barrer. (Viens, faisons la course jusqu'au ponton.) Dans un sursaut, il réussit à se retourner et à se redresser, et son corps frémit quand il sentit le frottement des draps sur sa peau et le contact du sol sous ses pieds. Il se rua vers la salle de bains, sautillant sur la pointe des pieds, se livrant à des contorsions insensées pour éviter de toucher le sol. Il éprouva le contact du carrelage froid et gluant et, dans la pénombre, jeta un coup d'œil à la salle de bains, aux murs nus. Il hésita un instant puis alluma la lumière et eut un mouvement de recul instinctif. Au premier regard, il avait vu la cuvette des chiottes couverte de merde et de dégueulis et la baignoire rouillée maculée de vomissures séchées. Au nom du ciel, comment pouvait-on tomber assez bas pour vivre dans des conditions pareilles ? Même les animaux vivaient mieux que cela. Subitement il fut frappé par le fait qu'il se trouvait là. La loque répugnante qui gisait sur le lit dans la pièce voisine n'y pouvait plus rien, mais lui... Il éteignit rapidement la lumière et se mit à dégueuler presque simultanément. Les vomissures rebondirent sur les parois de la baignoire et éclaboussèrent ses jambes et le carrelage. Il resta penché au-dessus de la baignoire jusqu'à ce qu'il eût fini de vomir, jurant, pleurant, tempêtant et implorant, inclinant le buste davantage encore pour éviter d'être couvert de dégueulis. Quand il eut terminé, il essuya ses jambes avec du papier hygiénique et, instinctivement, commença à nettoyer les saloperies qu'il avait faites ; puis brusquement il laissa tomber le papier, sortit de la salle de bains à reculons, s'habilla en hâte et quitta l'immeuble en titubant.

Il se jeta dans la rue, essayant d'aspirer

l'air frais à pleins poumons, sans parvenir à se débarrasser du goût et de l'odeur qui imprégnaient tout son corps jusqu'à la moelle de ses os, jusqu'au creux de son estomac. Comme un fou, il parcourut les rues lugubres, finit par trouver un taxi en maraude et se rendit dans un bain turc.

Il resta dans l'étuve pendant des heures, regardant le poison suinter par tous les pores de sa peau, n'arrêtant pas de déglutir, pas tant en raison de la bile amère qui emplissait sa bouche que pour repousser ce quelque chose qui, du tréfonds de lui-même, essayait de remonter au grand jour. Et il continua à ravaler et à refouler ce démon sans jamais reconnaître son existence.

Avant de rentrer chez lui ce soir-là, il acheta une boîte de chocolats pour Linda. Elle fut surprise de ce cadeau et contrariée par l'apparence de Harry. Tu te sens bien, mon chéri ?

Ouais, bien sûr. Pourquoi me demandes-tu ça ?

Eh bien, je te trouve un peu pâle, comme si tu étais en train de couver une maladie.

Non, en bâillant et en secouant la tête, j'ai eu une dure journée, voilà tout.

Toute la soirée, ils essayèrent de se comporter normalement ; Harry tombait de sommeil mais il ne voulait pas aller se coucher trop tôt. Il ne pouvait pas laisser voir à Linda combien il était fatigué. Il restait assis dans son fauteuil, cherchant quelque chose à dire, incapable de mettre trois mots à la suite les uns des autres, luttant contre l'épuisement et le besoin irrésistible de fermer les yeux, fixant sans le voir l'écran de la télé et priant pour qu'il fût bientôt l'heure de se coucher.

Linda tenta de recréer l'atmosphère de joie et d'intimité qu'ils avaient connue sur l'île, mais elle ne parvint pas à susciter en Harry l'enthousiasme qu'elle-même n'éprouvait pas. Elle essaya à plusieurs reprises au cours de la soirée, mais elle se heurta au mutisme et à l'apathie de Harry qui semblait hagard, épuisé et... et... comme halluciné. Elle ne savait pas exactement pourquoi ce terme lui était subitement venu à l'esprit, mais elle devait reconnaître qu'il décrivait parfaitement l'expression de Harry. Elle répugnait à l'employer en raison de ses implications qui la mettaient mal à l'aise. Surtout lorsqu'elle songeait au cadeau que Harry lui avait rapporté ce soir-là ; cette boîte de noisettes enrobées de chocolat. Le fait l'intriguait et la contrariait. De temps en temps, Harry lui apportait un petit présent, mais jamais il ne lui avait offert une boîte de chocolats. Sans compter qu'elle n'aimait pas les noisettes ! Il se moquait toujours des hommes qui rentraient chez eux, les bras chargés de boîtes de friandises ou de bouquets de fleurs ; il prétendait qu'ils avaient toujours quelque chose à se faire pardonner. Et c'était précisément ce qu'il venait de faire. Contrairement à son habitude, il ne lui avait pas offert un mouchoir en dentelle, ou un album des Peanuts, ou quelque petit objet insignifiant qu'il aurait découvert. C'était cette pensée qui contrariait Linda et qu'elle essayait de chasser de son esprit.

Quand ils étaient rentrés de la Jamaïque, Harry était tellement détendu et ils étaient si heureux qu'elle avait cru que le trouble qui était né entre eux appartenait désormais au passé, et qu'ils allaient continuer à vivre dans la joie et l'insouciance d'une seconde lune de miel ; or les choses étaient subitement pires qu'auparavant. Cela aussi bouleversait Linda, et son équilibre s'en trouvait détruit.

À l'heure du repas, Harry ne quittait plus jamais le bureau seul et déjeunait toujours en compagnie de ses collègues. Il ne pouvait pas prendre le risque de voir l'incident von Landor se reproduire. Cette histoire n'avait heureusement pas eu de conséquences graves, mais la prochaine pourrait bien occasionner un désastre.

Par contre il continua à découcher de temps à autre, et ces aventures nocturnes ne firent qu'augmenter ses craintes. Délaissant la Huitième Avenue, il se rendit plus à l'ouest, vers les quais, ou dans la direction opposée, vers l'East River. Il savait que dans ces parages-là les rixes étaient fréquentes, et qu'on y jouait facilement du couteau, et pourtant, il y retournait, attiré par une force aussi irrésistible qu'inexplicable.

Il ne redoutait pas d'être assailli ou tabassé. Non. Ce qui provoquait l'anxiété et la fièvre qui s'emparaient soudainement de lui était la crainte d'attraper une maladie vénérienne. Et à cause de cette crainte, il n'avait plus fait l'amour avec Linda depuis leur retour des Caraïbes. Plusieurs fois il avait pensé aller chez un docteur pour faire faire une analyse, mais il n'avait pu s'y résoudre. Comment aurait-il pu entrer dans le cabinet d'un médecin et lui demander de lui faire une prise de sang ? Le praticien lui demanderait ce qu'il fallait rechercher. Il poserait des questions. Et que pourrait-il lui répondre ? Quelle raison, quel prétexte invoquer ? Et s'ils apprenaient qui il était vraiment ? Il donnerait un faux nom bien sûr, mais ils comprendraient tout de suite qu'il mentait. Et si quelqu'un de sa connaissance le voyait entrer chez le docteur ? On pourrait lui demander la raison de cette visite, ou mentionner la chose devant Linda, ou en parler à un de ses collègues. Bon Dieu, il serait dans un beau merdier ! Non. Non. S'il allait consulter un toubib, ce serait dans un coin paumé du Bronx. La nuit. Et même dans ces conditions, il n'était pas certain que la chose ne s'ébruiterait pas. Et puis, ça servirait à quoi ? Même s'il apprenait qu'il n'avait pas la vérole ça ne servirait à rien car, au fond de lui-même, il savait qu'il retournerait draguer dans les mêmes quartiers, et tout serait à refaire. Non, c'était vraiment sans espoir. Il n'y avait pas de solution.

Linda essaya désespérément de continuer à croire que le comportement de Harry était dû au surmenage, mais cela lui devenait de plus en plus difficile. Elle restait persuadée qu'il l'aimait, mais elle se prenait parfois à soupçonner, ou plutôt à pressentir confusément, qu'il y avait une autre femme dans sa vie. Elle chassait aussitôt cette idée de son esprit, mais elle ne pouvait ignorer les boîtes de chocolats qu'il lui rapportait périodiquement, et ce qu'elles représentaient, pas plus que le changement dans le comportement et l'apparence de Harry. Il avait l'air de plus en plus halluciné. Non seulement il était morose et silencieux la plupart du temps, mais il éprouvait parfois le besoin de s'excuser pour quelque chose. Pas seulement en paroles, mais par chacun de ses actes, chacune de ses attitudes. Impossible de ne pas avoir le sentiment qu'il cherchait à se faire pardonner son existence, qu'il les implorait, elle et Harry Junior, de supporter sa présence. Il semblait souffrir en permanence.

Et il ne la touchait plus jamais. Non seulement il ne lui faisait plus l'amour, mais il ne l'embrassait même plus pour lui dire bonjour ou au revoir, et, quand elle l'embrassait, il détournait la tête et ses lèvres ne rencontraient que sa joue. Jamais il ne tenait sa main, jamais il ne passait son bras autour de ses épaules. Il la traitait comme une pestiférée. Elle secouait la tête, incrédule, bouleversée, et ses yeux se remplissaient de larmes qui coulaient sur ses joues, et elle se mettait à sangloter, et, les soirs où elle était seule, elle ne s'endormait qu'après avoir longtemps pleuré.

Elle finit par ravaler son amour-propre et alla raconter à sa mère ce qui se passait, ou du moins ce qu'elle imaginait, et ses propos furent si confus et si incohérents que celle-ci en fut choquée et contrariée. Elle n'avait jamais vu sa fille dans une telle détresse. Elle la calma, et elles parlèrent aussi posément que possible, et, en dépit du fait qu'elle resta longtemps comme paralysée par la douleur de sa fille, elle parvint à la consoler. Elle finit par dire à Linda qu'elle ferait peut-être bien de demander à Harry si quelque chose n'allait pas. Tu sais, ma chérie, peut-être qu'il est malade et ne veut rien te dire pour ne pas t'inquiéter.

Pourquoi agirait-il de la sorte ? Si cela continue, je vais devenir folle. Ce serait presque un soulagement d'apprendre qu'il est malade et que les choses sont aussi simples que ça.

Je sais, ma chérie, mais dis-toi que tu as affaire à un homme, et que les hommes font rarement preuve de bon sens pour ce genre de choses. Ils sont assez bêtes pour penser qu'ils font preuve de virilité en souffrant en silence, elle se mit à rire, et ce faisant, ils provoquent un tel remue-ménage qu'ils nous rendent folles.

Le rire de sa mère fit naître un sourire sur le visage de Linda. J'espère que ce n'est rien d'autre qu'une idiotie de ce genre... Je ne souhaite pas qu'il soit malade, ce n'est pas ce que je veux dire, mais je...

Je comprends, ma chérie, en prenant sa fille dans ses bras, je vois très bien ce que tu veux dire. Pourquoi ne lui poses-tu pas la question tout simplement ? Il suffirait peut-être de quelques mots pour éclaircir la situation.

Je l'espère, maman. Je prie le ciel pour que tu aies raison.

Linda ne s'était pas sentie aussi bien que ce soir-là depuis longtemps, mais il lui fut impossible de trouver un instant propice pour demander à Harry si quelque chose n'allait pas. En fait, ça n'avait pas d'importance ; inutile de brusquer les choses. Il lui suffisait d'attendre le bon moment pour lui poser la question. Dans l'immédiat, son espoir et sa résolution l'aidaient à garder le moral, et elle continua de guetter l'instant propice.

Le soir, Harry se mit à rester au bureau pendant deux heures après la fermeture, jusqu'au moment où il devait courir à la gare pour attraper le dernier train. Ces soirs-là, en arrivant chez lui, il mangeait un morceau, se forçait à bavarder quelques minutes avec Linda, puis allait se coucher.

Son travail était la seule chose qui l'empêchât de s'effondrer, la seule activité qui lui procurât l'oubli. Jour après jour, il sentait la tension monter en lui, le poids qui l'accablait se faisait plus lourd, jusqu'au moment où il avait le sentiment que ces forces allaient le détruire.

Il déjeunait avec Walt tous les jours, par mesure de précaution d'abord, mais aussi parce qu'il nourrissait le secret espoir de lui parler, de lui faire part de ce qui le torturait, ne serait-ce qu'en partie, pour apaiser son angoisse. Mais, bien qu'il éprouvât une réelle affection pour Wentworth, cela lui était impossible. Entre autres choses, il craignait que cela ne nuisît à sa situation. Lorsque Walt lui demandait comment ça allait, il considérait la question comme une simple figure de rhétorique et y répondait par un « ça va » accompagné d'un hochement de tête, redoutant, s'il commençait à parler, si peu que ce fût, de ne plus pouvoir s'arrêter et d'étaler au grand jour la pourriture qui infestait les profondeurs ténébreuses de son esprit. Alors il se taisait, et son angoisse augmentait, augmentait...

Un jour, ils déjeunaient au Bankers Club, et on venait de leur servir le potage quand le couteau de Harry se prit dans sa manchette de chemise, et tomba dans son assiette lorsqu'il leva la main.

Harry se mit à trembler des pieds à la tête, si fort que sa vue se brouilla au point de ne plus rien voir de ce qui l'entourait, et il serra les poings l'un contre l'autre, les leva au-dessus de sa tête avant de les abattre sur son assiette en hurlant, AAAAAAAAAAAAAAAAAAAAAAAAHHHH HHHH ! et la soupe éclaboussa Walt qui leva les mains pour se protéger. Pour l'amour du ciel, mais qu'est-ce qui vous prend, bon sang ? en repoussant sa chaise, et Harry posa les coudes sur la table, se prit la tête dans les mains, gémit et commença à sangloter tandis que le serveur et le maître d'hôtel arrivaient en courant. Quelque chose qui ne va pas, monsieur Wentworth ? M. White ne se sent pas bien ? Je ne sais pas, troublé et abasourdi. Que se passe-t-il, Harry ? Allons, donnez-moi un coup de main. Il prit Harry sous les bras, le mit sur pied et, avec l'aide du serveur et du maître d'hôtel, l'emmena dans un bureau voisin. Harry et Walt restèrent seuls, Harry assis dans un fauteuil, Walt debout devant lui. Sans dire un mot...

Au bout de quelques minutes, Walt apporta un verre d'eau à Harry qui le refusa d'un signe de tête. Wentworth resta là, le verre à la main, à contempler Harry qui, les coudes sur les genoux, se tenait la tête dans les bras. Walt était inquiet. Outre l'estime qu'il portait aux qualités professionnelles de Harry, il avait de l'affection pour lui. Il resta là et attendit en silence.

Finalement, Harry hocha la tête et leva les yeux vers lui. Je suis désolé, Walt. Je ne sais pas ce...

Walt haussa les épaules, embarrassé. Ça va mieux maintenant ?

Ce fut au tour de Harry de hausser les épaules, et il regarda Wentworth, l'air complètement perdu. Ce dernier le contempla un instant puis lui tapota le dos. Allez, venez, allons faire un brin de toilette.

Harry était aussi indispensable à la société qu'on pouvait l'être. Il était un brillant cadre de direction qui venait tout juste de passer le cap de la trentaine et avait encore de nombreuses années productives devant lui car il n'avait probablement pas exploité toutes ses potentialités. De sorte que la firme était bien décidée à tout faire pour ne pas perdre un capital aussi précieux. Et sur le plan plus personnel, Walt n'était pas le seul à se soucier de l'état de santé de Harry. Si bien que tout le monde insista pour qu'il se rendît à l'hôpital de la Cinquième Avenue et fût soigné par les meilleurs spécialistes.

Après de nombreux examens et d'innombrables analyses, le diagnostic des médecins fut que ses troubles étaient dus au surmenage et à l'anxiété, mais que son organisme était parfaitement sain. Rendez-vous fut donc pris avec l'un des plus éminents psychiatres new-yorkais.

Pendant son séjour à l'hôpital, Harry avait secrètement espéré que les docteurs lui découvriraient une maladie susceptible d'expliquer les sentiments étranges qu'il éprouvait, et ce besoin d'agir comme il le faisait. Lorsqu'il apprit qu'il était en parfaite santé, il fut déçu, mais aussi soulagé de savoir qu'il n'avait pas de maladie vénérienne. Si seulement ils avaient pu lui trouver une tumeur au cerveau affectant ses fonctions cérébrales, ça aurait tout expliqué. Un petit coup de bistouri, et tout serait rentré dans l'ordre. Mais il n'y avait pas la moindre tumeur. Son système nerveux central fonctionnait à merveille. Aucune anomalie en ce qui concernait le liquide céphalorachidien. Rien. Rien du tout. Rien que lui.

Peu de temps avant son départ de l'hôpital, le psychiatre vint le voir ; ils bavardèrent quelques instants, puis le spécialiste lui demanda quel était son problème. Harry se sentit désarmé et faillit tout lui dire, mais quelque chose l'en empêcha au dernier moment et il se contenta de déclarer en haussant les épaules : il semble que j'aie des problèmes d'ordre sexuel. Harry tremblait intérieurement en s'entendant prononcer ces mots et il s'attendait à voir le psychiatre réagir. Peut-être trouverait-il un moyen de lui arracher la vérité. C'était à espérer. Mais au même instant Harry essayait de toutes ses forces d'empêcher ça. Il souhaitait que cet homme l'aidât, mais il y avait certaines choses qu'il ne pouvait pas lui dire. Il sentait la sueur lui couler dans le dos. Il en avait peut-être déjà trop dit. Il aurait voulu retirer les paroles qu'il avait prononcées et dire à cet homme qu'il plaisantait. Comment avait-il pu faire ça ? Comment avait-il pu se laisser aller de la sorte ? Il était en train de chercher un moyen de se rétracter, de retirer ce qu'il avait dit lorsqu'il entendit et vit le docteur rire.

Ne sommes-nous pas tous dans le même cas ?

Harry se mit à sourire bêtement. Il se sentait faible.

Les problèmes sexuels d'un genre ou d'un autre sont à la base de beaucoup, pour ne pas dire de tous nos problèmes. Il suffit d'en trouver les causes, de les analyser et de les comprendre, et, quand on en a pris conscience, ils ne font plus figure de croque-mitaine.

Harry percevait le son de sa voix, mais il n'était pas certain de bien suivre tout ce qu'il disait. En fait c'était sans importance. Une fois surmontée la panique qui s'était emparée de lui quand il s'était entendu répondre à la première question du docteur, il avait l'impression confuse que cet homme pouvait trouver une solution à son problème. Même si lui, Harry, ne le lui avait pas exposé. À supposer d'ailleurs qu'il en fût capable.

Tenez, voici une ordonnance pour du librium. Prenez-en un comprimé trois fois par jour et vous vous sentirez beaucoup mieux.

Harry acquiesça et prit la feuille de papier.

Je vous verrai jeudi prochain à trois heures. En attendant, essayez de vous détendre.

Avant que Harry ne quittât l'hôpital, Linda eut elle aussi un entretien avec le Dr Martin, et elle quitta son cabinet rassurée et pleine d'optimisme. Le psychiatre savait déjà, par les collègues de Harry, que celui-ci était supérieurement intelligent et faisait une carrière brillante, et quand Linda lui parla de leur mariage — elle était trop embarrassée pour lui faire part de ses soupçons — et de leurs relations sexuelles, il sourit et lui déclara que le pronostic était excellent. Je pense qu'il me sera facile de trouver les causes du problème dont souffre votre mari.

Eh bien, voici une excellente nouvelle, docteur.

J'ai une grande expérience de ces choses-là, en particulier de tout ce qui concerne les refoulements et les conflits subconscients.

Harry a des conflits ; ça semble incroyable !

Le Dr Martin sourit avec indulgence. Aux yeux non avertis du profane, peut-être, mais pour quelqu'un comme moi... Il haussa légèrement les épaules et s'adossa dans son fauteuil. Voyez-vous — je vais essayer de rendre ces explications aussi claires que possible —, nous avons tous, au cours de notre enfance, refoulé certains événements au fond de notre subconscient, et ces événements échappent à notre mémoire. Mais parfois ils nous tourmentent. J'ai traité avec succès des cas autrement délicats que celui de votre mari. C'est un homme qui connaît une réussite exceptionnelle, et rien ne semble devoir stopper son ascension, si j'en juge par ce que l'on m'a dit. Selon toute probabilité, il sera un jour l'un des plus grands hommes d'affaires de ce pays et un homme extrêmement influent. Linda sourit et hocha la tête avec une évidente fierté. Et il semblerait qu'il n'y ait pas de problèmes familiaux ; vous vous aimez, et vous aimez tous deux votre fils. Il me suffit donc de l'aider à comprendre comment l'amour de sa mère et son enfance ont pu donner naissance à certains conflits dans son subconscient, conflits dont son anxiété et son état actuels sont les manifestations. Et tout bien considéré, je ne pense pas que votre mari éprouve des difficultés à sublimer les tensions sous-jacentes qui sont le produit de ces refoulements. J'espère m'être exprimé en des termes suffisamment clairs pour vous.

Je crois que oui, docteur.

Bon. Parfait. Et ne vous inquiétez pas si le comportement de votre mari vous semble un peu... disons, inhabituel. Il lui faudra peut-être un peu de temps pour s'accoutumer au traitement que je vais lui prescrire.

Oui, je crois que je comprends ce que vous voulez dire, docteur.

Bien, très bien. Reposez-vous sur moi et je peux vous assurer que tout rentrera dans l'ordre.

Linda ne demandait qu'à croire le Dr Martin ; elle voulait être rassurée. Elle était toute prête à croire que la conduite de Harry ces derniers temps était due à quelque complexe remontant à son enfance, et que leur union n'était pas menacée.

Harry sortit de l'hôpital plein d'un vague espoir auquel il s'accrocha désespérément. Le traitement que le docteur lui avait prescrit semblait efficace ; il avait les nerfs moins à fleur de peau, son angoisse s'apaisait, et au fond de lui-même quelque chose le poussait à croire que le Dr Martin possédait une panacée. Il faudrait peut-être un peu de temps, mais un jour (qu'il espérait proche), en fouillant dans son enfance, il se souviendrait subitement de quelque chose, et le docteur dirait, voilà, c'est à ce moment que tout a commencé, et ce serait la fin de ses problèmes. Le grand jour. Le jour où il serait enfin libre. Ouais, le grand jour !

Harry continua à s'accrocher à cette idée en dépit du fait que, plus le traitement se poursuivait et plus les choses semblaient empirer. En compagnie du Dr Martin il fouillait de plus en plus profondément dans son passé et retrouvait des événements enfouis depuis longtemps dans son subconscient. Il revivait des expériences qu'il avait complètement oubliées, se rappelant les sensations qui avaient été les siennes à l'époque, jusqu'aux odeurs. Ils poussèrent leurs recherches de plus en plus loin, mais si la question semblait passionner le Dr Martin, ils n'y trouvaient aucune réponse, et Harry était forcé d'avoir recours à la seule méthode qu'il connaissait pour se libérer de ses sentiments intolérables.

Les soirs où il allait chez le psychiatre, en quittant le cabinet, il se rendait aussitôt dans quelque bouge sordide des quais et baisait une nana bien dégueulasse ; après quoi, il devait se faire violence pour rentrer chez lui. Les journées passaient, pénibles, interminables, et, chaque matin, il prenait la décision de tout avouer au Dr Martin lors de la prochaine séance sur le canapé de son cabinet. Il lui raconterait tout ce qu'il avait fait et tout ce qu'il faisait. Après quoi, il se sentirait soulagé d'un grand poids. Le moment venu, non seulement les mots semblaient incapables de franchir ses lèvres, mais il faisait tout pour éviter d'aborder cet aspect de son existence, comme s'il voulait se réserver le droit de continuer à faire ces choses qui le détruisaient, mais qui, au même instant, étaient le seul remède contre la tension insupportable de son corps et de son esprit. De nouveau la crainte d'avoir la syphilis le hanta et rendit ses rapports avec sa femme plus froids qu'à l'accoutumée, mais la peur d'être démasqué et le sentiment que ce serait parfaitement inutile l'empêchèrent cette fois encore de se soumettre à une analyse de sang. Son désespoir devint si grand qu'un jour il essaya d'ouvrir les vannes pour laisser échapper le poison qu'il charriait dans ses veines, et il parvint à marmonner qu'il avait trompé sa femme.

Et cela vous gêne ?

Oui, en effet... beaucoup.

Pourquoi ?

Pourquoi ! ! ! ? ?

Oui, pourquoi ? Pourquoi cela vous gêne-t-il tellement ? Vous tremblez.

Je ne sais pas, en proie à une confusion et une peur intenses, c'est comme ça.

Connaissez-vous d'autres hommes qui trompent leur femme ? sur ce ton froid et détaché qu'il avait toujours.

Comment ? ? ? je ne comprends pas. Je...

Pensez-vous être le seul homme qui soit infidèle à sa femme ?

Non, non, certainement pas. Mais là n'est pas...
Avez-vous une maîtresse ?
Une quoi ? Je...
Avez-vous une maîtresse ? Une petite amie ?
Non, non, bien sûr que non. Vous savez...
Vous aimez votre femme ?
Oui, je...
Alors vos aventures extra-conjugales n'ont rien que de très ordinaire.
Eh bien, oui. Mais je...
En d'autres termes, vos liaisons sont de celles qui ne durent que l'espace d'une soirée. Le genre de faiblesse passagère auquel des millions d'hommes se laissent aller.
Oui, oui, je sais cela, mais j'aime ma femme et je...
Il est intéressant de voir que vous vous faites un monde d'un comportement somme toute très banal. Oui, ce sentiment de culpabilité est du plus grand intérêt. Éprouvez-vous des difficultés à vous comporter de façon virile avec ces femmes ?
Quoi ? Que...
Vous arrive-t-il parfois d'être impuissant ? Avec votre femme par exemple ?
Non, non, ce n'est pas...
Que vous a dit votre mère à propos de l'infidélité ? Vous a-t-elle dit que c'était un péché ?
Quoi ? ? ? Je ne sais, je ne sais pas. Je ne peux pas...
Avez-vous jamais été surpris en train de vous masturber ?
En train de me masturber ? Je ne vois pas ce que...
Vous a-t-on jamais dit que cela vous ferait bégayer, ou que cela vous rendrait aveugle ?
Je ne me rappelle pas que l'on m'ait dit cela...
Vous souvenez-vous de la méthode employée par votre mère pour vous rendre propre ?
Comment ? Je ne...
Vous forçait-elle à rester sur le pot après chaque repas jusqu'à ce que ça vienne ?
Seigneur, je...
À quel âge avez-vous cessé de faire pipi au lit ?

Harry avait envie de hurler, de pleurer, de s'enfuir, de se faire tout petit au point de n'être plus qu'une boule qui roulerait, toujours plus loin, de se fondre dans les murs, et, quand la séance fut terminée, il prit un taxi jusqu'à la station de métro la plus proche, s'enferma dans les toilettes et pleura, pleura dans le fracas des rames qui passaient au-dessus de sa tête jusqu'à ce qu'il se sentît épuisé et n'eût plus une larme dans le corps, et plus assez d'énergie ou de force pour en fabriquer d'autres.

L'espoir de Linda décroissait régulièrement au fur et à mesure que les périodes de morosité de Harry se faisaient plus longues et plus fréquentes. Et, dans le même temps, ses craintes et son anxiété augmentaient. Pendant des semaines, elle se força à ne pas appeler le Dr Martin, ne voulant pas avoir l'air d'être une épouse importune, mais, pour finir, son désespoir fut plus fort que sa raison. Au téléphone, elle tenta de paraître calme et d'avoir un comportement normal, mais elle tremblait intérieurement. Elle essaya de persuader le psychiatre qu'elle n'avait pas l'intention de se montrer indiscrète, mais elle était inquiète car son mari semblait de plus en plus déprimé et rentrait de moins en moins à la maison. À votre place, je ne m'en inquiéterais pas trop, madame White. Un homme qui occupe un poste comme celui de votre mari a d'énormes responsabilités, des responsabilités qui ne prennent pas fin à cinq heures.

Oui, j'en suis parfaitement consciente, docteur, et je...

Rassurez-vous, je veillerai à tout. Il est inutile de vous inquiéter.

Je vous remercie, docteur. Je ne veux pas jouer les alarmistes ; mais je...

Oui, oui, je sais. Votre mari vous semble renfermé et silencieux, et vous êtes soucieuse.

Oui, et...

Un tel comportement est normal au cours d'un traitement psychothérapeutique. Votre mari passe tout simplement par une phase de transfert.

Ne vous préoccupez de rien et laissez-moi faire.

Oh, je n'avais pas l'intention de...

Parfait. Je dois vous quitter maintenant. Au revoir, madame White.

Linda

resta la main posée sur le téléphone pendant de nombreuses minutes. Elle essaya de se convaincre qu'il fallait faire quelque chose, bouger, mais sa main refusait de lâcher le combiné. Elle regarda fixement l'appareil, tentant désespérément de retrouver une lueur d'espoir, sans pouvoir éprouver autre chose qu'un grand vide.

Au bureau, l'esprit de Harry continuait à fonctionner à peu près normalement, encore que son travail ne fût pas aussi bon qu'à l'habitude. Il devait lire documents et lettres à deux reprises et parfois, même après une seconde lecture, leur sens continuait à lui échapper. Toutefois, en faisant des heures supplémentaires, il parvenait tant bien que mal à ne pas se laisser dépasser par les événements.

Ses collègues, Walt en particulier, étaient inquiets car l'état de tension nerveuse dans lequel se trouvait Harry devenait chaque jour plus évident. Ils furent eux aussi rassurés par le Dr Martin qui précisa que Harry devait continuer à travailler. Je comprends et je suis sensible à votre inquiétude, et à celle de votre société, monsieur Wentworth, mais lui accorder un congé en ce moment serait aller à l'encontre des ordres du docteur, si vous voulez bien me passer cette plaisanterie, hahaha. Il faut absolument que ses impulsions profondes s'investissent dans une activité constructive.

Très bien. Nous sommes ravis d'apprendre cela. C'est un homme d'une grande valeur et nous ne voulons pas compromettre son avenir. Il représente un capital pour notre société.

Oui, j'en suis parfaitement conscient.

Et, en souriant avec un petit haussement d'épaules, l'intérêt que je lui porte n'est pas uniquement professionnel ; j'ai pour lui des sentiments paternels. Je pense que cela ne vous a pas échappé.

Bien sûr, bien sûr, en hochant la tête, mais ne vous inquiétez pas, je maintiendrai votre précieux M. White en état de travailler.

Et Harry continua de travailler, enfermé dans son bureau, son oasis, son havre de paix, son refuge, enviant ceux qui étaient libres d'aller et venir à leur guise et priant le ciel pour qu'il puisse rester dans son bureau jusqu'au moment où quelqu'un viendrait le chercher pour le ramener chez lui, et passerait de nouveau le prendre le lendemain matin pour l'emmener au travail ; mais il savait qu'il ne pouvait s'empêcher de sortir de temps à autre, qu'il ne pouvait renoncer à ses virées dans ces bars dégueulasses où il levait quelque loque humaine répugnante pour y déverser son poison et ensuite essayer de vomir la pourriture infernale qui lui rongeait les tripes...

Oh, Seigneur, quelle pourriture !

Cette pourriture noire et suppurante qui le dévorait, et cette puanteur qui se dégageait de ses propres entrailles et lui emplissait les narines. Et plus il passait de temps sur le canapé du Dr Martin, plus les choses empiraient. La noirceur qu'il sentait en lui remontait peu à peu, enveloppait sa tête dans un carcan qui se resserrait toujours davantage, jusqu'au moment où, croyant devenir fou, il sortait dans les rues et allait baiser une autre connasse pleine de boutons.

Il aurait voulu tout avouer au Dr Martin, mais, pour une raison ou une autre, n'y parvenait jamais. Pendant la journée, et en particulier dans le taxi qui le conduisait au cabinet du psychiatre, il repassait dans sa tête ce qu'il allait dire, la façon dont il allait lui raconter tout ce qu'il faisait, comment il allait extirper le mal corrosif qui lui rongeait l'âme (Seigneur, si seulement il parvenait à chasser cette saloperie de son esprit !), mais ils en revenaient toujours à son passé... à sa mère et à son enfance.

Il continuait pourtant à se rendre chez le Dr Martin, espérant confusément que celui-ci finirait par plonger en lui assez profondément pour extirper cette pourriture abjecte. Il priait Dieu pour qu'il y parvînt rapidement. Il ne pourrait plus supporter ça bien longtemps.

Pas plus qu'il ne pourrait supporter la peine qu'il lisait dans les yeux de Linda... ses yeux qui semblaient s'enfoncer dans ses orbites ces derniers temps. Ces yeux qui paraissaient de plus en plus ternes... Et cette bouche qui était constamment crispée par la douleur. Et son rire... il y avait une éternité qu'il n'avait pas entendu son rire ; il ne savait plus très bien si c'était une réalité ou un mythe. Le rire... l'amour ? ? ? Il l'aimait. Et il aimait Harry Junior. Il était certain de les aimer... ou de les avoir aimés. Seigneur, que se passait-il donc ? Il voulait seulement pouvoir rentrer chez lui, les prendre dans ses bras, les serrer contre lui, les embrasser, et repousser la mèche rebelle qui tombait sur les yeux de Harry Junior, et prendre la main de sa femme et embrasser le bout de ses doigts... Il ne voulait rien d'autre. Enfin, bon Dieu, était-ce trop demander ? Qu'y a-t-il de mal à ça ? Pourquoi ? ? ? Pourquoi ? ? ? POURQUOI ? ? ? est-ce que ça m'est impossible ? Pourquoi est-ce que je me crispe quand il vient vers moi en courant et se serre contre mes jambes ? Pourquoi faut-il que je le repousse ? Seigneur, pourquoi me faire ça, à moi ? Je ne peux même plus la regarder en face maintenant. Je ne peux plus lever les yeux vers elle. Plus manger. Il n'accourt même plus maintenant quand je rentre. Il ne me dit plus rien. Je ne parviens pas à adresser la parole à Linda. Oh Seigneur, elle me hait. Elle ne peut que haïr un salaud de mon espèce. Si seulement je pouvais crever. Ne plus me réveiller. Ne plus devoir contempler le visage de Linda, ne plus entendre les silences de Harry Junior... Seigneur, pourtant je l'aime. Non, c'est impossible. Regarde-la ! Oh mon Dieu, je ne voulais pas faire ça. Pardonne-moi, ma chérie. Pardonne-moi. Bordel de merde, si seulement je pouvais réduire ma tête en bouillie ou seulement ne plus voir ses yeux ! Ce n'est pas moi. Seigneur, dites-moi que ce n'est pas moi. Ce n'est pas moi qui ai enfoncé ces yeux dans leurs orbites et qui les ai privés de vie. Dites que ce n'est pas moi. Oh Dieu, ce n'est pas moi. Ce n'est...

et une fois encore, il allait se coucher sans un mot, tournant le dos à Linda, et il entendait le son de sa voix, et il aurait voulu se retourner pour l'embrasser et lui dire qu'il l'aimait, mais, au lieu de cela, il marmonnait quelques mots inintelligibles et essayait de s'endormir immédiatement, aspirant à un oubli réparateur, mais ressentant aussitôt cette souffrance lancinante dans son corps, ces tremblements qui lui nouaient et lui tordaient les tripes, cette crispation douloureuse de la mâchoire... et il saisissait l'oreiller à pleins bras et remontait ses genoux sous son menton

et il entendait la respiration de Linda. Elle était faible, presque inaudible, et pourtant il la percevait comme un grognement qui lui glaçait la moelle, et il essayait d'y rester sourd, mais ce gémissement sourd et faible continuait à résonner dans sa tête, et il sentait la présence de son corps... il sentait sa présence ! Elle était là. À côté de lui, dans le lit. Il prit sa tête dans ses bras et serra l'oreiller encore plus fort quand il eut conscience de sa présence dans le lit. Là... derrière lui...

Et elle ne bougeait pas. Elle restait étendue, sans faire un mouvement... Et pourtant, il avait le sentiment qu'elle se rapprochait... se rapprochait encore... peut-être même qu'elle allait le toucher, et il avait l'impression que sa mâchoire allait éclater à force d'être serrée, et il luttait et s'accrochait à l'oreiller pour finalement sombrer dans un demi-sommeil qui ressemblait à un songe, et faire un rêve qui semblait étrangement réel, et il luttait contre la réalité de ce rêve, tentant de se réfugier dans le sommeil, et son corps se tordait, et il tremblait, gémissait et hurlait dans sa tête, mais le rêve persistait, persistait dans sa terrifiante réalité, et il voyait sa fille qui se préparait à fêter son cinquième anniversaire, et elle était dans la baignoire en train de prendre un bain de mousse, et puis elle s'essuyait et il regardait son corps nu, et il aurait voulu détourner les yeux et quitter la salle de bains, mais sa tête était bloquée et refusait de bouger, si bien qu'il continuait à contempler sa fille tandis que dans sa tête une voix ne cessait de crier encore et encore et encore en gémissant et en implorant NON, NON, NON, NON, NON, NON,

NOOOOOOON,

et il finit par hurler vraiment, et son corps fut agité d'un soubresaut, et Linda posa la main sur son épaule. Ça ne va pas, mon chéri ? Je peux faire quelque chose ? et il ne put que secouer la tête, grogner et frissonner, et il se laissa retomber lentement sur l'oreiller, se recoucha en chien de fusil et lutta contre les larmes qui envahissaient ses yeux, sa gorge et tout son corps au point qu'il avait du mal à respirer, et il fut pris d'un frisson d'angoisse à l'idée qu'il allait être englouti sous ce déluge. Seigneur, si seulement il pouvait se retourner et lui tendre la main...

ou pleurer... ne serait-ce que pleurer...

ou peut-être disparaître sous terre pour que son corps soit dévoré par les larves et les vers. N'importe quoi sauf ça...

N'importe quoi.

16

Tout a des limites. Le temps a ses limites. L'endurance a ses limites. Et il y a des limites à ce qu'on peut se permettre de faire. Linda avait lutté jusqu'à la limite de ses forces, mais maintenant c'était fini. Elle ne pouvait plus rester là, sans réagir, tandis que l'homme qu'elle aimait ne cessait de la repousser et de l'humilier en la traitant comme un objet indésirable, comme un fardeau importun dont il cherchait manifestement à se débarrasser, sans savoir comment s'y prendre, si bien qu'il continuait à la punir en lui manifestant une indifférence glaciale. Elle ignorait les raisons du comportement de Harry, mais elle n'allait pas permettre qu'on la traitât de la sorte sans rien faire.

Elle alla voir sa mère, et d'un ton hésitant lui raconta ce qui se passait dans sa vie et dans son ménage, s'interrompant à tout instant pour pleurer, sangloter et secouer la tête — sa mère l'embrassant et essayant d'apaiser la douleur et la tristesse de sa fille —, et Linda la regardait, l'air perdu, tremblante de souffrance et de frustration, et répétait en gémissant qu'elle ne comprenait pas ce qui se passait. Je ne sais pas ce qui nous arrive, maman...

Je sais, ma chérie, je sais...

Je ne sais pas ce qui nous arrive... je ne sais vraiment pas... Oh, maman, aide-moi... aide-moi...

Là, pleure un bon coup, ma chérie, et elle serrait sa petite fille dans ses bras, partageant sa tristesse et sa peine, sentant ses larmes chaudes couler sur sa poitrine.

Lorsque Linda se fut un peu calmée, elles discutèrent de la situation et décidèrent que le mieux pour elle était de dire à Harry ce qu'elle ressentait, et alors peut-être (Oh, si seulement !), peut-être lui fournirait-il une explication simple et logique à sa conduite et la rassurerait-il. Sinon...

eh bien, la meilleure solution serait que Linda vînt passer quelques jours dans sa famille en compagnie de Harry Junior. Sa mère pensait qu'il serait préférable qu'elle attendît un jour ou deux. Quand tu auras recouvré tout ton calme, ma chérie.

Non, maman. Je ne peux plus attendre. Je n'ai que trop reculé. Il faut que je sache, tout de suite. Je ne peux plus attendre. Elle laissa son fils chez ses parents et rentra chez elle, bien décidée à parler avec Harry.

Ce soir-là, dès que Harry fut assis dans son fauteuil, Linda lui dit qu'il y avait une chose dont elle voulait discuter avec lui. Elle avait passé les heures précédentes à essayer de trouver une façon simple et claire d'exprimer ce qu'elle avait à dire, mais, plus elle y pensait, plus son trouble et sa peine augmentaient, si bien qu'elle ne put que bafouiller qu'elle allait passer quelques jours dans sa famille.

Pourquoi ça ? pris d'une subite et terrifiante panique, sentant les larmes lui monter instantanément aux yeux, tremblant de peur à l'idée de se retrouver seul, mais au même instant atrocement terrorisé en pensant qu'elle pourrait lui dire POURQUOI, sachant qu'il ne pourrait survivre après l'avoir entendu de sa bouche et se sentant sans défense contre les paroles qu'elle allait prononcer.

Pourquoi ? Parce qu'il se passe quelque chose que je ne comprends pas, et je ne peux pas continuer à vivre comme ça.

Je ne comprends... Que veux-tu dire ? sur un ton pathétique, implorant et peu convaincant, ses épaules s'arrondissant et s'affaissant encore davantage sous l'effet du profond abattement qu'il ressentait.

Ton comportement, Harry — Linda essayait désespérément de s'en tenir à la ferme résolution qu'elle avait prise de tirer les choses au clair et de prendre les mesures qui s'imposaient, si pénible que cela lui fût — Harry gardait les yeux baissés, n'osant pas regarder sa femme. Tu... tu me traites comme un objet de mépris, sans élever la voix et sur un ton qu'elle voulait calme, tentant d'ignorer l'expression implorante de Harry, tu ne m'adresses plus la parole, tu ne me touches plus, tu m'embrasses encore bien moins, et, quand je te pose une question, tu te contentes de pousser un grognement et de me tourner le dos... tu n'arrêtes plus de me tourner le dos, Harry, comme si tu avais honte de moi, comme si tu en avais assez de moi et ne pouvais plus supporter ma présence ; j'ai l'impression de t'avoir fait quelque chose d'abominable et que tu m'en veux, que tu me hais... Harry, as-tu une liaison avec une autre femme ?

Harry secoua la tête, bégaya, marmonna, apparemment incapable de trouver la force nécessaire pour rejeter cette accusation, sachant que, s'il s'y risquait, elle lui poserait d'autres questions toutes simples auxquelles il ne pourrait répondre, et qu'il finirait peut-être par tout lui avouer, et, à l'idée d'une telle éventualité, il se sentait paralysé et glacé d'effroi. Il continua à secouer la tête, le visage empreint de la même expression pathétique. Pourquoi demandes-tu ça ? Je ne...

À cause de ton attitude. Il ne semble y avoir d'autre explication, et Linda se sentit prise d'une peur panique ; si une partie d'elle-même souhaitait faire la lumière sur toute cette affaire, elle éprouvait le besoin plus fort encore d'ignorer la vérité, de ne pas entendre Harry déclarer qu'il avait une liaison et qu'il voulait divorcer. Elle ne voulait pas le perdre, elle voulait seulement qu'il change, qu'il redevienne l'homme qu'elle avait épousé cinq ans plus tôt. Peut-être que si je passe quelque temps dans ma famille, le Dr Martin et toi trouverez les causes du problème, quel qu'il soit. Je l'espère, et elle regarda Harry, attendant, priant pour qu'il lui demande de ne pas partir, pour qu'il l'assure que tout allait bien, ou que tout irait bien désormais, mais il se contenta de rester là à fixer le sol, sa tête paraissant s'enfoncer de plus en plus dans ses épaules. Harry, est-ce que cela te laisse indifférent ?

Il aurait tant voulu lui tendre la main, lui demander — la supplier — de ne pas partir, mais il se sentait sans force, accablé de douleur et de désespoir, en proie à un découragement incompréhensible et pitoyable qui s'était abattu sur ses épaules et l'étouffait peu à peu, tel un serpent.

Il sentait son regard posé sur lui, et, plus il fixait le sol, plus il se sentait incapable de lever la tête vers elle et de la regarder en face.

Linda attendit ses protestations d'innocence pendant une éternité, mais, devant son mutisme, elle se décida finalement à agir. Elle alla dans la chambre, mit rapidement quelques affaires dans une valise. Elle faillit dire quelque chose avant de sortir, mais les larmes lui montèrent aux yeux et un sentiment d'immense tristesse lui serra la gorge. Elle partit sans un mot.

Pendant qu'elle faisait sa valise, Harry l'entendit respirer, soupirer, aller et venir, puis il sentit sa présence à ses côtés et son regard posé sur lui, sentit qu'elle s'éloignait, entendit la porte se refermer et la voiture s'éloigner...

Il n'y eut rien pour l'empêcher de partir. Et il n'y eut rien pour l'empêcher, lui, de rester assis. De fixer le sol. Et de caresser l'espoir pitoyable qu'il allait s'enfoncer en lui-même davantage encore et qu'il finirait par sortir de ce cauchemar... Mais il savait que cela n'arriverait pas. Ce n'était qu'un rêve.

Linda conduisit lentement le long de l'allée qui menait à la route, le gravier qui crissait sous les roues semblait faire un vacarme assourdissant qui lui parut de mauvais augure. Elle ne cessait de regarder dans le rétroviseur et s'arrêta à plusieurs reprises pour jeter un coup d'œil en arrière, espérant voir Harry sur le pas de la porte ou courant dans l'allée en lui faisant signe de revenir. Bonté divine, elle ne voulait pas partir ! Elle avait décidé de s'en aller si c'était nécessaire, en étant persuadée qu'il ne la laisserait pas faire, qu'il allait apaiser toutes ses craintes et refuserait de la laisser partir. En arrivant à la route, elle s'arrêta. Il n'y avait pas de circulation. Tout était silencieux. Elle tendit l'oreille pour essayer de percevoir un bruit de pas sur le gravier, le pas de quelqu'un qui se serait approché en courant... mais elle n'entendit rien.

Hormis le bruit d'une voiture qui arrivait. Puis, de nouveau, ce fut le silence. Pas le moindre crissement de gravier. Rien. Linda se mit à pleurer. Elle allait vraiment partir. Rien ne l'empêchait de tourner sur la route et de s'éloigner. Dieu sait qu'elle ne voulait pas s'en aller. Elle fouilla aveuglément dans son sac, à la recherche d'un mouchoir, puis elle le jeta sur le siège à côté d'elle et se mit à trembler et à gémir, et elle se passa les mains sur le visage, essayant d'essuyer les larmes qui lui obscurcissaient les yeux. Elle ne partait plus seulement pour quelques jours. Au fond d'elle-même, elle avait le sentiment de partir pour toujours. Elle ne reverrait plus jamais Harry, ni sa maison. Elle avait l'impression qu'une partie d'elle-même allait mourir si elle s'éloignait. Tout son corps n'était qu'un vide immense, un gouffre insondable qui se remplissait rapidement de larmes. Ses os semblaient se dissoudre peu à peu, et elle était incapable de faire le moindre mouvement, de mettre la voiture en première...

d'ôter son pied de la pédale de frein...

pour le poser sur l'accélérateur... et appuyer sur la pédale...

de tourner le volant...

de se battre avec le volant pour le tourner...

d'engager la voiture sur la route...

cette route qui l'éloignait de... de sa vie.

Oh, Dieu, Dieu du ciel !... et toujours pas le moindre bruit de pas derrière elle...

personne ne s'approchait en courant sur le gravier de l'allée...

aucune voix ne se faisait entendre pour la supplier de ne pas partir...

aucune main ne s'agitait pour lui faire signe de revenir...

de revenir...

revenir...

La voiture s'engagea lentement sur la route, et immédiatement, l'allée et la maison furent hors de vue. Devant elle, il n'y avait plus que cette route qui, bientôt, rejoindrait l'autoroute. Et les ombres s'allongeaient, rendant l'obscurité plus profonde, tandis que le soleil poursuivait sa course rapide vers l'horizon.

Il n'y a jamais de différence fondamentale entre l'histoire ancienne et l'actualité. Il n'y a que des variations sur un même thème. La fièvre qui habitait Harry était si forte et renaissait si vite après les brefs instants de répit qu'il connaissait que ses descentes nocturnes aux enfers se firent plus fréquentes. La plupart du temps, il ne couchait pas en ville et attendait que la loque imbibée d'alcool qui gisait à ses côtés s'endormît ; alors, il plaçait un billet de vingt dollars dans le goulot de la bouteille et prenait le dernier train pour Westchester.

Mais, cette fois-ci, les choses se passèrent différemment. Ils l'attendaient dans le corridor. Il fut frappé derrière la tête, encaissa des coups de pied et des coups de poing. Puis ils piquèrent son fric et se tirèrent. La première chose qu'il vit en revenant à lui fut les cafards qui couraient sur le sol et sous la plinthe vermoulue et pourrie. Une forte odeur d'urine brûlait ses narines et les coupures de son visage. Il parvint à s'asseoir et s'adossa au mur, puis il tâta précautionneusement les parties douloureuses de son crâne et de sa face et regarda sa main couverte de sang. Il regarda ensuite autour de lui, d'un œil trouble qui ne parvenait pas à accommoder. Puis sa vue s'éclaircit et il vit où il était et se souvint de ce qui s'était passé. Il aperçut son portefeuille par terre ; ses cartes et ses papiers étaient éparpillés alentour. Il les ramassa et les remit dans sa poche. Il se redressa lentement.

Le côté droit de sa figure l'élançait et le brûlait. Le simple fait de le toucher était insupportable. Il alla en titubant jusqu'à la rue, prit un taxi pour se rendre au siège de la société, et là emprunta de l'argent au gardien. Puis il repartit pour la gare, tenant son mouchoir contre sa figure d'une main.

Le trajet jusque chez lui lui parut interminable, atroce. La maison était toujours déserte. Il se sentit subitement vidé. Tout mou. Il régnait dans cette demeure une atmosphère sépulcrale. Il se laissa tomber dans un fauteuil et appela, sans vraiment croire qu'elle était revenue... Pourtant...

Sa voix résonna d'une pièce à l'autre, faible et caverneuse... Oh, reviens, je t'en prie... reviens !...

Les larmes brûlaient son visage ravagé et ensanglanté. Sa tête l'élançait, était brûlante. Il avait le sentiment que son corps allait tomber en miettes. Il téléphona à un médecin qui vivait dans le voisinage, un membre de son club avec lequel il jouait fréquemment au golf. Lorsqu'il arriva, le docteur contempla le visage de Harry un instant puis appela l'hôpital.

Est-ce bien nécessaire, Bob ?

Absolument. Normal et nécessaire dans un cas comme celui-ci. Allez, venez, je vais vous y conduire. Où est Linda ?

Elle passe quelques jours chez ses parents, sentant le rouge lui monter aux joues.

Voulez-vous que je l'appelle ?

Demain, en secouant la tête. Combien de temps devrai-je rester à l'hôpital ?

Une journée. Vous allez devoir subir certains examens pour être sûr que tout va bien et qu'il n'y a ni commotion, ni fracture.

Quand les formalités administratives furent terminées, Bob vint voir Harry dans sa chambre avant de quitter l'hôpital. J'ai ordonné qu'on vous administre un calmant qui vous aidera à dormir. Je veux être certain que vous passerez une nuit reposante. Et ne vous inquiétez pas.

J'appellerai Linda demain.

Harry hocha la tête et s'enferma dans un silence morose.

Je passerai vous voir demain matin, Harry.

Harry acquiesça.

Lorsque Linda arriva à l'hôpital, le lendemain en début d'après-midi, Harry avait déjà bien meilleur air. Le sang séché qui couvrait son visage avait été nettoyé et les coupures avaient été refermées. Néanmoins, elle éprouva un choc en le voyant et fut effrayée par son aspect. Le trajet en voiture de la maison de ses parents à l'hôpital lui avait paru interminable... deux heures atroces à se ronger d'impatience et d'anxiété. Bob lui avait dit au téléphone que les résultats des premiers examens indiquaient que tout allait bien, que Harry ne souffrait d'aucune lésion grave, mais, en dépit de cela, son esprit était à la torture. Elle se souvenait de toutes les histoires qu'elle avait lues ou entendues au sujet de personnes qui, après avoir été sauvagement agressées, avaient perdu un œil, étaient devenues aveugles ou étaient restées paralysées, ou avaient souffert d'autres séquelles toutes plus abominables les unes que les autres. Et dans sa tête revenaient constamment des termes tels que « blessure, souffrance ou victime ».

Et, de temps en temps, s'imposait à son esprit la gêne qu'elle avait éprouvée en recevant l'appel de Bob chez ses parents, s'attendant à tout instant à ce qu'il demandât pourquoi elle se trouvait chez eux, s'il y avait un problème entre Harry et elle, mais le ton qu'il avait employé n'était même pas interrogateur (du moins, elle n'avait pas eu cette impression) et il s'était contenté de lui dire que Harry avait été blessé, sans gravité avait-il ajouté pour la rassurer. Pourtant, encore maintenant, alors qu'elle était en route pour l'hôpital, elle sentait le rouge de la confusion lui monter aux joues.

Elle luttait aussi contre un sentiment de culpabilité, pensant que, si elle n'était pas partie, tout ça ne serait pas arrivé, mais songeant au même instant que c'était ridicule ; peut-être bien, mais si j'avais été à la maison, j'aurais au moins pu prendre soin de lui... mais tu n'aurais rien fait de plus que Bob, et en réalité, tu en aurais fait moins car lui, après tout, il est médecin... Je sais, je sais, mais du moins j'aurais été là... Oh, je ne sais pas, je ne sais pas...

et Linda essayait de faire taire ses pensées, de les chasser de son esprit avec les larmes qui jaillissaient de ses yeux, mais elle continuait à subir les assauts de cette confusion, de cette anxiété, de cette appréhension et de ces craintes qui la torturaient.

Elle longea rapidement le couloir menant à sa chambre et, emportée par son élan, s'arrêta à quelques centimètres seulement de son lit. Harry la regarda et esquissa un sourire, mais son visage se crispa immédiatement et il eut un tressaillement de douleur involontaire, et elle se précipita vers lui, le prit dans ses bras et le serra contre elle. Oh, Harry, Harry, si tu savais comme je suis désolée de ce qui t'est arrivé, tu te sens bien ? Et soudain, elle songea qu'elle était peut-être en train de lui faire mal. Elle ouvrit les bras et se recula d'un pas. Oh, mon chéri, je suis désolée. Je ne t'ai pas fait mal ? Je suis stupide. Pardonne-moi. Je...

Non, non, ça va. Ça a l'air pire que ça ne l'est en réalité. Il la regarda, essayant désespérément de sourire et de ravaler les sentiments de culpabilité et d'humiliation qui l'accablaient.

Linda le regardait fixement, les yeux pleins de larmes, hésitant à pardonner ou à condamner. Elle avait l'impression de ne pas avoir vu son mari, l'homme qu'elle aimait, depuis une éternité, et il paraissait si désarmé, si vulnérable... si... attristé que ses résolutions furent vaincues, lentement mais sûrement, par son propre désir et la peine qu'elle lisait sur son visage. Elle s'assit sur le bord du lit. Tu es sûr que ça va, mon chéri ?

Harry sentit qu'il hochait la tête, et il aurait voulu tendre les bras, la saisir, l'attirer contre lui, l'embrasser et l'étreindre, ou simplement la toucher... sa main, sa joue... uniquement la toucher, et lui dire qu'il l'aimait, mais il ne parvenait qu'à secouer la tête tout à son désir de la prendre dans ses bras et luttant contre le démon qui tirait sa force insurmontable des remords et de l'humiliation qu'il éprouvait et le plongeait tout entier dans un noir et profond désespoir. Il tourna la tête au moment où Bob entrait dans la chambre.

Bonjour, Linda. Comment allez-vous ?

Je n'arrive pas à le savoir, secouant la tête et tentant de sourire.

Allons, ne vous inquiétez pas, en lui pressant l'épaule avec un sourire, tout va bien. Il semble que l'individu qui vous tient lieu de mari vivra. Linda soupira et fut prise d'un soulagement si soudain qu'elle crut un moment s'écrouler ou s'évanouir. Aucune trace de fracture ou de commotion, en s'adressant à Harry, aucune complication de nature cardiaque ou autre.

Complication cardiaque ?

Bob eut un sourire rassurant et leur mit la main sur l'épaule. Il n'y a pas de quoi s'inquiéter. Chez certaines personnes, en particulier les personnes âgées, un incident de ce genre peut provoquer des troubles cardiaques, si bien que nous vérifions toujours le bon fonctionnement du cœur, par habitude. En tout cas, vous êtes en pleine forme... enfin si je puis dire, compte tenu de votre état, en riant et en leur pressant l'épaule.

Linda sourit, Harry s'efforça d'en faire autant sans y parvenir tout à fait.

Quand pourra-t-il rentrer à la maison ?

Tout de suite si vous voulez. Mais ménagez-vous pendant un jour ou deux.

Harry se sentit subitement prit de panique. Je pourrai quand même aller au bureau demain n'est-ce pas ?

Je pense que oui, à condition de ne pas forcer. Prenez le train un peu plus tard pour éviter la bousculade de l'heure de pointe. D'accord ?

Harry acquiesça.

Bon, et venez me voir au cabinet dans une semaine pour que je vous examine.

Merci.

Merci Bob, je vous suis très reconnaissante de tout ce que vous avez fait, en souriant et en lui pressant la main.

Je vous en prie, Linda. Après tout, je ne pouvais pas faire

moins. Chaque fois que nous jouons au golf, il me laisse le battre de deux points. N'oubliez pas, dans une semaine.

Bob partit. Linda et Harry se regardèrent avec embarras pendant un instant.

Bon, eh bien je crois que je ferais mieux de m'habiller.

Harry s'assit dès qu'ils furent arrivés chez eux.

Tu veux boire quelque chose, mon chéri ? Un café, un jus de fruits ?

Non, non, merci... chérie, en souriant faiblement. Harry se sentait fatigué... épuisé ; trop las pour continuer à lutter contre lui-même, et la trêve fut conclue. Il fut pris d'une immense tendresse. Je crois que j'ai seulement envie de te regarder.

Linda s'assit sur le bras du fauteuil et prit sa main dans les siennes. Harry les regarda un instant, puis en caressa une du bout des doigts, et il posa sa tête sur son bras, jouissant du contact doux et léger, de la délicatesse et de la chaleur de ses mains, momentanément apaisé.

Pendant le restant de la soirée, il se passa peu de choses, et peu de mots furent échangés chez les White. Bien que Harry ne souffrît guère que de quelques coupures et de quelques contusions, ils avaient tous deux été traumatisés par les récents événements, se sentaient nerveusement épuisés et désiraient par-dessus tout éviter les sujets de conversation graves et les questions embarrassantes.

Ils allèrent se coucher tôt et chacun d'eux passa une nuit reposante comme ils n'en avaient pas connu depuis longtemps.

Dès onze heures, le lendemain matin, Harry s'agitait dans son fauteuil ; il fut tenté de sortir pour aller faire un tour, mais décida de s'en tenir à l'habitude récente qu'il avait prise de rester au bureau toute la journée et il se calma en se promettant d'aller baiser une quelconque salope le soir-même, peut-être à l'ouest, du côté des docks.

Il n'avait pas oublié ce qui s'était passé, mais le souvenir de la raclée qu'il avait prise et la pensée que Linda pourrait le quitter encore une fois étaient impuissants à l'arrêter. Une force irrésistible semblait le pousser vers la folie ou vers la mort.

Il s'arrêta dans un restaurant pour prendre un dîner léger ; de nombreux clients se pressaient devant la caisse pour payer et Harry attendit que la queue se fût un peu clairsemée, avec l'impression d'avoir une boule de plomb dans l'estomac, en proie à l'appréhension et à l'anxiété habituelles, se disant qu'il devrait rentrer chez lui et sachant qu'il n'en ferait rien. Il froissa soudainement l'addition qu'il tenait dans sa main, la mit dans sa poche et adressa un signe aux personnes qui se trouvaient devant la caisse. Je vous attendrai dehors, j'ai besoin de prendre l'air et il se dirigea vers la sortie. Il avait envie de courir et, une fois dans la rue, de s'enfuir à toutes jambes, mais il se força à parcourir lentement, d'un pas normal, la distance interminable qui le séparait de la porte, et, lorsqu'il y fut, il se força à rester sur le seuil quelques instants, puis il sortit et marcha lentement, oh, tellement,

tellement,

lentement

jusqu'au coin de la rue et il tourna, fit encore quelques pas, s'arrêta et s'appuya contre un mur.

Son cœur cognait si fort dans sa poitrine qu'il avait du mal à respirer. Tout son corps, son être tout entier étaient en proie à des sensations qui allaient le submerger. Il n'arrivait pas à croire que son cœur put battre si fort. Et ce nœud dans son estomac qui semblait remonter et lui serrer la gorge.

Il était certain d'avoir déjà éprouvé ces sensations dans un passé lointain et oublié depuis si longtemps que tout s'embrouillait dans son esprit quand il cherchait à les identifier. Il renonça rapidement en songeant que ses efforts étaient probablement vains. Il n'avait jamais volé auparavant et donc il était normal que ces sensations lui fussent étrangères. Pendant une seconde, il se demanda pourquoi il avait fait ça. Que serait-il arrivé si quelqu'un l'avait soudainement retenu par le bras à la porte ? Ou s'ils l'attrapaient maintenant, et, qui sait, appelaient la police ? Il regarda autour de lui et se mit à déglutir à toute vitesse. Bon Dieu, son estomac lui remontait à la gorge. Et subitement, il reconnut ces sensations. En un éclair tout lui revint. Ses craintes à l'idée d'être pris disparurent. Rien n'existait plus hormis cette surexcitation qui s'emparait de lui. Cette même surexcitation qu'il avait connue la première fois qu'il allait coucher avec une fille. Il n'était pas certain de baiser. Tony lui avait dit qu'avec cette nana-là, c'était dans la poche, mais ça n'était pas la première fois qu'on lui disait ça.

Ce jour-là, il s'en souvenait, il avait eu peur de chier ou de pisser dans son froc tellement il mouillait. Mais non. Et c'était ce qu'il ressentait maintenant. La même surexcitation, avant et après. La même sueur dans le dos. Le même dégoût dans la bouche. La même joie dans le cœur. Harry White se redressa. Il sourit. Il jeta un coup d'œil heureux autour de lui. Bon Dieu, qu'il était bien dans sa peau ! Il serrait l'addition dans sa main au fond de sa poche. Il l'en sortit et la plia soigneusement et il la rangea dans son portefeuille, puis il l'en retira, inscrivit la date dessus et l'y remit. Il ne se sentait pas seulement heureux de vivre, il se sentait libre. Ouais, libre. Mon salaud. Putain de salopard. Ouais. LIBRE. Ce fut d'une démarche presque bondissante qu'il alla à la gare prendre le train pour rentrer chez lui.

Lorsque Harry lui téléphona pour l'avertir qu'il rentrerait tard, Linda eut littéralement l'impression que son cœur cessait de battre. Elle n'arrêtait pas de hocher la tête devant l'appareil et réussit finalement à prononcer quelques mots. Elle ressentait une telle nausée en raccrochant qu'elle dut rester assise de longues et angoissantes minutes à trembler de tout son corps.

Elle n'arrivait pas à croire qu'il ait pu laisser quoi que ce soit l'empêcher de rentrer à la maison à l'heure ce soir-là, le premier jour qu'elle passait chez eux depuis son retour de chez ses parents.

Elle n'arrêtait pas de se répéter que seul l'état de santé de Harry était à l'origine de ses craintes, que peut-être certains détails avaient échappé aux examens... un... un... un caillot de sang ou quelque chose d'analogue.

Mais, elle savait qu'elle se leurrait.

Elle savait qu'elle ne craignait pas de perdre Harry à cause d'un caillot de sang ou d'un quelconque désordre physiologique.

Lorsque Harry rentra, infiniment plus tôt qu'elle ne s'y attendait, Linda fut surprise, abasourdie. Puis elle réalisa. Malgré l'inextricable foisonnement de sentiments qui l'agitaient, elle réalisa.

Harry souriait. En dépit de ses contusions et de ses pansements, il souriait...

Ils s'assirent et parlèrent un moment, burent du café et grignotèrent du fromage et des biscuits. Du fromage qui pue. Le relâchement de tant de craintes et de tensions accumulées leur apportait un soulagement tellement incroyable qu'ils en oublièrent leur hystérie.

Cette nuit-là, ils firent l'amour. Puis, étendus dans les bras l'un de l'autre, ils parlèrent de la nuit, des étoiles, de leur vie, et surtout de leur amour...

puis, doucement, insensiblement ils sombrèrent dans un sommeil réparateur.

Harry était plus qu'exalté, il fut en proie à une espèce de folie pendant plusieurs jours. Il se sentait un homme neuf. Ouais. Un Novus Homo, un homme libre, délivré.

Il reprit rapidement une existence normale. La porte de son bureau restait ouverte la plupart du temps. Il rentrait chez lui à l'heure sauf en de rares occasions, parfaitement justifiées d'ailleurs. Il déjeunait généralement en compagnie de Walt et des autres. Il fournissait un travail accru et de meilleure qualité. Avec toujours ce même sentiment de liberté. Chaque fois que l'insatisfaction lui rongeait les tripes, et que sa peau se mettait à fourmiller et que ces angoisses vagues, indéfinissables s'emparaient de lui, il prenait tout simplement un déjeuner en ville sans payer. Comme ça. C'était si facile qu'il avait peine à y croire. Mais c'était ainsi. Et il était ainsi. Un repas pour rien et il se sentait bien. Il était stupéfait de pouvoir faire une chose pareille. Mais il le pouvait. C'était comme ça. Et il le faisait.

De temps en temps, il se demandait ce qui se passerait si on lui demandait pourquoi il ne payait pas sa note et il suivait cette pensée juste assez longtemps pour ressentir un frisson d'appréhension, puis il la chassait de son esprit avant qu'elle ne l'empêche de sortir du restaurant avec un signe de la main. Tu t'en occupes, Henry. Je t'attends dehors. Et de toute façon, il pourrait toujours prétendre que c'était un oubli de sa part, qu'il était préoccupé et ne s'était aperçu de rien et il pourrait toujours payer à ce moment-là en protestant comme il convenait de sa bonne foi. D'ailleurs, qui pourrait croire un seul instant qu'un homme de sa condition essaye vraiment de partir sans payer son addition ?

Linda s'aperçut qu'elle avait recouvré sa voix tandis qu'elle s'activait de nouveau dans la maison en chantant et qu'elle se promenait dans le jardin en parlant avec Harry Junior et en lui apprenant les noms des plantes et des fleurs. Elle fut tout d'abord surprise par le son de sa voix, puis par la découverte qu'elle avait été longtemps (mon Dieu, combien de temps ?) sans chanter.

Elle entendait et sentait renaître sa joie de vivre ; et elle fut ébahie de voir à quel point son jardin avait l'air abandonné. Elle se mit à débroussailler, à émonder, à bêcher et à arracher les mauvaises herbes avec enthousiasme et énergie tout en répondant au flot incessant des questions de Harry Junior.

Et, le temps passant, ses craintes et ses angoisses enfuies, elle prit conscience de l'état de peur et d'anxiété où elle avait vécu. Ce n'est qu'avec la disparition de ces craintes et de ces angoisses qu'elle s'aperçut combien elle en avait souffert au cours de ce qui lui semblait être une éternité.

Le seul point de repère dans le temps qu'elle possédât, c'était ce refrain qu'elle avait dans la tête et qui lui disait que tout était comme il y avait un an.

Un an ? Est-ce qu'il s'était vraiment écoulé si longtemps depuis le moment où son désespoir s'était mis à croître et où le mari qu'elle aimait, qu'elle chérissait, s'était mis à ressembler un peu plus chaque jour à un étranger ? Se pouvait-il vraiment qu'il se soit écoulé tant de temps ? Comment avait-elle survécu ? Comment avaient-ILS survécu ? Bien sûr, il y avait eu quelques instants, quelques jours, quelques fois, ici ou là, où les choses allaient bien, mais, en y repensant, la douleur lui paraissait si vive qu'il lui semblait ne pas pouvoir y résister une semaine, encore moins une année. D'ailleurs, quoi qu'il en soit, ça n'avait plus d'importance à présent. Que cela ait duré ou non était sans intérêt. Tout était comme avant. Ils parlaient, plaisantaient et riaient et Harry la prenait dans ses bras et l'embrassait et la serrait contre lui et lui chuchotait à l'oreille et ils faisaient l'amour...

et ils se tenaient ensuite par la main et s'émerveillaient de la douceur de la nuit. Et Harry ne se dressait plus dans son lit au milieu de la nuit comme s'il venait de rencontrer la mort. Leur maison était à nouveau celle de la joie de vivre, de l'amour et du bonheur. Oui, tout était comme avant. Dieu merci. Et elle était enceinte.

17

Harry fut agréablement surpris quand Linda lui apprit qu'ils allaient avoir un deuxième enfant. Ce serait bien pour Harry Junior d'avoir une petite sœur. Et il reconnut qu'il aurait été stupide d'attendre plus longtemps pour avoir un second bébé. Quand on y songe, Harry Junior aura cinq ans lorsqu'il naîtra. Et je pense que c'est une différence d'âge amplement suffisante.

Harry attendit avec impatience de voir apparaître sur le visage et dans les yeux de Linda cet air heureux que lui donnait la grossesse, et de sentir les coups de pied du bébé mécontent de se trouver confiné dans un espace si restreint et si sombre. Il n'allait pas tarder à se débattre et à se frayer un chemin vers la liberté et la lumière. Simple question de temps. Il suffisait d'attendre.

De même qu'il suffit d'attendre pour voir l'histoire se répéter et devenir réalité. Ce fut ce qui se passa pour Harry le jour où, sortant d'un restaurant sans avoir payé, il ne s'aperçut même pas de ce qu'il venait de faire. Il n'y eut en lui aucun signe, pas la moindre manifestation pour lui permettre d'en prendre conscience. Il parcourut quelques centaines de mètres avant de réaliser. La première chose qui le frappa en fait fut qu'il n'éprouvait pas la sensation habituelle. Il ne ressentait rien du tout. Il ne se souvenait même pas d'avoir éprouvé la moindre appréhension, la moindre crainte avant de quitter le restaurant, et, maintenant, il ne ressentait pas la moindre surexcitation. Uniquement une impression de vide. D'abandon.

Il s'enferma dans son bureau et se mit à réfléchir à tout ça, mais il dut renoncer rapidement car il fut pris de panique et commença à trembler. À ses yeux, tout cela ne pouvait signifier qu'une chose : sa vie allait redevenir un véritable cauchemar, et il préférait se tuer plutôt que d'en arriver là. Tout mais pas ça. Plus maintenant. Il chassa ces pensées de son esprit et se plongea dans son travail.

Dans le train en rentrant chez lui, cette idée et cette crainte l'assaillirent de nouveau, cherchant à s'imposer à lui, mais il les chassa, leur refusant le droit d'exister et de s'exprimer. Le lendemain matin, il dit à Linda qu'il travaillerait tard ce soir-là, mais, lorsqu'il vit le visage de sa femme s'assombrir, il ajouta qu'il rentrerait dans la soirée et qu'il ne dînerait pas pour pouvoir souper avec elle.

Ce même soir, deux heures après que tout le monde fut parti, il erra dans le siège de la société. Dans cette vaste étendue de bureaux il était absolument seul. C'était à la fois étrange et un peu inquiétant.

Il alla d'un bureau à l'autre, fouillant les tiroirs, tout surpris d'y trouver de l'argent, des bijoux, des montres et mille et une petites choses.

Il monta à l'étage supérieur et parcourut d'autres bureaux. Ici encore il ne semblait y avoir personne. Pas le moindre bruit. Un silence sépulcral régnait. Il s'entendait respirer... puis il perçut le bruit d'un ascenseur qui montait, et il se figea et attendit jusqu'au moment où il fut certain que l'ascenseur avait dépassé l'étage auquel il se trouvait. Il avait l'impression que ses jambes et ses genoux étaient en coton. Ses tripes étaient tordues, nouées. De nouveau il éprouvait ce frisson d'excitation. Non seulement tous ses sens étaient en éveil, mais leur pouvoir était décuplé.

Il passa d'un bureau à l'autre, ouvrant et refermant les tiroirs, silencieusement et précautionneusement tout d'abord, puis d'une façon plus naturelle et moins discrète. En tout, il récolta dix-sept dollars et trente-sept cents dont la moitié, ou presque, en monnaie. En petite monnaie. Il descendit lentement l'escalier jusqu'à son bureau, puis il prit l'ascenseur jusqu'au rez-de-chaussée. Son cœur cognait dans sa poitrine et les battements résonnaient jusque dans ses oreilles lorsqu'il dit bonsoir au gardien, conscient du poids de toutes ces pièces dans sa poche. Sa première idée avait été de les mettre dans un sac et de les jeter aussitôt dans une bouche d'égout, mais finalement il décida de les rapporter chez lui. Le seul fait de sentir les pièces dans sa poche suffisait à entretenir son excitation. Il était en proie à une exaltation intense. Le lendemain, il se rendit dans une banque et fit une provision de petits sacs spéciaux pour emballer les pièces.

Le Dr Martin se réjouissait de voir l'état de Harry s'améliorer de façon spectaculaire. À ses yeux, il était évident qu'il avait réussi à franchir la barrière du surmoi de Harry et que, le processus de sublimation étant arrivé à son terme, ils allaient pouvoir se pencher plus profondément sur l'enfance et l'Œdipe de Harry sans risquer de le traumatiser. Oui, le Dr Martin était vraiment très satisfait et il souriait, jubilait intérieurement et tirait sur sa pipe tout en écoutant Harry.

Bien qu'il arrivât encore à son mari de rentrer tard de temps en temps, Linda ne s'en inquiétait pas outre mesure. En fait, tout se passait comme aux premiers temps de leur mariage — ils étaient mariés depuis bientôt six ans — sauf, bien sûr, qu'il mettait plus longtemps à rentrer en raison de l'éloignement. Mais pour le reste, tout était identique. Harry était gai, et ils passaient les soirées et les week-ends ensemble, et elle pouvait se consacrer tout à lui et l'accueillir à bras ouverts.

Et puis il y avait cette vie qu'elle portait en elle. Cette vie qu'elle sentait et qu'elle voyait. Et Harry posait sa tête sur son ventre qui s'arrondissait, écoutait et disait : tu as raison, chérie, à l'entendre, ça m'a tout l'air d'être une fille. Et plus son ventre s'arrondissait, plus la vie se développait en elle, plus elle éprouvait un sentiment de paix.

En explorant l'immeuble où se trouvaient les bureaux de sa société, Harry s'aperçut qu'il lui serait facile de pénétrer dans d'autres immeubles, même dans ceux qui étaient surveillés par un gardien de nuit. Il était aisé de déterminer l'heure approximative à laquelle il faisait sa ronde, si toutefois il en faisait une, et de s'organiser en conséquence. Une fois, il resta dans les toilettes pour hommes pendant plus d'une heure, attendant pour en sortir d'être certain que les bureaux étaient vides. Assis sur le siège, dans ce petit réduit, l'attente lui parut pesante, interminable. Puis il prit conscience du sentiment grandissant d'excitation qui s'emparait de ses jambes et de ses reins, de la peur d'être pris qui grondait en lui et lui tordait les tripes. Il se laissa volontairement envahir par ces sentiments et ces sensations, et il perdit la notion du temps et se laissa bercer par l'émoi qui palpitait en lui.

Il se promena dans les bureaux, ouvrant et refermant les tiroirs en faisant de plus en plus de bruit. Au début, il se borna à prendre l'argent qu'il trouvait ici et là, pièces et billets étant impossibles à identifier. Personne ne pouvait l'arrêter dans la rue et l'accuser de vol parce qu'il avait quelques dollars en trop dans sa poche, même s'il avait sur lui une quantité de monnaie tout à fait inhabituelle. Mais le sentiment d'exaltation que cela lui procurait se fit bientôt moins fort, et il se mit à arpenter les bureaux, comme s'ils lui appartenaient, en faisant le plus de bruit possible. Puis il se mit à prendre des petits objets, des bagues et des montres, et il les conservait dans sa poche ; et, juste avant de rentrer chez lui, il les jetait.

Les mois passant, il lui devint de plus en plus difficile de changer la nervosité qu'il éprouvait en un sentiment d'exaltation. Il commença à prendre des objets plus volumineux tels que des additionneuses, des calculatrices et diverses machines et équipements de bureau, en se forçant à les garder sur lui pendant plusieurs centaines de mètres avant de les abandonner sur le trottoir. Un soir, il prit une machine à écrire au dixième étage d'un immeuble ; il n'était pas arrivé au cinquième qu'il pensa qu'il allait devoir la laisser là. Les muscles de ses bras étaient douloureux et il avait un début de crampe. Il avait l'impression que ses mains étaient en sang. Son cœur battait à tout rompre et il était aveuglé par la sueur qui coulait de son front. Il trébucha, chancela au bord d'une marche, sentant son corps basculer vers l'avant, lentement, sur le point de rouler dans l'escalier et peut-être de se faire écraser la tête par la machine à écrire, et il lutta désespérément contre les lois de la pesanteur et parvint finalement à se rejeter en arrière, et il heurta le mur et il resta là, haletant...

Il ne voulait pas laisser la machine là. Il songea qu'il ferait peut-être mieux de la poser par terre et de se reposer quelques instants. Ouais, juste quelques instants... Juste quelques... Non ! Non ! Il n'arriverait jamais à la soulever à nouveau. Il en était sûr. Absolument certain. Et il fallait sortir cet engin de l'immeuble. Il le fallait. Il resta adossé au mur, sentant la sueur couler sur son visage et regardant les gouttes qui s'écrasaient sur la machine à écrire. Tous ses foutus muscles étaient douloureux et il avait l'impression qu'il n'allait pas pouvoir tenir le coup une seconde de plus, mais il se sentait tellement excité que son bassin se mouvait lentement, en rythme...

Il se passa la langue sur les lèvres à plusieurs reprises, se secoua et commença à descendre l'escalier lentement, l'épaule appuyée contre le mur, avançant précautionneusement un pied, puis l'autre, cherchant la marche suivante à tâtons, comptant soigneusement les degrés pour ne pas trébucher sur le palier. Huit marches, un palier, un tournant, et encore huit marches pour arriver à l'étage inférieur. Encore trois étages. C'était au-dessus de ses forces. La machine était suspendue à ses mains. Elle frottait contre le haut de ses cuisses. Il s'arrêta un instant sur le palier. Tout son corps lui hurlait de poser cette saloperie par terre et de se tirer. Mais il s'y refusait. Il allait la porter jusqu'en bas et sortir de l'immeuble avec. Il n'allait pas céder à la douleur. Il tiendrait le coup. Encore huit marches. Un tournant. Et huit autres marches. Plus que deux étages. Il avait l'impression que sa cage thoracique allait exploser. Si encore il pouvait se reposer. Seigneur, il fallait qu'il se repose. Il continua à descendre. S'il s'arrêtait, il ne pourrait plus repartir. Il fallait qu'il continue sur sa lancée. Encore huit marches, là, doucement. Les pieds qui cherchent chaque marche à tâtons et s'y posent précautionneusement. Un palier. Laisse-toi glisser contre le mur. Et sa tête qui le tire vers l'avant. Aveuglé par la sueur qui coule et inonde le clavier. Encore des marches. Encore des marches. Toujours des marches. Un autre étage. Plus qu'un. Dieu du ciel, encore un. Tombe presque. Se redresse en s'adossant au mur. La machine lui rentre dans les mains. Et les marches qui semblent plus hautes. J'arrive plus à les trouver. Descends. Descends. Un palier. Merci Seigneur. Laisse-toi glisser, laisse-toi glisser le long du mur. Encore huit marches. Où est-elle cette putain de marche ? La marche. Plus que quelques-unes. T'es presque en bas. Plus qu'une marche... Y EN A ENCORE UNE ! ! ! Bordel de merde ! Il faillit tomber. Il s'appuya contre le mur, à cheval sur deux marches. Il jeta un coup d'œil par-dessus la machine. Encore quatre. Comment ça se fait, bordel ? Devrait y en avoir que huit. Pourquoi douze ? Pas possible. J'y arriverai pas. J'peux pas tourner. J'vais plus droit. Faut qu'je tourne. Trouver la marche suivante. Où est-elle ? Faut que j'descende. Mais ouais, c'est ça ! au premier étage, y a douze marches. Encore une. Encore une, bordel. Descends, descends, descends, nom de Dieu ! Ça y est. La porte. Merde ! j'arrive pas à l'ouvrir. Peux pas la tirer. P'têt' qu'il faut pousser. Il s'appuie sur la porte. Pour voir. Elle bouge. ELLE BOUGE ! ! ! Il jette un coup d'œil dans le hall. Le traverse en titubant. Encore des portes. Il les ouvre en les poussant avec son épaule. La rue. Le voilà enfin en pleine rue. Fait froid. Avance. Il marche en titubant jusqu'au coin de la rue. S'appuie contre le mur de l'immeuble. Il tourne le coin et fait quelques pas. Avance encore. Remue-toi un peu, espèce de gros cul. J'sais qu't'en es capable. Encore. Le corps qui hurle, à l'agonie. Allez salaud, avance. Descends la rue. Voilà, ouais, ici. Il s'arrête. Pose la machine par terre.

Se redresse. Haletant. Son corps et ses vêtements trempés de sueur. S'essuie la tête puis prend son mouchoir dans sa poche et s'essuie le visage. Tu y es arrivé. Hein, mon salaud, tu vois que tu y es arrivé. Ouais, hahahahahaha. Il se remet en route, riant toujours. S'arrête un instant et porte sa main à son entrejambe. Eh bien, mon salaud, cette putain de machine à écrire t'a mis en chaleur. C'est mieux que de renifler des selles de bicyclettes. Et il rit, il rit, et se remet à marcher lentement vers la gare. Son corps est las, épuisé, mais il est bourré d'adrénaline et le sang coule à flots dans ses veines et irrigue ses muscles fatigués. Un sentiment d'ivresse, d'exaltation intense, presque insupportable. Il se souvient du Finn Hall, de l'American Legion, des Knights of Columbus et de cent autres petits dancings sans nom et oubliés où il dansait, et bavardait, et riait, et fixait une nana dans les yeux, et posait sa main fermement à l'intérieur de ses cuisses, puis quittait lentement le dancing, et une fois dans la rue prenait un taxi pour se faire conduire à une maison inconnue, en se demandant s'il n'allait pas tomber sur le mari en y arrivant, ou si celui-ci n'allait pas lui tomber dessus alors qu'il se trouvait encore chez lui. Bon Dieu, il se sent en pleine forme. Chacun de ses os et chacun de ses muscles lui font mal à hurler, et il se sent en pleine forme. Dans une forme éblouissante ! ! !

Harry était resté si longtemps dans un bureau le soir précédent qu'il avait bien failli manquer le dernier train ; en dépit de cela, il s'était senti déprimé en quittant l'immeuble, et, maintenant, alors que la moitié de la matinée s'était écoulée, son corps commençait déjà à se crisper sous l'effet d'une anxiété croissante. Un autre changement de ses habitudes s'avérait nécessaire. Il ne pourrait pas attendre une semaine ou deux comme il l'avait espéré, ni même quelques jours. Il allait devoir recommencer ce soir-là. Sitôt la décision prise, il se sentit soulagé et l'anxiété fit place à l'appréhension et à l'attente.

Mais il avait d'autres raisons d'être anxieux. Linda en était au neuvième mois de grossesse et pouvait accoucher d'un jour à l'autre. D'un jour à l'autre ou d'un soir à l'autre.

Et il voulait être auprès d'elle le moment venu. Il y tenait absolument. Pour pouvoir l'emmener à l'hôpital et se trouver là quand le bébé viendrait au monde, pour prendre la main de sa femme et l'embrasser sur le front lorsqu'elle sortirait de la salle d'accouchement. Harry Junior était déjà chez ses grands-parents paternels et la valise de Linda était faite. Seigneur, il voulait se trouver à ses côtés, mais il savait qu'il lui serait impossible de rentrer directement chez lui ce soir.

Il y avait toutefois une chose qu'il pouvait faire : il pouvait avancer l'heure de son expédition. À cette idée, il fut aussitôt pris d'une excitation intense. Ouais, bien sûr, s'y mettre avant d'être certain que tout le monde avait quitté les lieux. Bon Dieu — il serrait ses cuisses l'une contre l'autre et contractait ses muscles —, ça arrangeait tout. Il connaissait l'horaire de la plupart des vigiles chargés de la surveillance des grands immeubles de bureaux ; ces gens-là procédaient tous plus ou moins de la même façon. Il se mettrait en route tôt et verrait s'il pouvait manquer le gardien de quelques minutes. Bon Dieu, c'était une idée sensationnelle ! Rien que d'y penser, il avait une boule dans l'estomac et une autre dans la gorge. Son corps fut agité de spasmes convulsifs pendant un instant, puis il se mit au travail pour le restant de la journée.

Le soir même, il n'eut pas à attendre l'heure de la ronde du vigile pour satisfaire son obsédante passion. Il se promenait dans un bureau depuis quelques minutes lorsque, au détour d'un couloir, il faillit rentrer dans une femme de ménage. Il la saisit par les bras pour l'empêcher de tomber et, tandis qu'ils cherchaient à retrouver leur équilibre, la femme s'excusa, et il se décomposa en voyant qu'elle le regardait, et il eut l'impression qu'il allait se mettre à dégueuler, ou à chier dans son froc, et, pris de panique, il essaya de commander à ses jambes de bouger ; mais au même instant il s'accrochait à elle et se hurlait de rester, de ne pas s'enfuir, et il s'aperçut que ses doigts étaient plantés dans les bras de la femme, sans qu'il pût les desserrer, et elle continuait à dire qu'elle était désolée, vous n'avez pas de mal ? J'espère que je ne vous ai pas sali, et Harry s'accrochait à elle et luttait et faisait non de la tête, sans bien comprendre ce qu'elle disait tant son cœur battait, et finalement elle parvint à se dégager, mais il fut incapable d'ouvrir les mains pour autant, et il tenta d'esquisser un sourire en lui demandant si elle n'avait pas de mal, et il enfouit ses mains crispées dans ses poches, et cette garce qui n'arrêtait pas de s'excuser, et lui qui voulait se tirer au plus vite et ne pouvait que rester là à sourire, encore et encore, à cette abrutie, et, finalement, il réussit à faire quelques pas en arrière, doucement, avec ce putain de sourire complètement idiot sur le visage et dans la tête les battements assourdissants de son cœur, ça va, y a pas de mal, vraiment pas de mal, et il fit enfin demi-tour et s'éloigna lentement, la vue brouillée, en proie au vertige, et il ouvrit la porte de l'escalier, descendit jusqu'au sous-sol et quitta l'immeuble. Une fois dehors, il s'engouffra dans une impasse, toujours conscient de la présence des piétons et des voitures qui passaient à quelques mètres de lui, et il dégueula ; puis, adossé au mur, il contempla la mare de vomissures qui s'étalait à ses pieds, sentant son corps envahi par cette sensation exaltante qu'il connaissait bien, et une grande bouffée d'air envahit soudain sa gorge brûlante, et il eut de nouveau un haut-le-cœur, puis un autre, puis il se redressa lentement, et il perçut les voix des passants, et il eut envie de crier, de rire, et de leur donner des grandes claques dans le dos en leur souhaitant un bon anniversaire, ou une bonne année, ou une joyeuse Hanoukka [1], ou un bon n'importe quoi, ou de se mettre à danser et à chanter, ou d'ouvrir les portes des prisons, ou de suivre la route pavée de briques jaunes qui mène au pays d'Oz et lancer un défi à Frank Morgan [2], et peut-être détraquer quelques-unes de ses machines infernales et tout

1. Fête juive commémorant la dédicace du Temple par Judas Maccabée. (*N.d.T.*)

2. Le pays d'Oz est le lieu où se déroule l'action des contes de fées écrits par Lyman Frank Baum, dont l'un des héros est Frank Morgan. (*N.d.T.*)

s'évanouirait dans un feu d'artifice en technicolor parce que, bon Dieu, il se sentait en pleine forme et il ne demandait qu'à brandir son épée et à crier à cette bande de manants qui se pressaient dans la rue de lui amener des géants, oui par Dieu, voilà ce qu'il lui fallait, des GÉANTS ! ! !

des GÉANTS ! ! !

ou peut-être un bébé. Oui, par Dieu, un bébé. Une merveilleuse petite fille pour tenir compagnie à son fils et héritier. Il s'essuya la bouche et le visage avec son mouchoir, puis il nettoya ses chaussures et les jambes de son pantalon et lança adroitement le mouchoir dans une poubelle. Après quoi il quitta rapidement l'impasse et prit un taxi jusqu'à la gare.

Il arriva chez lui juste à temps. Il conduisit Linda à l'hôpital et resta dans la salle d'attente pendant quelques minutes, jusqu'au moment où les infirmières réussirent à le convaincre de rentrer chez lui ; sa femme n'allait pas accoucher avant des heures, et il était inutile qu'il restât là.

Le sentiment d'exaltation qui l'avait soutenu jusqu'alors disparut instantanément quand il se retrouva seul dans la maison après avoir fermé la porte derrière lui. Cette demeure lui sembla soudain immense et pleine de recoins sombres. Il alluma le poste de télévision et essaya de prêter attention à l'émission en cours, mais il ne cessait de songer à cette maison déserte avec ses recoins lugubres et à Linda. S'il fermait les yeux une seconde, il voyait le corps de sa femme étendu dans un cercueil ; alors il se levait, faisait quelques pas, remplissait sa tasse de café, puis il se rasseyait et tentait encore une fois de se concentrer sur les scènes qui se déroulaient sur l'écran, sans très bien savoir ce qu'il voyait. Il finit par s'assoupir dans son fauteuil, et dormit quelques heures peut-être jusqu'au moment où il fut réveillé en sursaut par la sonnerie du téléphone. Maintenant, il pouvait retourner à l'hôpital. L'accouchement s'était passé normalement ; la mère et la fille se portaient comme un charme.

Il se força à conduire prudemment et à respecter la limitation de vitesse. De nouveau il éprouvait ce sentiment d'exaltation. Mère et fille se portaient bien. Très bien. Tout allait très bien. Depuis un an déjà — il ne savait plus exactement depuis combien de temps — tout allait pour le mieux. Depuis qu'il s'était mis à voler... en fait, il ne s'agissait pas vraiment de vols. Un peu d'argent par-ci par-là. Quant aux machines, elles appartenaient à de grandes sociétés et étaient assurées ; ce n'était une perte pour personne, si toutefois elles étaient perdues. Elles étaient probablement retrouvées dès le lendemain et rapportées à leur propriétaire. Non, on ne pouvait pas vraiment parler de vol, pas au vrai sens du terme. Et même s'il s'agissait de vol, et alors ? ça ne faisait de mal à personne, et il était indéniable que ça résolvait son problème à lui. Depuis qu'il avait commencé, tout allait bien, et même très bien dans sa vie. C'était cela qui comptait.

Un ruban était noué dans les cheveux de Linda. Un ruban rose. Elle était mi-assise, mi-couchée dans son lit quand il entra dans la chambre. Elle rayonnait comme mille étoiles. Il l'embrassa, encore, et encore, et encore, et il prit sa main dans la sienne et lui sourit. Et ils se sourirent sans un mot pendant de tendres, de belles, de longues minutes...

Tu as maigri. Elle pressa sa main, encore plus rayonnante.

18

Il fallait que Harry en finisse avec le Dr Martin. Telle était son intention depuis pas mal de temps, mais il savait qu'il se heurterait aux objections de ses collègues et à celles du docteur lui-même.

Il ne s'agissait pas d'une décision arbitraire. Au début du traitement, Harry était plein d'espoir, mais il avait rapidement compris qu'il ne pourrait pas continuer à se rendre au cabinet du spécialiste. Et ce sentiment se fit si fort et si profond qu'il se transforma bientôt en une certitude absolue. Il lui était tout bonnement impossible de passer plusieurs heures par semaine à se pencher volontairement sur des problèmes qu'il vivait quotidiennement, des problèmes qui continuaient à se poser à lui quand il sortait du cabinet du Dr Martin.

Il savait qu'il devrait attendre le moment propice pour cesser le traitement. Après que son état se fut amélioré, lorsqu'il se sentit mieux et eut recouvré un air et un comportement normaux, il demanda au Dr Martin s'il ne pensait pas que ce serait une bonne idée de réduire le nombre de séances à une par semaine ; en une heure, le docteur lui insufflait la force nécessaire pour tenir jusqu'à la semaine suivante. Martin n'y vit pas d'inconvénients — le processus de sublimation semblait être en bonne voie — et, à partir de ce moment, il ne s'agissait plus pour Harry que d'attendre l'occasion propice pour espacer les séances encore davantage. Elles finirent par se résumer à une par mois, puis cessèrent purement et simplement, étant entendu que Harry appellerait le docteur au moindre trouble et au moindre signe d'anxiété.

Avant d'en arriver là, Harry avait attendu le bon moment, et il n'aurait pu en choisir de plus opportun. Le consortium international dont il avait eu l'idée et qu'il avait aidé à fonder avec von Landor connaissait une réussite prodigieuse. À telle enseigne qu'une filiale avait été ouverte, et elle aussi était en pleine expansion. L'esprit inventif et novateur qui avait présidé à cette entreprise était si remarquable que le magazine *Fortune* avait consacré tout un article à Harry White, l'un des jeunes hommes d'affaires les plus brillants des États-Unis. Le journaliste citait les propos de Harry selon lesquels ce dernier avait eu quelques problèmes qui avaient occasionné l'apparition d'états anxieux et dépressifs, mais un certain Dr Martin l'avait aidé à résoudre ses difficultés, et maintenant, comme vous pouvez le constater, je suis parfaitement capable de travailler avec une efficacité maxima. Ce fut après la publication de cet article que Harry et le Dr Martin se quittèrent définitivement sur une poignée de main et un sourire.

Le résultat fut que Harry se sentit soulagé. Désormais, il pourrait opter pour ses propres solutions sans se croire tenu de se pencher sur ses problèmes. Maintenant que le traitement était terminé, il était, de bien des façons, plus détendu. Il avait toujours su qu'il ne pourrait pas dire au Dr Martin ce qu'il faisait, mais au même instant il s'y sentait obligé. Il s'était toujours tenu sur ses gardes pour être sûr de ne rien laisser échapper qui pût l'amener à être forcé d'avouer la vérité. Et, en dépit de tout cela, il avait toujours éprouvé le besoin pressant de se confier au psychiatre, ce qui n'avait fait qu'aggraver les conflits auxquels il était en proie.

Un dimanche, Harry dit à Linda qu'il allait l'emmener faire une balade en voiture. Je veux te montrer quelque chose.

Ils parcoururent une région où l'habitat était plus clairsemé, puis ils franchirent le portail d'une propriété totalement dissimulée aux regards par de grands arbres. Voilà, tout le monde descend.

Mais où sommes-nous Harry ? Qui habite ici ?

Un ami. Viens, je veux te montrer quelque chose.

Ils firent le tour de la grande bâtisse en pierre de style colonial. La façade arrière donnait sur des jardins qui descendaient en pente douce vers un gigantesque bois, planté essentiellement de bouleaux.

Oh, Harry, c'est splendide ! Absolument magnifique. Je n'ai jamais rien vu de si beau de ma vie. Combien d'arbres y a-t-il ?

Environ un hectare.

Mon Dieu, c'est incroyable ! Qu'est-ce que c'est que cette propriété ? Pourquoi m'as-tu amenée ici ?

Ça s'appelle les bois de White.

Les bois de White ? Je ne comprends pas, en secouant la tête, complètement déroutée.

Eh bien oui, les bois de White. Ou si tu préfères les noms plus longs : les bois et domaines de M. et Mme Harold White, avec un geste du bras et une petite courbette.

Monsieur et madame... tu veux dire, en faisant un geste de la main et en regardant autour d'elle, que tout ça...

Exactement. C'est à nous.

Linda s'assit sur un banc de pierre à côté d'un bassin couvert de nénuphars, et rendit son regard à une grenouille qui se chauffait au soleil sur une feuille.

Je ne sais pas quoi dire. C'est ahurissant.

Eh bien, c'est à nous. Tout ça est à nous. Et tout au fond, derrière les bois — on le voit de ce balcon là-haut — il y a un petit cours d'eau claire et fraîche. Un vrai ruisseau qui babille.

Je n'arrive pas à y croire. Je n'arrive pas à croire que ça — tout ça — nous appartient.

Eh bien, ce n'est pas aussi grand que le Wooddale Country Club, mais il faudra nous en contenter pour le moment. Viens, je vais te montrer l'intérieur de la maison.

Harry se réveillait la nuit lorsque Linda se levait pour donner le biberon au bébé, mais il se rendormait aussitôt. D'ailleurs, même le manque de sommeil n'aurait pas suffi à expliquer pourquoi il se sentait si foutrement nerveux. Il songeait à sa réussite : à l'argent, aux articles qui lui avaient été consacrés dans *Fortune*, le *Wall Street Journal, Dun & Brad*, à leur nouvelle maison et aux bois de White, à sa famille... Il avait tout ce que l'on peut désirer, et jouissait même de l'estime de ses pairs. Alors, bordel, qu'est-ce qui ne tournait pas rond ? les mâchoires contractées et les poings serrés si fort que les jointures de ses doigts en étaient blanches. Penser à tout ça — ses biens, l'amitié de ses collègues, l'amour de sa famille — n'arrangeait rien. Il avait tout, argent, possessions, prestige, mais tout cela était impuissant à faire disparaître ce vague sentiment d'insatisfaction et cette tension nerveuse qui le rongeaient.

Il avait découvert un moyen relativement sûr pour se délivrer de ces sentiments, une méthode certainement supérieure en tout point à celle qu'il utilisait auparavant, mais, maintenant, ce moyen s'avérait peu à peu aussi inefficace et peu sûr que l'ancien. Ça marchait toujours, mais l'effet était de moins en moins durable. Ces derniers temps, il organisait ses petites expéditions de façon à quitter l'immeuble à l'heure où le vigile commençait sa ronde. Bon Dieu, ça c'était excitant ! Bien plus jouissif en fait que de baiser une quelconque nana. Et puis il n'avait plus à craindre d'attraper la vérole. Mais il lui devenait de plus en plus difficile de trouver de nouvelles méthodes capables de maintenir son excitation à un degré suffisant pour lui procurer le soulagement qu'il recherchait.

Il retourna dans le même bureau trois semaines consécutives, et, à chaque fois, il sentit la sueur couler plus abondamment dans son dos. Ils finiraient bien par mettre un gardien supplémentaire, ou du moins par changer l'horaire des rondes, mais, après trois semaines, rien n'avait changé. La fois suivante, il ne pénétra pas dans l'immeuble par l'impasse et le sous-sol, mais par la porte principale ; il sourit au gardien, inscrivit son nom sur le registre et se rendit dans le même bureau. Il prit le contenu d'une boîte pleine de monnaie et laissa un petit mot de remerciement ; après quoi, il regagna le hall, signa le registre des sorties en souriant de nouveau au gardien et en lui souhaitant une bonne soirée.

Le sentiment d'exaltation que lui procura cette aventure

fut intense, mais, après quelques jours, sa nervosité le reprit et il commença à avoir du mal à se concentrer sur son travail.

Chaparder dans les bureaux était désormais inefficace, et cette fois encore, il se remit à délaisser le centre de Manhattan pour le quartier des quais. Il mit au point une procédure compliquée pour choisir l'endroit le plus propice, connaître l'horaire des rondes effectuées par la police et savoir comment il allait s'introduire dans les lieux et en sortir avant le passage des flics. Cette phase préliminaire dura plusieurs semaines, et, tandis qu'il arpentait les rues sombres et jonchées de détritus, il se sentit de nouveau envahi par ce sentiment de soulagement et d'exaltation ; et de nouveau il put se consacrer pleinement à son travail.

Le premier endroit dans lequel il s'introduisit par effraction fut une petite imprimerie. Il força une fenêtre à l'arrière de la bâtisse et se glissa à travers l'ouverture, en prenant soin de rentrer sa cravate dans sa chemise pour éviter de l'accrocher au passage. Il se fraya prudemment un chemin parmi les objets qui encombraient le local, finit par trouver le bureau et vida le tiroir-caisse.

L'imprimerie n'était guère plus qu'une sorte de hangar et il y régnait une atmosphère lugubre et froide. Il en fit le tour, regardant ce qu'on y imprimait et consultant fréquemment sa montre. Lorsqu'il vit que la police n'allait pas tarder à arriver dans les parages, il quitta les lieux, referma la fenêtre, puis s'arrêta, revint sur ses pas pour la rouvrir avant de s'éloigner dans la ruelle.

Une fois dans la rue, il marcha lentement tout en faisant rouler entre ses doigts le tas de billets et de pièces qui se trouvaient dans sa poche. Son pouls s'accéléra, mais pas sa démarche, au moment où il croisa la voiture de patrouille qui poursuivit sa route.

Il retourna dans le même quartier plusieurs fois au cours du mois qui suivit.

Ensuite, il se rendit dans un autre quartier, puis dans un troisième, et ses expéditions se firent plus fréquentes. Au bout de quelques mois seulement, il se vit contraint de chercher désespérément une autre méthode pour ne plus être en proie à cette nervosité, à cette insatisfaction, et pour continuer à vivre dans un état d'exaltation permanente. Alors un soir, il cambriola une petite entreprise de teinturerie et quitta les lieux au moment où la voiture de patrouille tournait au coin de la rue. Il marcha lentement le long du trottoir, fit signe à la voiture de s'arrêter et demanda aux policiers comment il pouvait se rendre à une adresse qu'il venait d'inventer de toutes pièces. Mais l'effet fut nul. Il n'éprouva pas le moindre battement de cœur, pas la moindre appréhension en s'approchant de la voiture, aucun sentiment d'exaltation ou de soulagement.

Le lendemain, il resta assis dans son bureau, portes fermées, essayant littéralement de se perdre corps et âme dans son travail tout en ayant l'impression d'être déchiré et tiraillé de tous côtés. Il voulait rentrer directement chez lui ce soir-là, mais il savait qu'il n'en ferait rien, et, tant qu'il se refusait à admettre cette évidence, il continuait à éprouver cette impression de déchirement. Petit à petit, les heures passant, il renonça à lutter contre l'inéluctable et accepta le fait que, ce soir-là encore, il allait devoir trouver un autre endroit à cambrioler ; alors il poussa intérieurement un soupir de soulagement et se remit à travailler avec ardeur.

Il ne se posa pas la question de savoir où il irait mais se laissa plus ou moins guider par une sorte de force intérieure. Il se retrouva dans une impasse sombre et puante, derrière une conserverie de viande dans laquelle il pénétra et, tel un somnambule, ouvrit et referma des portes et des tiroirs, regarda partout, puis repartit et marcha au hasard dans les rues jusqu'au moment où il se retrouva debout au bord du quai dans une station de métro.

De temps à autre, il regardait machinalement en direction du tunnel, cherchant à entrevoir dans l'obscurité les lumières de la rame qui approchait. Bientôt il les vit. Il les suivit des yeux puis se mit à les regarder fixement. Il resta là, penché au bord du quai, comme pétrifié. Alors il entendit le bruit de la rame. Il se fit de plus en plus fort, et les lumières de plus en plus proches. Et soudain le métro sembla briser une barrière invisible et pénétra dans la station. Harry continua à regarder de tous ses yeux et à écouter de toutes ses oreilles, hypnotisé par la rame qui se ruait vers lui, se sentant attiré vers les rails, sentant son corps se pencher lentement vers la voie devant le métro qui arrivait, si bien qu'il serait réduit en miettes et que son cerveau pourri serait éparpillé aux quatre coins de la station, et il se demanda rapidement quel effet ça ferait de sauter, et au même instant, il sut qu'il allait sauter, que rien ne pourrait l'en empêcher, et il eut le sentiment que c'était la chose à faire, que c'était bien, que c'était exaltant, et tout son corps se mit à trembler et à hurler tandis que la rame s'approchait en grondant, et il se pencha davantage encore au bord du quai, et la rame passa devant lui comme un éclair, et il n'eut plus devant les yeux qu'un amas confus de fenêtres, de têtes et de corps...

Il monta dans le métro et alla jusqu'à Grand Central. Il lui fallait plus d'une heure pour rentrer chez lui, mais cette heure-là lui parut ne durer que quelques instants. De sa vie, il n'avait connu une pareille sensation. Il était incapable de rester assis. Il dut se tenir debout, accroché à une barre de maintien. Jamais encore il n'avait été en proie à une telle surexcitation. Dieu du ciel, quelle aventure ! Quelle incroyable aventure ! Tout ça était si fantastique que Harry ne parvenait pas à le concevoir clairement. Pas encore. Il se bornait à éprouver cette sensation extraordinaire. Sans rien comprendre. Sans être conscient d'autre chose que des sentiments qui l'agitaient. Sans rien désirer d'autre. Comme s'il y avait en lui deux êtres distincts, indépendants l'un de l'autre. Et il se tenait à la barre de maintien. Quelque part au fond de lui-même, une voix lui disait qu'il venait de trouver LA solution. Elle murmurait en lui. Elle résonnait en lui. Elle hurlait en lui. Il serra plus fort la barre de maintien. Un jour, bientôt, il saurait ce que cette voix essayait de lui dire.

Il n'éprouvait plus le besoin de voler. Il n'éprouvait plus le besoin de suivre les femmes dans la rue ou de passer quelques heures dans des chambres infestées de rats. Sans en avoir clairement conscience, il savait en son for intérieur que tout cela était devenu inutile, et il acceptait le fait, un peu comme l'on accepte un axiome.

Mais au fond de lui-même, il savait que lorsqu'on vous enlève une chose dont dépend votre vie, il faut la remplacer par une autre, tout aussi précieuse. Et cette autre chose précieuse se développait en lui tel un fœtus dans les ténèbres rassurantes de l'utérus. Et Harry la nourrissait lentement. Et il la choyait, lui permettant de s'infiltrer peu à peu dans son esprit. Sans essayer de la brusquer, mais se laissant parfois entraîner dans le sens qu'elle lui suggérait. Cette chose qui avait changé sa vie resta mal définie pendant des semaines et des semaines, et, au fur et à mesure qu'il s'abandonnait à cette sensation, Harry se renferma de plus en plus en lui-même et présenta toutes les apparences d'une grande sérénité. Le sourire qu'il affichait en permanence était le reflet de ce bonheur rentré, comme s'il était en possession d'un secret connu de lui seul.

Il éprouvait aussi un sentiment d'excitation. Un sentiment d'excitation qui grandissait en même temps que le fœtus. Une excitation incroyable, due à l'attente et à l'appréhension, différente de tout ce qu'il avait connu jusqu'alors, même en rêve, et qui était indescriptible ; il fallait avoir vécu cela pour comprendre. Il n'avait pas encore une conscience très nette de ce qui allait se produire, mais au plus profond de lui-même il le sentait, et au fil des jours, il se rapprochait de la vérité. Et plus il s'en approchait, plus son excitation grandissait.

Lorsqu'il sut enfin clairement ce qu'il allait faire, il fut surpris de voir combien de temps il lui avait fallu pour comprendre. Tout cela semblait si simple, si logique. Évident. Et cette prise de conscience s'accompagna d'un regain de surexcitation, d'un sentiment d'exaltation irrésistible. Si le seul fait de savoir que quelque chose était en train de se produire, sans savoir quoi, lui procurait un tel sentiment de détente, de liberté, de plénitude, on imagine à quel degré d'excitation il était parvenu maintenant, maintenant qu'il savait non seulement qu'il allait commettre un meurtre, mais qu'il allait songer longuement à chacun de ses actes avant, pendant et après. Le seul fait d'y penser, d'imaginer, ne serait-ce qu'un instant, cette situation le tétanisait presque, tant il était surexcité. Dieu, quel plaisir, quel plaisir extraordinaire ! Et il pouvait revenir sur cette idée chaque fois qu'il en éprouvait le besoin. Lorsque son travail commençait à pâtir de sa nervosité, ou quand il ressentait ces sacrés fourmillements, il lui suffisait de s'arrêter de travailler, voilà tout, de s'arrêter et de songer à la façon dont il allait tuer quelqu'un. Inutile d'aller quelque part, de faire quoi que ce soit, il restait tout simplement là où il se trouvait à cet instant précis et pensait au crime qu'il allait commettre, et, immédiatement, il sentait une vague d'excitation monter en lui ; non seulement cela, mais les sentiments qui le rongeaient disparaissaient instantanément. Comme ça, tout simplement. N'importe où. Au lieu de prendre un taxi pour se rendre à Grand Central, il se mit à prendre le métro, uniquement pour tester l'efficacité de sa nouvelle solution. Dans la rame, il se laissait ballotter au milieu des autres usagers, ou bien il se laissait coincer contre la portière, ou encore il se laissait bousculer par les autres voyageurs, accroché à une poignée de maintien, et il lui suffisait de songer à ce qu'il ferait un jour pour oublier tout ce qui l'entourait. Il éprouvait un profond sentiment de paix et de puissance. Une puissance indéniable. Une puissance qui le rendait inaccessible aux sentiments qui le torturaient autrefois.

À cela s'ajoutait le plaisir de considérer tout ça comme un jeu. Du moins pour le moment. Un jour, il faudrait que ce meurtre devienne réalité, mais, pour l'instant, le seul fait d'y songer l'exaltait. C'était ce qu'il y avait de sensationnel dans cette aventure. Il pouvait retarder le moment d'agir presque indéfiniment, et cela ne faisait qu'augmenter son excitation. Entretenir, goûter, savourer cette attente, voilà ce qu'il fallait faire. Et il allait le faire. Il allait s'infliger ce supplice de Tantale aussi longtemps que possible. Un jour, son acte passerait dans l'histoire, mais, dans l'immédiat, il allait se borner à le faire miroiter à ses propres yeux. Il allait créer son propre suspense. Tout en continuant à tirer les ficelles !

19

Il fallut à Linda de nombreuses semaines pour percevoir un changement dans le comportement de Harry. Prendre soin des deux enfants absorbait une grande partie de son temps et de son énergie. Harry avait beau insisté pour qu'elle engageât du personnel de maison supplémentaire, elle s'y refusait, disant qu'elle était la mère des deux bébés et voulait être la seule à s'en occuper.

Elle ne savait pas très bien en quoi consistait le changement qui s'était opéré en lui, mais elle en était ravie. À vrai dire, Harry parlait moins, il riait et plaisantait moins que par le passé, mais ce n'était pas pour déplaire à Linda. Elle aimait le calme. Et prendre soin de deux enfants fait que l'on finit par apprécier quelques instants de silence.

Mais, les semaines et les mois passant, elle eut peu à peu le sentiment que Harry était plus renfermé que calme. Il souriait encore et bavardait avec elle, mais quelque chose avait changé. Elle ne parvenait pas à savoir quoi exactement, mais en tout cas ce changement, quel qu'il fût, la gênait. Elle n'avait aucune raison de penser que quelque chose n'allait pas, et pourtant c'était le sentiment qu'elle avait. Et elle se sentait troublée, ayant l'impression qu'une vague menace pesait sur elle.

L'une des choses qui la mettaient dans l'impossibilité d'en parler avec Harry, ou avec quelqu'un d'autre, était le fait qu'elle n'avait rien de précis à lui reprocher. Il ne la maltraitait pas, ne feignait pas de l'ignorer. Il ne faisait pas preuve à son égard de cette froide indifférence... mais, au même instant, elle avait l'impression qu'il la prenait dans ses bras moins souvent qu'autrefois. Peut-être n'était-ce que le fruit de son imagination ? À force de se lever la nuit pour donner le biberon au bébé et de s'occuper des deux enfants, elle était si fatiguée qu'elle se demandait si elle n'avait pas inventé tout cela.

En y réfléchissant bien, ce devait être ça. Rien ne pouvait aller mal. Après tout il était bien normal que les gens, avec le temps, fussent plus calmes. Particulièrement quand ils ont deux enfants et travaillent toute la journée. Elle se mettait à rire intérieurement et, toute joyeuse se reprochait de se laisser absorber par sa vie, son travail et l'éducation des enfants au point d'en oublier que Harry était un homme très occupé, ayant de lourdes responsabilités, et qu'il aspirait tout naturellement à trouver un peu de paix et de tranquillité quand il rentrait chez lui le soir. Elle se remit à rire. Après tout, ça fait huit ans que nous sommes mariés, et nous sommes moins jeunes qu'autrefois.

Harry prenait le métro deux fois par jour maintenant. Pas seulement pour se prouver qu'il pouvait s'abstraire au milieu des hordes qui l'entouraient, mais parce qu'il aimait le frisson et le sentiment de puissance qui s'emparaient de lui lorsque la rame pénétrait à toute vitesse dans la station ; il la regardait approcher, hypnotisé, attiré par elle, les oreilles pleines du vrombissement qu'elle faisait, et, tandis qu'elle passait devant lui dans un bruit de tonnerre, il sentait le vent lui fouetter le visage. Ses narines étaient pleines de l'air qu'elle déplaçait devant elle, et il pouvait presque distinguer la couleur des yeux du machiniste.

Mais la fuite du temps et les changements qui en découlent sont inéluctables, et Harry commença à penser que le temps qu'il s'était accordé touchait à sa fin. Il ne pouvait pas jouer à ce petit jeu éternellement — ça, il l'avait toujours su — et il sentait que la fin était proche. Penser, réfléchir, dresser des plans n'était pas une fin en soi. Il lui fallait passer à l'action.

Il savait depuis des mois comment il allait s'y prendre pour tuer quelqu'un. C'était très simple. Et il ne courrait pas le risque d'être pris. La plupart des assassins (ce terme lui paraissait étrange, et il savait qu'il ne s'appliquait pas vraiment à lui) étaient arrêtés, ou du moins identifiés, parce que le mobile du crime était évident. Et même s'il ne l'était pas, il existait toujours un lien entre eux et leurs victimes, lien qu'il leur était impossible de dissimuler.

Un homme a manifestement des rapports avec sa femme, et, si celle-ci est assassinée, il est toujours soupçonné. La police se penche toujours de très près sur ses faits et gestes. Et elle finit généralement par découvrir l'existence d'une petite amie, ou d'une police d'assurance, ou d'autre chose qui prouve qu'il avait intérêt à faire disparaître sa femme. Il y a toujours un mobile évident.

Et la plupart des meurtres étaient commis de façon stupide, démontrant un manque total d'imagination et d'intelligence. Ils étaient souvent perpétrés dans un accès de colère ou de désespoir. Le lien existant entre l'assassin et sa victime sautait aux yeux dans les minutes qui suivaient la découverte du cadavre. En fait, d'après ce que Harry avait appris en lisant plusieurs ouvrages sur ce sujet, un orang-outan simple d'esprit aurait pu démasquer les coupables de la plupart des meurtres (il aurait bien voulu ne pas employer ce terme encore une fois), tant leur culpabilité était évidente.

Mais Harry n'allait pas tuer par intérêt... du moins pas au sens où on l'entend habituellement. Il n'y gagnerait rien ; ni argent, ni puissance, ni influence. Il ne serait animé ni par l'esprit de vengeance, ni par son amour-propre blessé, ni par son cœur brisé... Aucun lien avec la victime. Ainsi, il n'y avait pas de danger. Aucun risque d'être démasqué. Il lui suffirait de ne pas provoquer la police et de ne pas aller au-devant d'une arrestation comme il le faisait après chacun de ses cambriolages (curieux comme ce mot lui paraissait inconnu, comme s'il n'avait rien à voir avec lui). On ne pourrait établir aucun rapport entre lui et le meurtre. C'était aussi simple que ça.

Un parfait inconnu. Comment pouvait-on être pris quand

on tuait un parfait inconnu ? Qui sait combien de fois le fait s'était produit ? Mais oui. Je suis sûr que c'est déjà arrivé. Bien, bien des fois. Et pas seulement par le fait de psychopathes assassins qui hantent les villes et tuent sans raison. Ou le genre Jack l'Éventreur qui choisit pour victimes certains individus. Non, mais dans des circonstances uniques, qui ne se renouvellent pas. De temps à autre, il devait y avoir des gens qui se demandaient quel effet ça faisait de tuer quelqu'un et qui assassinaient un inconnu, comme ça, pour voir. Ils n'étaient jamais pris. C'était presque impossible. À moins d'un coup du sort. Et Harry savait que le sort était indifférent à tout, et qu'il ne lui serait pas hostile.

Mais il voulait aussi faire de ce crime un acte de charité. Du moins, autant que possible. Quelqu'un devait mourir ; autant que ce fût un individu qui ne regretterait pas la vie, et ne serait regretté par personne. Il regardait les visages sombres et tourmentés qui l'entouraient sur le quai de la station de métro. Qu'est-ce que la vie pouvait bien leur réserver ? Avec ces vêtements en lambeaux. Ces chaussures dont les semelles bâillaient. Ces chemises et ces corsages aux cols auréolés de crasse. Ils vivaient probablement dans quelque trou infesté de cafards. Ils ne vivaient manifestement pas, ils survivaient tout au plus, dans le meilleur des cas. Ils ne savaient plus sourire, si toutefois ils avaient jamais su. Il allait leur rendre, ainsi qu'au monde, un service.

Il était là, debout, perdu dans la foule des heures de pointe sur le quai du métro. Le bruit des rames qui circulaient à toute allure sous les tunnels et qui s'arrêtaient dans un hurlement de freins à la station était étouffé par les battements de son cœur qui irradiaient dans tout son corps. Il avait l'impression que sa tête allait éclater, et que quelqu'un lui enfonçait deux énormes pouces dans les yeux. Son corps tout entier semblait lui remonter à la gorge. Il dut faire un effort pour maîtriser ses sphincters. Ses muscles étaient si tendus qu'ils lui faisaient l'effet de barres de fer prêtes à se rompre. Il entendit le train dans le lointain. Et le bruit s'amplifia. S'amplifia encore. Il ne pouvait plus respirer. Il était inondé d'une sueur glacée. Ses mains et ses pieds étaient engourdis par le froid. Il remua la tête avec terreur. Il ne voyait pratiquement plus rien. Le bruit de la rame se fit plus fort. Elle se mit à rugir et à hurler dans sa direction. La personne qui se tenait devant lui se changea en une masse indistincte. Il sentit le quai trembler à l'approche de la rame, et alors il n'y eut plus rien d'autre que le fracas du métro, et Harry hurla un AAAAAAAHHHHHH qui se perdit dans le vacarme tandis qu'il poussait le corps devant lui, et la rame le heurta de plein fouet avec un bruit sourd, et les cris et les hurlements se mêlèrent au vacarme ambiant et au grincement de l'acier sur l'acier à l'instant où les freins étaient actionnés brutalement, et la vitre de la cabine du conducteur fut couverte de ses vomissures, et les passagers se mirent à hurler, à crier et à gémir tandis qu'ils étaient projetés vers l'avant, et les débris du corps s'éparpillèrent, roulèrent et s'écrasèrent sur la voie et le quai, et les gens furent éclaboussés de cervelle, d'os, de chair et de sang, et Harry faillit s'évanouir et commença à se frayer un chemin parmi la foule en titubant de façon à pouvoir monter l'escalier en courant, mais il fut incapable de progresser de plus d'un mètre à la fois, étant écrasé par la foule hystérique et anéanti par les hurlements et les coups sourds qui lui martelaient le crâne, les jambes paralysées par la terreur et l'extase, et il avança centimètre par centimètre le long du quai, parvint à l'escalier et réussit à gravir quelques marches, et il vit le sang qui avait giclé sur l'un des piliers et sur le visage d'une femme qui hurlait comme une folle en s'essuyant et en se griffant la face, et les gens autour d'elle essayaient de l'empêcher de déchirer sa propre chair, et quelque part dans l'obscurité du tunnel et sur l'acier brillant des rails, il y avait le corps d'un inconnu, déchiqueté, éparpillé sur plus de quatre cents mètres de voie, maculant les murs, le quai et les gens, et peu à peu le grondement dans la tête de Harry prit la forme de mots, et il essaya de comprendre ces mots tandis qu'il restait là dans l'escalier à regarder les gens qui se poussaient, se bousculaient, vomissaient, et les agents chargés de la sécurité qui tentaient désespérément de se frayer un passage à travers la foule en direction de la rame pour voir ce qui s'était passé et ce qu'il y avait lieu de faire, et Harry plissa les yeux, essayant de se concentrer sur ces mots qui résonnaient dans sa tête, et, finalement, il les comprit, et il faillit hurler de joie en contemplant le chaos qu'il avait sous les yeux, tandis que les équipes de secours tentaient de forcer les portes pour parvenir jusqu'au machiniste qui, en s'évanouissant, s'était écroulé sur les commandes et baignait dans ses propres vomissures, et les passagers de la rame se débattaient et s'efforçaient de rester debout, et ils donnaient des coups de poing dans les portières, criaient par les fenêtres pendant que certains essayaient de sortir par celles-ci, et ils se bousculaient pour passer les premiers par l'étroite ouverture, et ils tendaient les mains et les bras, et les gens sur le quai tentaient d'aider les voyageurs implorants en tirant sur ces bras tendus de toutes leurs forces, et Harry eut envie de hurler ces mots à la foule en folie au-dessous de lui, mais il se contenta de se les murmurer tandis qu'il gravissait les marches une à une, se faisant bousculer au passage par un trio d'agents de police qui se frayaient un chemin dans la foule... c'est fait c'est fait c'est fait...

Harry resta au sein du chaos et de la folie pendant plus d'une heure puis, à regret, il s'éloigna après que la dernière sirène eut retenti et que le dernier amateur de spectacles macabres fut parti. Pendant tout ce temps, il resta en haut de l'escalier d'où il pouvait voir pratiquement tout ce qui se passait. Des policiers et des médecins furent les premiers à envahir la station, bientôt suivis par des journalistes et des photographes, et enfin les gens de la télévision avec leurs caméras et leurs micros. Toute cette activité fébrile, ces cris d'hystérie, ces gémissements et ces gens qui s'évanouissaient continuellement entretenaient l'excitation de Harry et la maintenaient à un tel degré d'intensité que pendant tout le temps où il se tint là, il eut constamment l'impression que ses jambes allaient se dérober sous lui. Il avait le sentiment d'étouffer, et il redoutait de s'évanouir comme tant d'autres, mais il restait là, coincé dans la foule, au milieu des cris des policiers et des médecins qui forçaient le passage et revenaient en transportant des personnes qui, victimes d'un malaise cardiaque, ou tout simplement de la panique, étaient inconscientes. De temps en temps, il parvenait à entrevoir l'une de ces personnes, et il défaillait presque en voyant leurs visages et leurs vêtements tout éclaboussés de cervelle, et, au milieu de tout ce tumulte et de tous ces cris, il lui semblait que les seuls mots qu'il parvenait à entendre distinctement étaient : il a fallu nettoyer ce qui restait de ce pauvre type à la serpillière.

Lorsque le dernier représentant des autorités fut parti et que la foule commença à se clairsemer, Harry put voir des traces humides sur le quai, les piliers et les murs, ainsi que sur les voies, là où les employés du service de nettoiement avaient jeté de l'eau et frotté. Le dernier des journalistes et les reporters de la télévision s'en allèrent après avoir interrogé et filmé des douzaines de témoins oculaires de cette sanglante tragédie.

Bientôt, il n'y eut plus que les bruits habituels (il a fallu nettoyer les débris à la serpillière) des rames qui entraient et quittaient la station en grondant, et des gens qui parlaient et se pressaient. Harry dut se faire violence pour bouger ; il monta l'escalier et, une fois dans la rue, prit un taxi jusqu'à la gare de Grand Central.

Son excitation ne faiblit à aucun moment pendant le trajet en train qu'il passa à écouter le refrain des roues sur les rails, C'EST fait, C'EST fait... AVEC une serpillière, AVEC une serpillière... C'EST fait, C'EST fait... AVEC une serpillière, AVEC une serpillière...

Quand Harry arriva chez lui ce soir-là, Linda fut épouvantée par son apparence. Il avait le teint pâle, presque gris, pourtant son visage était congestionné et ses yeux avaient le regard vitreux d'un homme rongé par la fièvre. Lorsqu'il se déplaçait, il semblait mû par une force ou une influence extérieure totalement indépendante de lui, comme s'il ne s'appartenait plus. En fait, Linda ne parvenait pas à reconnaître son mari. En le regardant s'asseoir, elle fut prise de panique.

Ça va, chéri ? Tu as l'air fiévreux.

Je ne sais pas, en haussant les épaules et en secouant la tête.

J'étais sur le point d'appeler la police ou les hôpitaux ; tu es tellement en retard et tu ne m'avais pas prévenue. Tu le fais toujours dans ces cas-là et comme tu ne m'avais pas téléphoné, j'ai pensé que peut-être tu avais eu un accident, ou qu'il t'était arrivé Dieu sait quoi. Oh, Harry, je suis tellement contente que tu sois là, en le serrant contre elle et en l'embrassant, veux-tu que je te prépare une tasse de café ou quelque chose d'autre ? Que s'est-il passé, chéri, j'étais morte d'inquiétude ?

Un arrêt dans le métro, en passant machinalement le bras autour de sa taille et en posant la main sur sa hanche.

L'attention de Linda fut soudain attirée par la télévision lorsque le journaliste qui présentait les nouvelles dit quelque chose à propos d'un terrible accident qui s'était produit dans le métro, et la caméra suivit l'équipe de secours qui descendait l'escalier en direction du quai, et Harry apparut soudain sur l'écran pendant un bref instant, et la caméra poursuivit son chemin au milieu des cris et des hurlements pendant que le journaliste continuait à décrire les événements qui avaient suivi le tragique accident. Oh, mon Dieu, c'est épouvantable ! Et tu as assisté à cela, Harry. Quelle horreur ! Je comprends que tu n'aies pas l'air dans ton assiette.

Harry regardait fixement l'écran, pétrifié par ce qu'il voyait, entendait, tout à ses souvenirs et à ses sensations.

Il resta dans un état semi-comateux tout le restant de la soirée, et Linda, comprenant ce qui n'allait pas, le laissa en paix tandis qu'il regardait la télévision d'un œil distrait, persuadée qu'après une bonne nuit de sommeil, il se sentirait tout à fait bien.

Harry se dressa dans son lit en plein milieu de la nuit et Linda s'empressa de le rassurer. Ce n'est rien Harry, ce n'est que Mary. Je vais m'occuper d'elle. Elle fait ses dents, voilà tout. Il s'assit sur le bord du lit, sentant son estomac lui remonter à la gorge et ayant l'impression qu'on essayait de lui défoncer le crâne à coups de bélier. Soudain, il porta ses mains à sa bouche et se rua dans la salle de bains, et il se mit à vomir alors qu'il était encore à quelques pas de la cuvette des cabinets ; il heurta le mur et se laissa glisser par terre, toujours en proie à la nausée, et il serra la porcelaine froide de la cuvette, eut un haut-le-cœur et se remit à dégueuler, secoué par des spasmes si fréquents et si violents qu'il pouvait à peine respirer et qu'il commençait à avoir des crampes dans les bras et les jambes. Ça dura une éternité...

Après d'interminables et pénibles minutes, Linda posa ses mains fraîches sur son front et massa sa nuque douloureuse tandis que son estomac vide continuait à se soulever ; et il resta la tête appuyée contre l'abattant relevé, une bile verdâtre coulant de temps à autre des coins de sa bouche, jusqu'au moment où, épuisé, il n'eut même plus la force de vomir...

Il se remit péniblement debout et se passa de l'eau froide sur la figure. Il retourna au lit, se coucha sur le dos, jouissant de la sensation de vide qu'il éprouvait de la tête aux pieds et du goût de métal qu'il avait dans la bouche. Linda le contemplait avec une expression de crainte voisine de la panique tout en repoussant les mèches qui lui tombaient sur le front. Il la regarda et sourit, se sentant léger, euphorique, presque irréel. Tu as l'air d'un canari qui vient d'être avalé par un chat. À ces mots, Linda réagit instantanément et lui rendit son sourire en inclinant la tête. Et toi, on aurait dit que tu allais mourir.

Mais non, en partant d'un petit rire et en la prenant dans ses bras, j'ai dû manger quelque chose qui ne m'a pas réussi. Il l'attira contre lui, l'embrassa sur la joue, dans le cou et la caressa de sa main libre, et lentement, lentement remonta sa chemise de nuit de plus en plus haut jusqu'à ce qu'elle ne fût plus qu'une collerette froissée sur son cou, et il caressa son ventre et ses cuisses tandis qu'il prenait un sein dans sa bouche et de la langue et des lèvres en excitait la pointe, et il enjamba le corps chaud qui se pressait contre le sien et fit l'amour à sa femme, longuement, voluptueusement...

après
quoi, épuisé, il sombra dans un sommeil réparateur...

et se
réveilla peu à peu sous l'effet d'une érection douloureuse, et il tendit la main et agaça le lobe de l'oreille de Linda, et il l'embrassa doucement jusqu'à ce qu'elle fût à moitié réveillée, puis il pressa son corps contre le sien et quand elle fut complètement sortie du sommeil, il lui fit de nouveau l'amour avec une ardeur qu'il n'avait jamais connue, et une passion dont l'emprise sur lui l'effraya presque. Chacune des sensations qu'il éprouvait était magnifiée, chaque caresse lui procurait un plaisir intense qui était décuplé par un sentiment de peur, la peur d'une puissance infinie, une peur qui le poussa à prendre sa femme, encore et encore, longtemps après qu'il eut pris son plaisir et que le désir l'eut abandonné.

Le lendemain matin, Linda était encore sous le coup de l'étonnement, et il lui fallut toute la journée pour se remettre de sa surprise. Elle emmena Harry Junior à l'école puis se promena dans son jardin et dans les bois de White. Elle s'assit au bord du petit ruisseau qui coulait sur un lit de pierres parmi les arbres, espérant que le vague malaise qu'elle éprouvait en se remémorant les plaisirs de cette nuit d'amour allait se dissiper. Mais songer à leurs ébats de la nuit précédente ne fit qu'aggraver son malaise. Une fois encore, elle eut le sentiment, plus fort que jamais, que quelque chose n'allait pas. Quelque chose lui disait que la situation était grave, et elle luttait pour ne pas céder à ce pressentiment. Elle regarda les arbres qui l'entouraient et le coin du ciel qu'elle entrevoyait à travers le feuillage et les branches, pensant, réfléchissant à tout cela, ce qui ne fit qu'ajouter à son trouble et à sa confusion, et elle finit par mettre tout sur le compte de l'horrible aventure que Harry avait eue la veille ; le choc avait été tel qu'il avait provoqué des troubles émotifs non seulement chez Harry mais aussi chez elle. Elle se rappelait avoir entendu dire que les fragments du corps de ce pauvre homme avaient été éparpillés aux quatre coins de la station, tombant sur les voyageurs qui se trouvaient sur les quais. Peut-être Harry avait-il été de ceux-là. Elle aurait voulu lui poser la question, mais avait peur qu'il ne lui fût trop pénible d'y répondre. Elle décida finalement qu'il était trop triste et trop dangereux de penser à tout ça. Elle quitta le bord du ruisseau, alla à la remise, prit ses outils de jardinage et se mit au travail.

De son côté, Harry n'eut pas besoin de fournir un effort pour se remémorer l'horrible accident. On se chargea de le lui rappeler. Les gens semblaient ne parler que de ça. Il faisait la une de tous les journaux. Dans le métro, les voyageurs se tenaient prudemment à cinquante centimètres du bord du quai. Tout semblait conspirer à lui rappeler les faits, à raviver le sentiment de vide et l'intense excitation qu'il avait éprouvés la veille. D'autres sentiments essayaient de se faire jour en lui, de se faire entendre, mais ils restèrent enfouis au fond de lui-même. Pour le moment du moins.

Aux sensations que lui procurait le souvenir de l'horrible accident vint s'ajouter la certitude que, dorénavant, non seulement il n'aurait plus à se rendre dans ces trous infâmes qu'il fréquentait autrefois, et où il redoutait d'attraper une maladie vénérienne, mais il n'aurait plus besoin de fouiller dans les bureaux ou de cambrioler des usines dégueulasses. Il savait de façon certaine qu'un changement important et irrévocable venait de se produire dans sa vie.

Tout autour de lui conspirait à lui rappeler les événements de la veille, il se mit à y réfléchir avec un détachement, une objectivité quasi scientifiques, attitude qu'il parvint à conserver pendant plusieurs mois. Il se sentait libéré de ces besoins irrésistibles qui le prenaient autrefois et dont il conservait un vague souvenir, et jouissait de l'intense excitation qu'il sentait monter en lui chaque fois qu'il revivait l'accident.

Et puis, avec le temps, le sentiment troublant et mal défini qui jusqu'alors était resté enfoui sous les autres au tréfonds de lui-même commença à se préciser. Et dès qu'il cherchait à s'imposer à son esprit, Harry le refoulait, tentait de l'annihiler ; mais il avait la vie dure. Il aurait voulu hurler à Harry qu'il était coupable, mais ne parvenait qu'à émettre un murmure indistinct, si bien que Harry se débattait dans l'ignorance et la crainte, et l'anxiété et l'agitation de jadis renaissaient inévitablement, et maintenant elles étaient renforcées par le bruit de la rame de métro qui passait tous les jours au même endroit, sur les mêmes rails, les mêmes rails... C'est fait, C'EST fait... AVEC une serpillière, AVEC une serpillière, AVEC une serpillière... et, dans l'esprit et le corps de Harry White, la bataille faisait rage, de plus en plus acharnée, et la tension montait, lentement mais régulièrement.

Linda pressentit, puis remarqua le changement qui s'opérait en lui. Il paraissait anormalement tendu. Chacun de ses mouvements, chacune de ses réactions étaient brusques, presque spasmodiques. Au début, elle pensa que tout cela était peut-être dû à des préoccupations d'ordre professionnel, mais, dans ce cas-là, par le passé, il s'était toujours contenté de faire des heures supplémentaires et d'être un peu plus renfermé qu'à l'habitude. Or maintenant, il rentrait tôt, et ce depuis plusieurs mois, et ne paraissait ni renfermé, ni préoccupé, mais plutôt extrêmement sensible, et cette sensibilité se changeait peu à peu en irritabilité. Non qu'il fût méchant avec elle ou avec les enfants, mais elle voyait bien que les jeux bruyants des deux petits l'agaçaient, comme s'il avait les nerfs à fleur de peau, à vif, et qu'il dût prendre sur lui pour ne pas leur crier après plus souvent qu'il ne le faisait.

Elle en fut de plus en plus préoccupée et inquiète. Elle ne voulait pas le harceler et jouer les épouses importunes, mais, un soir, elle ne put s'empêcher de lui demander s'il allait bien. Il lui répondit un oui assez sec et changea immédiatement de sujet.

Elle finit par s'apercevoir qu'elle était contrariée par l'état de Harry au point qu'elle se sentait de plus en plus nerveuse, et elle comprit qu'il lui faudrait aborder le sujet une fois encore. Elle attendit que les enfants fussent endormis et lui demanda s'il se sentait bien.

Très bien.

Elle hésita un instant, craignant de poursuivre, mais encore bien plus de garder le silence. Tu en es sûr, mon chéri ? Je veux dire, as-tu des soucis dont tu ne veux pas me faire part pour ne pas m'inquiéter ?

Non, tout va très bien. Pourquoi insistes-tu si lourdement ?

Excuse-moi, mon chéri, c'était sans le vouloir. Mais je suis inquiète.

Pour quelle raison ?

Eh bien, tu sembles nerveux... comme si tu avais des soucis.

Rien qui mérite que tu t'inquiètes.

Linda hésita encore un instant puis se força à continuer. Tu ne crois pas que tu ferais peut-être bien d'appeler le Dr Martin ?

Pour quoi faire ? Sa voix et l'expression de son visage manifestaient de la surprise.

Je ne sais pas, mon chéri, mais j'ai subitement pensé à lui.

Écoute, il n'y a rien dont j'éprouve le besoin de lui parler, quant à LUI, il ne peut certainement rien pour MOI. Maintenant, si tu n'y vois pas d'inconvénients, j'aimerais que nous cessions de parler de ma santé.

Linda essaya de trouver une réplique légère et enjouée pour clore la conversation, mais rien ne lui vint à l'esprit. Après quelques instants, elle se leva, alla prendre un bain et tenta de noyer son anxiété dans l'eau et les sels de bain.

Les roues du métro continuaient à faire entendre aux oreilles de Harry C'EST fait, C'EST fait... AVEC une serpillière, AVEC une serpillière, mais, les mois passant, ce refrain finit par ne plus avoir d'effet sur lui. Peu à peu, avec le temps, le soulagement et l'excitation qu'il lui procurait firent place à une nervosité et une anxiété qui grandissaient de jour en jour. Et cela se voyait sans doute... autrement Linda ne lui aurait pas demandé s'il allait bien. Il ne voulait pas l'envoyer au diable, mais il ne pouvait pas supporter d'être questionné. Pendant quelque temps, il se souvint de l'intensité des sensations qu'il avait éprouvées après l'incident du métro, et ce seul souvenir suffit à apaiser sa nervosité et son anxiété, mais, peu à peu, il en arriva au point où penser à l'accident n'eut plus aucun effet sur lui, si ce n'est de lui donner un sentiment déchirant de culpabilité. Il se rappela avoir lu que l'homme avait une famille... C'EST fait, C'EST fait... AVEC une serpillière, AVEC une serpillière... et il sentit qu'il se ratatinait, que son visage s'empourprait, et il eut l'impression que sa culpabilité sautait aux yeux. Pendant très longtemps, le seul fait de se revoir en train de pousser le corps sur la voie le remplit d'une exaltation suffisante pour le libérer des sentiments qui le rongeaient, et puis, le bruit sourd du corps contre la rame et les hurlements commencèrent à s'amplifier, toujours davantage, et bientôt l'homme tendit les bras, agrippa Harry, l'entraînant avec lui dans sa chute.

Et puis, bientôt, il fut frappé d'une autre plaie, ou plus précisément ce mal remonta du tréfonds de lui-même, petit à petit, pour venir affliger son esprit. Ce qui n'était d'abord qu'une vague intuition se changea bientôt en une certitude absolue. Il la sentait monter en lui, et pendant un court laps de temps, il essaya de résister, de nier, puis il se résigna à accepter le fait qu'il allait recommencer. C'était inéluctable. Lorsqu'il se fut rendu à l'évidence, il prit conscience d'un autre fait : il n'éprouverait aucune satisfaction en procédant de la même façon que la première fois.

Harry eut beaucoup de difficultés à essayer d'imaginer la manière dont il allait s'y prendre cette fois-ci. Après y avoir réfléchi une minute ou deux, il se sentit pris de nausées et, même se mit à trembler légèrement. Et alors, il comprit pourquoi il ne servirait à rien de procéder de la même façon. Son rôle n'avait pas été assez actif. Cette fois, il lui fallait un contact personnel avec sa victime. C'était ça la solution. Il lui fallait s'engager plus directement, s'engager plus totalement.

Cette fois encore, la fièvre de l'attente chassa la tension et l'anxiété, et il se sentit libéré. Mais, au fond de lui-même, il savait qu'il ne pourrait pas attendre longtemps et que, s'il s'y risquait, les sentiments habituels reviendraient le torturer.

À cette idée, il était effrayé car cela signifiait qu'il était forcé d'admettre un autre fait non moins inéluctable que les précédents : chaque fois que ces sentiments s'emparaient de lui maintenant, c'était toujours avec une force accrue. Il savait aussi qu'il lui fallait à tout prix les chasser, sinon ils finiraient par le détruire. Il devait indiscutablement les contenir.

20

Quand tout se fut clarifié dans son esprit, il sut presque immédiatement où et comment il allait commettre son prochain crime. En voyant les gens s'entasser dans l'ascenseur, il sut qu'il agirait dans la foule. Il ne songea pas un instant au métro. Depuis le jour fatidique, il n'y avait pas remis les pieds.

Mais il y avait beaucoup d'autres endroits tout aussi surpeuplés. Des endroits en plein air. Par exemple, un stade après un match. Et bien d'autres encore. Mais il n'y en avait qu'un se trouvant au cœur de tout. Un lieu où la foule affluait vingt-quatre heures sur vingt-quatre. Un lieu célèbre dans le monde entier. L'endroit idéal. Times Square.

Et il se servirait d'un couteau. Très long et très pointu. Pour traverser les épais vêtements d'hiver avant de s'enfoncer dans le corps. Ce serait propre et net. Avec tous les habits que les gens portent en hiver, il ne devrait pas y avoir de traces de sang. Un couteau de cuisinier, ou quelque chose dans ce genre-là. Il le transporterait dans un sac de papier fin. Oui, ce serait parfait. Cacher le couteau. Passer inaperçu. Ne jamais se faire remarquer. Faudra que tu choisisses un type grand et costaud. Tu pourras te dissimuler derrière lui. Ne jamais se faire remarquer. Je sais pas. C'est p'têt' pas une bonne idée. P'têt' qu'il faudrait que je lève le couteau ? Ou alors rentrer dans un type qui viendrait dans ma direction. Essayer d'atteindre le cœur. J'pourrais... Non. C'est pas possible. On me verrait. Même avec un petit mec, faudrait que je lève la main. Non. Ça marchera pas. Y a pas de place pour bouger dans la foule. Faut qu'ce soit un coup d'estoc. Mais si le type est trop petit, le couteau risque de glisser sur les côtes. Faudra que j'fasse attention. Faut qu'il rentre du premier coup. Pas de place pour manœuvrer et pas le temps de tâtonner. Un coup d'estoc. Rapide. Et tu pousses à fond. Ouais, jusqu'au bout, jusqu'au bout. Jusqu'à la garde si possible. Pour sentir ses flancs contre ton poing. Doux et tièdes. Palpitants. Moites. Puis trempés. Faudra que ce soit par-derrière. Quelqu'un de grand. Une lame de trente centimètres devrait suffire. Suffisamment long pour n'importe quel type. Sous les côtes. En remontant. J'appuie de tout mon poids. Et son corps qui se tend. Et gémit. Souffle coupé. Haletant et gémissant. Oui. Par-derrière. Un coup rapide. Profond. J'l'entends rentrer. Jusqu'à la garde.

Il continua à réfléchir, à élaborer des plans, et la boule qu'il avait dans la poitrine grossissait, grossissait, au point qu'il avait du mal à respirer. Il sentait son visage s'empourprer, son estomac se serrer et se nouer, ses jambes étaient engourdies, et il savait qu'elles se déroberaient sous lui s'il essayait de se lever. Il lui fallait maintenant cesser de s'abandonner à la jouissance que lui procuraient ces préparatifs, et commencer à mettre son projet à exécution.

Il se rendit chez un coutelier et passa pas mal de temps à examiner les divers types de couteaux. Lorsqu'il se fut décidé pour l'un d'eux, il demanda au vendeur de l'emballer dans un sac en papier marron. Il déambula parmi la foule à Times Square jusqu'au moment où il repéra le type qu'il recherchait.

Il était grand, large d'épaules, et, à en juger par ses vêtements, c'était un prolo ; probablement un ouvrier du bâtiment. Il portait un blouson qui lui arrivait à la taille et dont le tissu ne semblait pas trop épais. Harry lui emboîta le pas. L'homme avait environ une tête de plus que lui. Il avançait d'une démarche agressive. Harry regarda le bas de son blouson et vit qu'il portait un ceinturon large et épais. Il faudrait qu'il fasse attention à ne pas frapper dedans. Juste au-dessus. L'excitation qu'il ressentait était telle que tout se brouillait autour de lui. Il avait du mal à marcher. Il aurait voulu attendre le moment propice, mais il savait qu'il n'allait pas pouvoir attendre beaucoup plus longtemps. Les gens le bousculaient en passant, et, de temps à autre, une personne s'interposait entre lui et l'ouvrier, et il devait accélérer l'allure et se faufiler parmi les piétons pour se retrouver en bonne position. Il sentait ses bras et ses mains trembler tandis qu'il pressait le pas pour se rapprocher. Il n'arrêtait pas de ravaler sa salive, péniblement. Il savait que son excitation n'allait pas tarder à atteindre un degré tel qu'il s'écroulerait comme une masse sur le trottoir. Ils traversèrent la rue, et il dut courir pour éviter une voiture qui se frayait lentement un chemin parmi la foule. Il se heurta au capot, et le conducteur freina brutalement, l'insulta, mais Harry continua à suivre le prolo en boitillant pendant quelques mètres. Et puis la foule se fit soudain plus dense, et ils se retrouvèrent pressés l'un contre l'autre, et Harry saisit le manche du couteau à deux mains et le planta dans les flancs du type, juste au-dessous des côtes, en remontant et en poussant de tout son poids, et il entendit la lame déchirer les chairs. Il eut l'impression de rester appuyé contre ce type pendant une éternité. Il avait conscience de la présence des gens autour de lui, il sentit le corps se raidir, sursauter et esquisser un geste de recul, et il entendit le gémissement qui montait du fond de la gorge, et il sentit même la chaleur qui émanait de ce corps, et ses mains se crispèrent sur le manche du couteau, et le bas du blouson frottait contre les jointures de ses doigts, et ses narines étaient pleines de l'odeur de sable et de ciment qui imprégnait le tissu, et il comprit que le couteau était enfoncé jusqu'à la garde, jusqu'à la garde, et le corps commençait à se faire lourd contre le sien, et il comprit qu'il devait lâcher le manche du couteau et s'éloigner mais, pour une raison obscure, ça lui semblait impossible, et il avait le sentiment d'être là depuis des heures, et pourtant il continuait à serrer le manche du couteau, sentant les palpitations du corps du prolo passer dans ses mains, et le type se faisait de plus en plus lourd, et il lâcha finalement le manche et fit un pas de côté, et il vit les mains du gars se tordre et battre l'air, et il entendit son gémissement résonner dans sa tête et jusqu'au fond de ses tripes, et il se heurta à un passant pressé, pivota sur lui-même et continua sa route le long de Broadway en s'efforçant de conserver une allure normale au milieu de la foule des piétons qui à cette heure du jour affluaient dans Times Square, pressés de rentrer chez eux, et il prit conscience de l'agitation qui naissait derrière lui au moment où il entendit le bruit sourd d'une masse s'écroulant sur le sol, accompagné de quelques Hé, faites attention !... Qu'est-ce qu'y a, z'êtes rond, ou quoi ?... et il poursuivit son chemin parmi la foule, sentant le sang palpiter derrière ses yeux, luttant pour empêcher ses jambes de se dérober sous lui et ayant le sentiment qu'il allait exploser à tout instant...

Son cœur continua à battre la chamade pendant le trajet de retour. Les roues n'arrêtaient pas de hurler à ses oreilles, C'EST fait, UNE fois de plus, C'EST fait, UNE fois de plus, et il répondait, J'rentre chez moi, J'rentre chez moi, et, en arrivant chez lui, il alla directement à la salle de bains pour prendre une douche et resta sous l'eau jusqu'au moment où elle commença à tiédir, la laissant rebondir sur ses épaules et couler le long de son corps en essayant de chasser la pensée qui revenait constamment lui harceler l'esprit, sans y parvenir car il savait que c'était la vérité, qu'il allait devoir recommencer, et il sentit que le mal commençait à lui ronger les entrailles et il comprit que ce n'était qu'une question de temps, que bientôt le démon s'emparerait à nouveau de lui et qu'il lui faudrait trouver un moyen pour se délivrer de cette tension poignante et de cette anxiété dévorante.

Pour conserver sa maîtrise, il dut recommencer à lutter contre lui-même beaucoup plus tôt qu'il ne l'avait prévu. Après l'incident du métro de nombreux mois s'étaient écoulés avant qu'il n'éprouvât un commencement de nervosité et il ne s'était vu obligé de recommencer qu'au bout d'un an environ. Cette fois, il ne fallut que quelques semaines.

Quand il songeait à ce qu'il avait fait, il ne parvenait plus à rester maître de ses pensées. La plupart du temps, il lui suffisait de se plonger dans son travail pour tout oublier, mais, parfois, il revoyait subitement son acte, et maintenant il retournait toujours le prolo pour voir son visage ou, pis encore, il lui arrivait la nuit, au plus profond du sommeil, de voir un visage passer lentement devant lui, ou simplement apparaître devant ses yeux et rester là, la bouche ouverte sur un gémissement muet, un visage dont les traits restaient confus et changeaient constamment, tout en restant les mêmes. Il essayait de hurler pour le chasser, mais il avait l'impression d'être épinglé sur le lit, réduit à un silence pénible et grotesque, jusqu'au moment où il se réveillait en poussant un grand cri et s'asseyait sur le bord du lit, hochant la tête et répondant par un grognement aux questions de Linda et aux tentatives qu'elle faisait pour le réconforter.

En dépit de lui-même et du conflit permanent auquel il était en proie, il se prenait à penser à la prochaine fois, et essayait de chasser cette idée de son esprit, de trouver un rideau dans sa tête qu'il pourrait tirer sur ses pensées, mais celles-ci ne cessaient de le plonger dans la foule des spectateurs qui regardaient le défilé de la Saint-Patrick le long de la Cinquième Avenue, et il sentait ses orteils se crisper et se recroqueviller, ses dents grinçaient et ses mâchoires étaient douloureuses à force d'être serrées tandis qu'il tentait de repousser cette image, mais elle revenait le hanter constamment et il lâchait le sac en papier et essayait de se frayer un chemin parmi la foule, mais ce foutu sac ne voulait pas tomber et le manche du couteau semblait avoir été spécialement modelé pour ses doigts, et il était enfoui dans sa paume comme une excroissance naturelle, et, en dépit de ses efforts désespérés, il ne parvenait pas à se débarrasser du couteau tant redouté, et il mettait ses mains derrière son dos et fendait la foule, mais il sentait toujours le contact du manche contre sa paume, et il s'attaquait au travail qui se trouvait sur son bureau jusqu'au moment où l'image du défilé et du sac se brouillait, repoussée dans le tréfonds obscur de sa conscience, ou, parfois même, disparaissait...

et puis, assis

dans le train qui le ramenait chez lui le soir, il percevait, il entendait le grondement des roues : C'EST fait, C'EST fait... AVEC une serpillière, AVEC une serpillière... C'EST fait, une fois de plus, C'EST fait, une fois de plus... J'rentre chez moi, J'rentre chez moi... C'EST fait une fois de plus, UNE fois de plus, UNE fois de plus, ET encore une fois, ET encore une fois, ET encore une fois, ET encore...

et

il savait que ce visage allait lui apparaître au milieu de la nuit et rester là, devant lui, à se dissoudre constamment tout en restant identique à lui-même avec cette horrible bouche ouverte sur un cri d'agonie silencieux, et il se mit à avoir de plus en plus peur de s'endormir, pensant qu'en restant éveillé il chasserait cette vision, et il allait se coucher de plus en plus tard, lisait ou encore prétendait qu'il avait un travail urgent à finir, ou bien il restait étendu sur le lit, se forçant à garder les yeux ouverts jusqu'au moment où il sombrait dans le sommeil, épuisé, espérant que, de la sorte, il ne verrait pas le visage, mais il le voyait quand même, pas tous les soirs, mais assez souvent pour qu'il eût peur de dormir, peur non seulement de la souffrance qui se lisait sur ces traits et du silence de cette bouche ouverte, mais parce qu'il savait qu'un jour la bouche allait parler, lui parler à lui, Harry White, et qu'il ne voulait pas entendre ce qu'elle avait à lui dire, si bien que, les jours et les nuits passant — UNE fois de plus, UNE fois de plus, ENCORE une fois, ENCORE une fois, ENCORE une fois — il se sentit de plus en plus obsédé, et il avait l'air de plus en plus obsédé, et il se mit à regarder constamment le calendrier et à compter les jours qui le séparaient de la Saint-Patrick, jour où tous ces foutus connards se croyaient obligés de mettre une cravate verte et un putain de chapeau ridicule, et de bouffer cette mixture dégueulasse et pisseuse de corn-beef et de choux et après ça de pisser tout vert une fois qu'ils s'étaient saoulés la gueule, et, les jours et les semaines passant, il commença à avoir l'air d'un homme rongé par une maladie rare et insidieuse tandis qu'il continuait à lutter contre le sommeil et essayait désespérément de tirer le rideau sur les recoins obscurs de son esprit, encore, et encore... encore une fois...

Et Linda ne pouvait que constater, s'inquiéter et prier. Elle savait, non seulement en raison des réactions précédentes de Harry, mais surtout parce qu'elle en était intimement convaincue, qu'il était inutile de lui parler, de lui demander ce qui n'allait pas. Et elle assistait en spectatrice silencieuse à la destruction de son mari par un mal invisible. Elle était comme hypnotisée par le changement lent et régulier qui s'opérait en lui. Quand ils bavardaient tous les deux, elle avait l'impression que la voix de Harry lui parvenait du fond d'un tunnel ; le ton était froid comme la pierre, et, au fond d'elle-même, elle avait le pénible sentiment qu'il restait extérieur à la conversation, que ses pensées et son esprit étaient ailleurs.

La raison qui la poussait à rester, quoi qu'il arrivât, était simplement qu'elle savait, de façon instinctive mais certaine, qu'il n'y avait pas d'autre femme dans la vie de Harry. Cette idée ne lui venait même pas à l'esprit si bien qu'elle n'avait pas à lutter pour s'en débarrasser. Parfois, elle essayait de prendre son courage à deux mains pour pouvoir franchir le fossé qui se creusait entre Harry et elle, mais, à chaque fois, pour des raisons qu'elle ne s'expliquait pas, elle se trouvait stoppée dans son élan, et une léthargie étrange et inconnue s'emparait d'elle si bien qu'elle ne pouvait que constater, s'inquiéter et prier.

Le 16 mars, Harry s'aperçut enfin que la Saint-Patrick tombait un samedi. Il avait regardé la date sur d'innombrables calendriers plus de cent fois au cours des dernières semaines et pourtant, jusqu'à ce jour, son esprit obsédé n'avait pas pris garde au JOUR de la semaine. Un samedi ! Mon Dieu... un samedi ! ! ! Son corps tendu fut presque submergé par une vague de soulagement. Il pourrait rester chez lui. Il n'aurait pas besoin d'aller en ville. Donc, il ne serait pas dans les parages du défilé. Il pourrait rester enfermé chez lui. Pas besoin de s'approcher de la gare, ou même d'entendre un train. Il serait chez lui, en sûreté. En entendant cette phrase résonner dans sa tête, il fut sur le point de rire ; chez lui, en sûreté.

Au petit déjeuner, le matin du 17 mars, il se montra plus animé qu'à l'habitude, beaucoup plus animé qu'il ne l'avait été au cours des derniers mois. Linda le sentit immédiatement et se mit à chantonner intérieurement tout en préparant le petit déjeuner familial. Harry mangea plus ce matin-là qu'il ne l'avait fait depuis... Linda n'arrivait pas à se rappeler. Il avala deux œufs, du bacon canadien, des frites et des muffins grillés. Harry Junior mangea la même chose que son père, bien qu'en moins grande quantité.

On dirait presque des œufs Benedict.

Oui, en souriant, tu as raison. Mais c'est un peu différent et ça manque de quelque chose. En tout cas, c'est délicieux. Pas vrai, fiston ?

Ça oui, p'pa, c'est rudement bon.

Et ils continuèrent à parler d'un ton enjoué et à rire après que les enfants eurent fini et furent partis voir leurs dessins animés à la télévision. Linda et Harry restèrent assis à table, à boire du café et à bavarder ; Linda ne se rappelait pas avoir fait cela depuis bien longtemps. Ce matin, le soleil ne brillait pas seulement dehors.

Harry Junior, surexcité, leur cria qu'il y avait un défilé à la télévision, venez voir, dépêchez-vous ! Harry et Linda rejoignirent les enfants et regardèrent le minuscule maire de New York, tout de vert vêtu, qui avait été fait Irlandais d'honneur pour la circonstance, marcher à la tête de la procession qui descendait la Cinquième Avenue. Il y avait des files interminables de majorettes portant des jupes vertes, des bottes vertes et des chapeaux verts, qui faisaient tournoyer leurs cannes. Et les gens qui se massaient le long de la Cinquième Avenue pour regarder le défilé arboraient des rubans verts, agitaient des étendards verts qui portaient l'inscription *Erin go bragh* [1], portaient des cravates et des chaussettes vertes, et Harry était persuadé qu'il devait y en avoir un qui avait des sous-vêtements verts et qu'il exhibe-

1. Vive l'Irlande. (*N.d.T.*)

rait cette marque de raffinement avant la fin de la journée. Et, bien entendu, il y avait l'inévitable abruti, un plaisantin, ou un salaud de protestant, qui arborait une cravate orange et qui, avant la fin de la nuit, se retrouverait couvert de son propre sang.

Harry bavardait, buvait son café à petites gorgées et riait des niaiseries qui se déroulaient sur l'écran, mais ses commentaires et son rire se firent de plus en plus ironiques, puis de plus en plus rares, et il finit par se taire complètement et serra les dents et les poings en regardant ces putains d'abrutis de catholiques se livrer à leurs conneries, et il avait envie de hurler à l'écran que si on foutait ces saloperies de curés à la porte de l'Irlande au lieu de donner la chasse à des serpents inoffensifs, tout le monde s'en porterait beaucoup mieux, surtout si les Irlandais se mettaient à dépenser leur argent pour acheter de la nourriture et des pilules anticonceptionnelles plutôt que de le gaspiller en achetant du whisky ou en le donnant à cette Église corrompue et insidieuse, ou en organisant des défilés à la con pendant lesquels ils ne savaient guère que gambader le long des rues comme les sauvages qu'ils étaient, et les pires étaient ces fumiers vêtus de bleu dont le plus grand plaisir était de mettre la main sur un pauvre Noir ou un pauvre Portoricain inoffensif et sans défense et de lui fendre le crâne à coups de matraque sans aucune raison, comme ça, parce qu'ils en avaient envie, et de fourrer le corps dans une poubelle, ou encore de flanquer un Abe Relles par la fenêtre pour que les gens en place ne soient plus importunés par des types de ce genre-là, et...

Je vais

faire un tour,

et il marcha sous les arbres, ses arbres, dans ce bois qui était sa propriété — ENCORE UNE FOIS, ENCORE UNE FOIS, ENCORE UNE FOIS —, espérant que le chant des oiseaux allait couvrir la voix qui hurlait dans sa tête, tentant d'apaiser son corps tendu et douloureux en contemplant la verdure de ce début de printemps, mais, pour une raison ou une autre, tout ce vert lui faisait l'effet d'être de la merde, et ses tripes et ses reins étaient douloureux et il se sentait faible, et ces saloperies de tambours continuaient à résonner, résonner dans sa tête tandis que ces connasses pourries levaient la jambe et lançaient leurs cannes en l'air, et pourtant nom de Dieu, il avait ses arbres... Oh, vous entendez ? Nom de Dieu, saloperies d'arbres, et ils sont à moi, chacun de ces putains d'arbres m'appartient, et j'en ai rien à foutre de leur foutue parade et de leurs foutues nanas en bottes vertes — ENCORE UNE FOIS — et où sont passés les oiseaux, nom de Dieu, pourquoi est-ce qu'ils ne chantent pas ? Chantez, enfants de putain, vous allez chanter — ENCORE UNE FOIS, ENCORE UNE FOIS —, vous m'entendez ? ? ? CHANTEZ ! ! !

Au nom du ciel, pourquoi ne voulez-vous pas chanter pour moi ? S'il vous plaît, oh, s'il vous plaît, chantez pour moi. Pour que vos chants emplissent ma tête et couvrent les cris rauques de la foule, la foule monstrueuse de ces gens qui s'entassent, se serrent les uns contre les autres — ENCORE UNE FOIS —, tellement qu'un homme ne pourrait même pas tomber par terre — ENCORE UNE FOIS — s'il venait à s'évanouir, ou à avoir une attaque, ou... ENCORE UNE FOIS — non, NON ! ! ! ENCORE UNE FOIS — s'il vous plaît... s'il vous plaît...

Il s'agenouilla sur la mousse verte et douce, regarda ses mains, puis les arbres dont les branches étaient couvertes de feuilles tendres et de bourgeons, parfois plus jaunes que verts, qui accrochaient les rayons du soleil, et il leva les yeux, et à travers l'épaisse ramure qui s'étalait largement au-dessus de lui, il vit la lumière du soleil qui filtrait et il commença à lever les bras, puis les laissa retomber et se remit sur pied — ENCORE UNE FOIS, ENCORE UNE FOIS, ENCORE UNE FOIS — et il marcha dans ses bois, touchant au passage le tronc des arbres, les caressant, essayant désespérément de percevoir le chant des oiseaux dont il savait qu'ils étaient là (il les voyait, alors, pourquoi, nom de Dieu, continuait-il à entendre les hurlements de cette bande de cons ?) et il mit les bras autour d'un bouleau blanc, l'embrassa et le serra contre sa poitrine — ENCORE UNE FOIS, ENCORE UNE FOIS, ENCORE UNE FOIS — et il s'accrocha au tronc désespérément, espérant que la sérénité qui régnait dans ses bois allait lui faire oublier les hurlements de la foule qui le serrait de plus en plus près, mais les gens continuaient à le pousser et à le tirailler, et le tumulte persistait en lui tandis que son esprit criait, hurlait, implorant l'apaisement, et il éprouvait contre sa joue le contact doux et frais du bouleau blanc, et le chagrin monta en lui au point qu'une fois encore, il eut l'impression qu'il allait se noyer dans le flot de ses propres larmes, et il cria à ses bois AIDEZ-MOI, NOM DE DIEU, AIDEZ-MOI ! Et il serra le tronc de son bouleau encore plus fort en se demandant pourquoi il ne faisait rien pour l'aider : Comment tout cela peut-il être à moi sans que j'en tire le moindre réconfort ? Derrière moi il y a ma maison, une belle maison où vit ma famille qui m'aime tendrement, et moi je suis là, avec ces rats et ces larves qui sont en train de me dévorer les entrailles. Un jardin, mes propres bois, et en moi ces tessons de bouteilles et ces boîtes de conserve rouillées qui me déchirent les tripes. Et tout ça ne sert à rien. Tout est inutile. Que pourrais-je trouver d'autre ? ? ? Et Harry désespéré étreignit son bouleau, son jeune et beau bouleau blanc — ENCORE UNE FOIS, ENCORE UNE FOIS, ENCORE UNE FOIS, ENCORE UNE FOIS —, sentant cette saloperie de pourriture le ronger et s'étendre, essayant de la recracher et ne réussissant qu'à se remplir la bouche d'une bile putride dont il lui fallait supporter le goût, encore une fois...

Linda sourit et chantonna toute la journée, et la maisonnée fut illuminée par un rayon de soleil jusqu'au moment où Harry revint de ses bois.

Quand il rentra, elle le regarda aller jusqu'à un fauteuil et s'asseoir, et un grand vide se fit en elle. Son horizon s'obscurcit et, peu à peu, son univers s'assombrit. Elle continua à vaquer à ses occupations habituelles, donna à manger aux enfants, leur lava le visage et répondit à leurs questions sur un ton distrait, sentant bien que tout cela n'était qu'un simulacre vain et s'en voulant de s'être laissé prendre si facilement à ses espérances. Elle semblait incapable de renoncer à tout espoir, et pourtant, maintenant, une force qui la dépassait semblait tourner ses efforts en dérision.

Et cette atmosphère pesante, étouffante, paraissait affecter les enfants eux aussi. Ils se rebiffèrent lorsque Linda leur passa le gant de toilette sur la figure et commencèrent à se disputer, et Mary se mit à crier, à geindre et à pleurer de façon incompréhensible, et Linda les gronda et demanda à Harry Junior ce qu'il faisait à sa sœur. Moi ? rien. Rien du tout — Mary hurla de plus belle et tapa du pied —, tais-toi, pour l'amour du ciel. Harry, laisse ta sœur tranquille — Mais je n'ai rien fait — Mary cria quelque chose — Je n'ai rien fait, tu es une menteuse — Je t'interdis de traiter ta sœur de menteuse — C'est une menteuse quand même — Et laisse-la tranquille — Mais j'ai rien... Mary se mit à crier derechef... J'ai rien fait, rien du tout — Je vous préviens que si je me lève, vous allez le regretter — Mary continua à hurler, hurler, hurler... Donne-moi ça, sale gosse... Bon, vous avez gagné, j'en ai marre de vous entendre, et Linda leur donna une claque à chacun et les envoya dans leur chambre, mais ils continuèrent à crier une fois enfermés et Linda essaya de se verser une tasse de café, mais elle tremblait tellement qu'elle en renversa sur sa main et lâcha la tasse, et elle fut prise de tremblements si violents qu'elle dut s'appuyer contre le mur, et ensuite, elle se rendit à la salle de bains, s'adossa à la porte fermée et pleura...

et

Harry aurait voulu — ENCORE UNE FOIS, ENCORE UNE FOIS — pouvoir faire quelque chose pour remédier à tout ça, n'importe quoi, mais il ne pouvait qu'écouter le grincement de ses dents et serrer les bras du fauteuil et sentir son univers — ENCORE UNE FOIS — s'écrouler et se dissoudre lentement autour de lui, comme le visage qui lui apparaissait la nuit.

Au cours de la semaine qui suivit, les choses ne firent qu'empirer. Les disputes, les cris et les pleurs semblaient commencer avant même que Harry ne se levât, alors qu'il essayait de se rendormir, refusant de se réveiller, mais le bruit le sortait du lit et augmentait jusqu'au moment où il s'asseyait pour prendre son petit déjeuner ; alors Linda se mettait à parler doucement aux enfants, les exhortait à manger, à se tenir tranquilles et à ne pas s'asticoter, et Mary trouvait que ses céréales n'étaient pas bonnes et Harry Junior jouait avec les siennes et les renversait sur sa chemise, et Linda tremblait de rage mais parvenait à se contrôler et lui disait d'un ton menaçant de faire attention et de se dépêcher de finir son petit déjeuner, ou autrement il allait arriver en retard à l'école, et Harry Junior répondait qu'il n'aimait pas ses céréales et disait à Mary d'arrêter de lui donner des coups de pied, et Mary hurlait et se mettait à pleurer et à lancer des coups de pied à Harry Junior qui criait à son tour et donnait des coups de pied, et Linda les grondait et leur disait de se taire, et Harry continuait à regarder droit devant lui tout en buvant son café, et Linda empêchait les gosses de se taper dessus, mais ils continuaient à crier et Harry répétait qu'il n'aimait pas ses céréales, et il jetait sa cuillère par terre, et Linda lui disait qu'il ferait mieux d'arrêter et de se mettre à manger, et lui criait NON, NON ! et Mary se mit à pousser des cris perçants et Harry Junior continua à geindre et Linda leur cria après, et soudain, Harry donna à son fils une claque qui le fit tomber de sa chaise.

Le silence se fit instantanément ; Linda, toute retournée, contemplait la scène, bouche bée, Mary clignait des paupières et Harry Junior leva les yeux vers son père, ébahi, sans rien dire, le rouge de la colère montant à son visage et faisant ressortir la marque des doigts tandis qu'il restait étendu sur le sol, immobile, retenant son souffle comme les autres membres de la famille, et puis Mary se mit à pousser des petits cris plaintifs et Harry Junior courut à quatre pattes jusqu'à sa chambre avant de se mettre à pleurer et à hurler, et Mary cria de plus en plus fort si bien que Linda la prit instinctivement dans ses bras et regarda Harry avec stupeur, et celui-ci se leva, sa tête hurlant, implorant le pardon, sans comprendre, sans pouvoir prononcer un mot, et il croisa le regard de Linda et y lut une supplique informulée, et il aurait voulu pouvoir lui crier JE NE SAIS PAS POURQUOI ! mais il ne put que détourner les yeux aussi vite que possible et quitter la maison.

ENCORE UNE FOIS, ENCORE UNE FOIS, ENCORE UNE FOIS, ENCORE UNE FOIS — Harry essaya d'apaiser le trouble auquel il était en proie mais il ne trouva rien qui pût retenir son attention et ne parvint pas à faire le vide dans son esprit. Il n'arrêtait pas de penser de façon désordonnée aux femmes, aux trous répugnants dans lesquels il se retrouvait, et en repensant à la puanteur qui y régnait, ses narines le brûlaient, et ses pensées le ramenaient dans ces bureaux où il commettait ces larcins minables, mais tout ça était emmerdant et inefficace et il se retrouvait, à son corps défendant, sur le quai de la station de métro et à Times Square — ENCORE UNE FOIS, ENCORE UNE FOIS — et le visage aux traits fuyants lui apparaissait avec sa bouche ouverte sur un cri d'agonie silencieux, et il revoyait le visage de son fils avec les marques rouges de ses doigts sur la joue, sa bouche ouverte, et il entendait son silence qui le transperçait — ENCORE UNE FOIS, ENCORE UNE FOIS — et il ne semblait exister aucun endroit où Harry puisse aller sans raviver les sentiments qui le torturaient, et, en dépit de tous ses efforts, il continuait à se retrouver sur le quai du métro, ou marchant dans Times Square, et le regard brûlant de son fils se posait sur lui et intérieurement il commençait à s'effondrer, et il ne parvenait pas à ravaler l'infect goût de plomb qu'il avait dans la bouche, et il essayait de chasser ces images de son esprit, mais elles y revenaient sans cesse, et il était envahi par un sentiment de culpabilité qui suintait par tous ses pores, descendait le long de ses flancs et de son dos, lentement, tel un horrible insecte — ENCORE UNE FOIS, ENCORE UNE FOIS, ENCORE UNE FOIS, ENCORE UNE FOIS — et lire le *Wall Street Journal* ne servait à rien, et il ne parvenait pas non plus à s'absorber dans la contemplation du paysage qu'il entrevoyait entre les barrières brisées, les poteaux et les fils téléphoniques, ou à se plonger dans les ténèbres où il se retrouva subitement lorsque le train pénétra dans le tunnel, et les gens semblaient se presser contre son taxi, si bien qu'il fut presque tenté d'aller à pied à son bureau et là, de ne pas prendre l'ascenseur, mais quarante-trois étages, c'était trop, et il le prit quand même, éprouvant des difficultés croissantes à respirer au fur et à mesure que la cage s'élevait, et, quand il arriva dans son bureau, il ferma la porte, donna un tour de clé et s'assit à sa table, sentant sur sa peau le contact désagréable et irritant de ses vêtements humides, ayant toujours l'impression d'étouffer, même là, assis à son bureau ministre dans cette vaste pièce luxueusement meublée, et, par l'immense baie vitrée derrière lui, il regarda la ville, puis tira les rideaux et essaya de vaincre les forces qui l'écrasaient, mais il se sentait impuissant contre elles, et il songea à prier, mais cette pensée resta à l'état embryonnaire et il la rejeta dans quelque recoin obscur de son esprit, et il tenta de se débarrasser du poids qui lui oppressait la poitrine en respirant profondément, mais il ne parvint pas à le faire suffisamment pour briser le carcan qui l'enserrait et faire disparaître cette irritante sensation d'étouffement — ENCORE UNE FOIS — et son fils le regardait et les marques de doigts sur son visage s'inscrivaient au fer rouge dans sa propre chair, et Harry se prit la tête dans les mains et la secoua, et il gémit doucement en luttant contre le sentiment d'oppression qui l'accablait, haletant, respirant à petits coups pour forcer l'air à pénétrer dans ses poumons, tremblant, et il se traîna toute la journée en s'efforçant de se plonger dans son travail encore et encore et encore et encore et encore, encore une fois...

Au cours de la semaine qui précéda le dimanche des Rameaux, Harry parut vieillir de jour en jour, presque d'heure en heure. La tension insupportable qui l'habitait n'avait d'égale que celle qui lui était imposée de l'extérieur par son travail. Une société multinationale faisait tout pour affaiblir, et à long terme détruire le consortium international fondé par la firme de Harry. Ce dernier ainsi que les autres membres du conseil d'administration savaient qu'il était capable de mettre au point une stratégie susceptible de préserver l'existence du consortium, mais le facteur temps était d'une importance capitale. Le 15 avril était l'extrême limite, et, si le plan de réorganisation de l'entreprise n'était pas prêt à cette date, tout ce que Harry avait créé grâce à plusieurs années de travail acharné serait détruit, et la société se retrouverait dans une situation financière catastrophique. Si bien qu'il poursuivit ses efforts en vue de résoudre ses problèmes personnels en se jetant à corps perdu dans son travail, mais cette solution-là, elle aussi, s'avérait de moins en moins efficace. Il arrivait encore à travailler, mais son esprit obsédé tournait ses efforts en dérision. Il travaillait sans ardeur, d'une façon inepte qui lui était tout à fait inhabituelle, mais en plus, son esprit était constamment en proie à la terreur, une terreur qui rongeait sa chair et le glaçait jusqu'aux os.

Cette semaine-là, il déjeuna tous les jours en compagnie de Walt et de Clarke Simmons et, au début de chaque repas, il s'entendit poser la même question, alors, ça avance Harry ? Comme sur des roulettes, inutile de vous inquiéter, et, intérieurement, il se faisait tout petit en proférant ce mensonge, et il priait pour survivre à ce déjeuner afin de pouvoir regagner son bureau, son sanctuaire, résolu à se mettre au travail avec l'ardeur qui le caractérisait autrefois pour que personne n'eût de raisons de se faire de soucis. Et puis, ils lui demandaient comment il se sentait, vous n'avez vraiment pas l'air dans votre assiette. Eh bien, j'ai l'impression de couver quelque chose, mais ce n'est pas grave. Ça passera.

Walt et Clarke étaient préoccupés par l'apparence de Harry qui semblait manifestement lutter contre un virus quelconque, et puis ils se rassuraient en se disant que Harry était à la hauteur de la tâche qui lui avait été confiée... Il avait toujours réussi par le passé et ils ne voyaient aucune raison pour qu'il en fût autrement cette fois-ci.

Dans le train, Harry s'était maintenant résigné à entendre la mélodie qui emplissait ses oreilles et qui le plongeait dans une somnolence qui lui paraissait presque agréable. Il ne se donnait même plus la peine de lire les journaux

— ENCORE UNE FOIS, ENCORE UNE FOIS, ENCORE UNE FOIS, ENCORE UNE FOIS — et il laissait la chanson des roues résonner en lui.

Lorsqu'il se levait pour descendre, il ne faisait même plus l'effort de redresser la tête et les épaules, mais il se mettait sur pied péniblement et avançait vers la portière, courbé en deux, comme un homme qui aurait dépassé le plafond de cinq centimètres.

Un sentiment d'impuissance et de terreur semblait le précéder tandis qu'il remontait d'un pas lourd l'allée qui menait chez lui.

Linda essayait de se meubler l'esprit en s'occupant de la maison et des enfants et se faisait violence pour ne pas poser de questions et ne rien dire à Harry. Le plus pénible pour elle était ce sentiment d'inutilité, d'impuissance totale qu'elle éprouvait. Elle aurait tant voulu venir en aide à l'homme qu'elle aimait, cet homme qui était en train de se détruire sous ses yeux, mais elle avait beau se torturer l'esprit, elle ne savait que faire. Ni pour Harry... ni pour elle-même ; elle savait uniquement qu'elle devait rester à ses côtés et chercher, encore et encore.

Quand ils allaient se coucher, Harry restait muet et feignait d'ignorer que Linda maigrissait de jour en jour et avait l'air de plus en plus hagard, et il se réveillait en hurlant au milieu de la nuit, couvert d'une sueur qui lui piquait les yeux, et il essayait désespérément de respirer et de chasser l'image qu'il avait devant lui, l'image de ce foutu visage dont les traits se brouillaient pour se reformer aussitôt, avec cette bouche ouverte qui poussait cet horrible cri silencieux...

et

de cette bouche surgissait peu à peu le visage de son fils qui le fixait avec une stupéfaction horrifiée, et des volutes de fumée sortaient des marques de doigts qui marbraient sa joue...

et puis il apercevait une faible lueur dans l'obscurité, derrière les visages qui ne cessaient d'apparaître et de disparaître, une lueur qui lui semblait lointaine, lointaine, mais qu'il sentait capable de se transformer en une flambée gigantesque qui l'embraserait tout entier. Et il luttait contre cette vision, essayant de nier l'existence de cette lueur tandis qu'elle s'approchait peu à peu, lourdement, comme un individu dont la jambe aurait été tordue ou écrasée, et il tentait de la chasser, de la repousser en hurlant, et les visages continuaient à se fondre les uns dans les autres, et de nouveau, il se réveillait, essuyait la sueur qui coulait sur sa figure et s'asseyait sur le bord du lit, essayant de ne pas prêter attention aux ténèbres qui l'entouraient, mais tout aussi effrayé par cette lumière, tentant désespérément de recouvrer un peu de courage, mais son esprit terrorisé se riait de ses efforts, et il restait assis, ne sachant ce qu'il fallait craindre le plus de la puissance de la lumière ou des ténèbres jusqu'au moment où il retombait sur l'oreiller, épuisé, et dormait quelques malheureuses heures avant de se traîner hors du lit pour passer une nouvelle journée, identique à la précédente, et qui se terminerait elle aussi par une nuit de cauchemar semblable à celle à laquelle il venait de survivre.

Quant à Linda White, elle coulait des jours presque intolérables. Le soleil brillait, le ciel était dégagé, la nature commençait à revivre et se couvrait de fleurs et de bourgeons, mais il n'y avait pas de joie dans sa vie à elle. Elle avait toujours considéré Pâques comme un événement exceptionnel, et elle s'était fait une joie d'aller choisir un ensemble de printemps pour Mary, maintenant, elle devait se forcer pour aller faire quelques courses et elle acheta les premiers vêtements apparemment de la bonne taille qui lui tombèrent sous la main.

Les enfants eux aussi attendaient Pâques avec impatience. Cette année, pour la première fois, Mary était assez grande pour apprécier les cadeaux qu'elle allait recevoir, et elle était tout excitée à la pensée du petit lapin de Pâques ; Harry Junior, pour sa part, attendait les vacances pendant lesquelles ils allaient toujours un jour ou deux chez les grands-parents paternels et maternels, mais l'atmosphère tendue qui régnait dans la maison diminuait quelque peu leur joie.

Linda se disait chaque jour qu'elle devrait aller acheter les traditionnels paniers remplis de haricots en pâte de fruits, de lapins en chocolat, de poussins en guimauve et autres friandises, ainsi que de la peinture pour décorer les œufs, mais elle ne cessait de remettre ces achats au lendemain et restait chez elle, dans cette maison qu'elle aimait et chérissait de tout son cœur, mais plus elle atermoyait, plus elle se sentait prise au piège, et plus elle était déprimée, tout en se disant que, le jour suivant, les choses iraient mieux.

Le matin du dimanche des Rameaux, le soleil brillait, le ciel était clair et l'air était frais et vivifiant en ce début de printemps. Linda et les enfants étaient dans le jardin, et Harry était seul dans la maison, assis devant la télé, écoutant d'une oreille distraite le journaliste qui annonçait les événements de la journée.

Son attention fut attirée par une phrase répétée à plusieurs reprises, programme spécial. Puis l'écran fut envahi par une foule de gens qui se pressaient dans la rue. Des milliers de gens. Harry ne parvenait pas à savoir où se déroulait la scène, mais, où que ce fût, l'endroit était littéralement bondé. Dans le lointain, il lui semblait voir un parc. Subitement, il fut extrêmement curieux de connaître la raison de ce rassemblement. Il entendit alors un journaliste déclarer qu'on pouvait distinguer Central Park à l'arrière-plan, et qu'il avait devant lui la perspective de la Cinquième Avenue ; le bâtiment sur lequel la caméra s'attardait de temps en temps était un hôpital, ce même hôpital où Harry avait passé quelques jours. Il contempla cette file interminable de gens, de plus en plus intrigué... et comme vous pouvez vous en rendre compte, il y a littéralement des milliers de personnes qui se pressent ici, en cette merveilleuse journée du dimanche des Rameaux, pour assister à l'arrivée du cardinal Leterman. Certaines de ces personnes sont ici depuis des heures ; elles sont arrivées très tôt ce matin afin de se poster dans un endroit d'où elles sont sûres de voir le cardinal. Et on ne pourrait rêver d'une plus belle journée pour rentrer chez soi. Tu peux me cadrer le parc, Phil ? Ouais, voilà, comme ça. Comme vous le voyez, tout est vert, et même les canards dans le lac semblent conscients de la solennité de cet instant à en juger par la façon dont ils glissent à la surface de l'eau. Le spectacle est vraiment magnifique, avec ces pelouses qui tombent en pente douce vers le lac et ces splendides gratte-ciel qui se détachent sur le ciel bleu à l'arrière-plan, et ces petits nuages blancs qui passent lentement, et... ces immeubles et ce ciel qui se reflètent dans l'eau du lac, n'est-ce pas un spectacle de toute beauté ?... L'opérateur fit un gros plan sur le parc, et le célèbre lac apparut sur l'écran et l'on distingua nettement le reflet des gratte-ciel dans l'eau... Un instant, mesdames et messieurs, j'ai l'impression qu'il se passe quelque chose devant l'hôpital. Le cardinal Leterman va peut-être sortir d'un instant à l'autre maintenant — la caméra cadra la porte de l'hôpital —, il me semble que... Oui, oui, le voici, mesdames et messieurs... un grand cri monta de la foule ; les gens sautaient en l'air pour essayer de voir ce qui se passait, d'autres se hissaient sur le toit des voitures, et tout le monde criait, et la plupart des spectateurs agitaient des rameaux... un assistant est en train d'ouvrir la porte et le bien-aimé cardinal Leterman est debout devant l'hôpital, il adresse un signe de la main à la foule en souriant, et il me semble voir des larmes couler sur son visage tant il est sensible à cette explosion de joie spontanée, sans précédent et absolument incroyable de ces milliers de gens de religions différentes. Et c'est ce qu'il y a de plus extraordinaire et de plus significatif dans l'événement qui se déroule sous vos yeux, mesdames et messieurs. Cette manifestation d'amour — écoutez les cris de la foule — et d'affection à l'égard de l'un des hommes d'Église les plus respectés, les plus vénérés dans le monde d'aujourd'hui, ne prend pas sa source dans le dogme, la théologie, ou même la religion, mais dans le cœur de toutes ces personnes qui appartiennent à des confessions différentes : des protestants, des juifs et des catholiques, des adeptes d'autres religions, et, j'en suis persuadé, d'autres encore qui font profession de n'en avoir aucune. Il s'agit manifestement de rendre un hommage sans précédent à la vie consacrée tout entière à l'amour, la foi, la bonté et le dévouement que cet homme mène depuis soixante-quinze ans. Comme vous pouvez le voir, les flashes n'arrêtent pas de crépiter, et les spectateurs sont tellement désireux de manifester leur amour et leur enthousiasme pour ce grand, grand homme qu'il a fallu mobiliser l'élite de la police new-yorkaise pour protéger le cardinal Leterman de ses admirateurs... Attendez un instant, mesdames et messieurs. Il lève les bras pour demander le silence, la foule s'est tue et, comme vous le voyez sans doute sur vos écrans, le visage du saint homme est couvert de larmes de bonheur et de gratitude... Mesdames et messieurs, le cardinal Leterman...

Enfants de Dieu, mes bien chers frères... Par la grâce de Notre-Seigneur Jésus-Christ, j'ai été comblé au cours de mon existence d'innombrables bienfaits, mais ce jour m'aura apporté sans conteste le plus grand de tous. C'est trop de bonté. En vérité, nul homme n'est plus heureux que moi et pourtant, nul homme ne le mérite moins que moi car je ne suis qu'un pécheur. Ni plus ni moins que bien d'autres sans doute, mais un pécheur quand même. Et pourtant Dieu, du haut du ciel et dans Son immense miséricorde, m'a tout donné, à commencer par la vie, et m'a montré le chemin, et c'est en le suivant que je peux, humblement, et dans la mesure de mes faibles moyens, essayer de glorifier Son nom. Et quoique je ne sois pas digne de ses bontés, je ne peux que les accepter et dire que Ta volonté soit faite, Seigneur, et non la mienne, et espérer, et prier pour aider à l'avènement de Son royaume sur terre... Comme vous le savez, j'ai eu, il y a exactement soixante-quatre jours, une crise cardiaque, et j'ai été emmené en hâte à l'hôpital où, lorsque j'arrivai, on me donna pour mort... oui... mort ! Et pourtant, aujourd'hui, je suis vivant par la grâce de Dieu, grâce aussi aux soins diligents et dévoués des médecins. Et comme il est heureux que je puisse une fois encore parcourir les rues de notre ville bien-aimée en ce jour, ce jour qui commémore l'arrivée de notre Sauveur, Jésus-Christ, dans la ville sainte de Jérusalem, le premier dimanche des Rameaux, sachant que la fin de Son ministère sur la terre était proche ! Or, il advint qu'il fut trahi, et souffrit sur la croix, et vécut la Passion, pour nous apprendre qu'après la mort, le croyant accède à la vie éternelle. Aujourd'hui, je suis un miracle vivant. Un homme ressuscité d'entre les morts... Dimanche prochain, le dimanche de Pâques, est le jour le plus important pour la chrétienté ; ce jour-là, nous célébrons le triomphe de la vie sur la mort. Et afin de pouvoir rendre grâce au Tout-Puissant de mon retour à la vie, et louer le Seigneur, notre Sauveur, je donnerai la communion en la cathédrale Saint-Patrick, en ce jour vénéré entre tous, le dimanche de Pâques...

Mesdames et messieurs, j'ai du mal à parler tant j'ai la gorge serrée. Tous les yeux de l'assistance sont humides. Le cardinal Leterman donne libre cours à ses larmes, comme toutes les personnes présentes, et, au même instant, il sourit largement, et il bénit la foule en se dirigeant vers sa voiture où on l'aide à monter.

Comme vous pouvez le constater, le silence règne toujours sur la foule, et ainsi que vous pouvez le voir sur vos écrans, tous les spectateurs conservent une immobilité absolue en signe de vénération pour cet homme qui est universellement adoré, au point qu'on a dit de lui qu'il était non seulement un saint homme, mais un homme universel, aimé de tous, indépendamment de toute conviction religieuse. Sa voiture se détache lentement du trottoir et... Oh, mon Dieu, mesdames et messieurs, certaines personnes commencent à se dégager de la foule et se prosternent sur le passage de la voiture du cardinal. Depuis trente ans que j'assure des reportages de ce genre, je n'ai jamais rien vu de semblable. La voiture du cardinal n'avance que très lentement, et des hommes, des femmes et des enfants se précipitent au milieu de la rue pour déposer leurs rameaux sur la chaussée. C'est la plus grande manifestation d'amour qu'il m'ait été donné de voir ; inutile de préciser que personne n'en est plus digne que le cardinal Leterman. À perte de vue, le long de la Cinquième Avenue, les gens déposent leurs rameaux sur la chaussée et inclinent la tête au passage du véhicule, et le cardinal leur donne sa bénédiction...

Harry regardait

fixement l'écran tandis que la voiture du cardinal descendait lentement la Cinquième Avenue, puis elle finit par disparaître, et il entendit l'indicatif de la chaîne de télévision et la voix d'un journaliste annoncer qu'ils venaient de voir une émission spéciale présentée par le service des informations, et la voix se changea rapidement en un murmure indistinct, et Harry continua à fixer le poste, sans rien voir et sans rien entendre...

Et

le murmure continua à bourdonner dans sa tête, et Harry n'eut plus conscience que du grand vide qui l'envahissait peu à peu et gagnait sa gorge serrée, essayant de l'attirer elle aussi dans le grouillement écœurant de cet abîme insondable. Il posa les mains sur son ventre et le massa vigoureusement dans un effort inconscient pour combler le vide qu'il éprouvait au creux de l'estomac et empêcher la tempête d'y faire rage.

Il resta assis là, le regard fixe, les deux mains pressées contre son ventre, pendant une brève et douloureuse éternité. Des images sans suite apparaissaient et disparaissaient sur l'écran de la télé qui passait maintenant une série de spots publicitaires ; mais il ne voyait rien, n'entendait rien. Il fixait le poste. Le vide contemplant le vide. L'abîme contemplant l'abîme. La conclusion contemplant les prémisses...

Il se leva...

lentement. Le vide se creusa. L'abîme se creusa. Sa bouche était remplie de plomb fondu. Le premier mouvement fut pénible. Il s'arrêta. La tête lui tournait. Il comprima son ventre à pleines mains. Fit quelques pas. Prit une veste. Et quitta la maison.

Le train — ENCORE une fois, ENCORE une fois, ENCORE une fois, ENCORE une fois, ENCORE une fois —, New York et un interminable trajet en métro — AVEC une serpillière, AVEC une serpillière — et puis à pied jusqu'au terrain de sports, et Harry, qui jouait centre-droit pour stopper les balles brossées, démarra à fond de train vers le grillage à l'extrémité droite du terrain à l'instant où la balle touchait le sol. Les entraîneurs des Swenson faisaient de grands gestes et criaient à leurs joueurs de courir, mais cours donc, fils de pute, et le type qui se trouvait sur la troisième base avait déjà achevé son tour de terrain, et celui de la seconde base était pratiquement arrivé lui aussi quand Harry sauta, sa main gantée loin au-dessus de sa tête, et s'écrasa contre le grillage une fraction de seconde avant la balle qui atterrit dans son gant. Harry rebondit contre le grillage, tenant la balle à deux mains et la serrant contre lui tandis qu'il roulait sur le ciment, se releva rapidement et lança la balle à son coéquipier qui gardait la première base et qui n'eut aucun mal à éliminer ses deux adversaires directs et à lancer ensuite la balle au joueur qui gardait la seconde base pour en éliminer un troisième. Toute l'équipe des Swenson et leurs supporters étaient debout, bouche bée, incrédules. Harry quitta le terrain en trottinant, avec un large sourire ; toute l'équipe des Casey et leurs supporters hurlaient, applaudissaient, sautaient de joie autour de lui, les joueurs lui lançaient leurs gants et lui donnaient de grandes claques dans le dos, et lorsque Harry se leva pour prendre son tour à la batte, deux de ses coéquipiers se trouvaient sur les bases et le lanceur des Swenson le regarda d'un air mauvais et expédia sa première balle vers sa tête, et Harry l'esquiva avec un léger mouvement de recul en adressant un sourire au lanceur pendant que les Casey criaient, hurlaient et traitaient le gars de salaud de chasseur de têtes et que les Swenson, de leur côté, criaient à tue-tête, i'sait pas frapper ce mec, tu vas le sortir les doigts dans le nez, et Harry se remit en place, laissa passer la seconde balle qui le frôla de près, mais la troisième fut la bonne, et Harry la frappa de toutes ses forces, expédiant un véritable boulet de canon au-dessus de la tête des centres adverses, et la balle roula jusqu'à l'extrémité du terrain, et les entraîneurs des Casey, la casquette à la main, firent signe à leurs joueurs de courir, et la casquette de Harry tomba au moment où il contournait la seconde base, et il accéléra encore en voyant l'entraîneur lui faire signe de continuer et il passa en trombe devant la troisième base et arriva au but à l'instant où le joueur de la deuxième base ramassait la balle au centre du terrain et la lançait maladroitement au *catcher* qui ne put que la regarder passer au-dessus de sa tête et s'écraser au fond de la cage, et les équipiers de Harry et les supporters l'entourèrent une fois encore, lui donnèrent des bourrades et des grandes claques dans le dos en l'acclamant, en hurlant et en jubilant, et Harry se sentit envahi par la fierté qu'il lisait dans leurs yeux, et il sourit, et il rit et mêla ses cris aux leurs, et il s'appuya contre le grillage et sentit le froid du métal gris le pénétrer, et il regarda l'allée grise et le ciment gris du terrain de sport, et le ciel devenait d'une couleur gris acier et, tandis que le soleil déclinait et s'obscurcissait, le vent semblait souffler plus fort et le froid pénétrait en lui, et il restait adossé au grillage de fil de fer gris qui entourait le terrain, le regardant sans le voir, et il lui semblait impossible que dix ans se fussent écoulés, et pourtant, c'était le cas, et il avait beau songer à cette période d'une manière différente et changer de points de repère, ça faisait toujours dix ans, et aujourd'hui, quelque chose n'allait pas, et penser à tout cela était vain, et combien de temps allait-il pouvoir continuer à lutter contre ce quelque chose dont il ne connaissait rien, et il regardait toute cette grisaille qui l'entourait, identique à celle qu'il sentait en lui, et, quoi qu'il pût arriver ou ne pas arriver, il savait qu'il resterait désormais de ce côté du grillage et ne pourrait plus jamais passer de l'autre côté... plus jamais ! la grisaille rendait cela manifestement, indubitablement impossible, et Harry fit demi-tour et quitta le grillage de métal gris, le terrain gris, et marcha le long de la rue grise en observant chaque fissure et chaque imperfection du ciment sur la chaussée,

descendit les marches jonchées de chewing-gum et de mégots qui menaient à la bouche grise du métro — ENCORE une fois —, le trajet solitaire jusqu'au terminus de la ligne pour se retrouver dehors dans la grisaille du jour finissant et dans le vent qui soufflait sur la plage de Coney Island, et il resta debout sur la promenade, face au vent, regardant au loin la ligne où le ciel gris et la mer grise ne faisaient plus qu'un et sur la plage, le sable humide et gris balayé par les vagues, et il demeura accoudé à la balustrade pendant une éternité, le corps agité de frissons, refusant de se laisser submerger par cette grisaille glacée qui le faisait trembler, et il resta là, mains dans les poches, poings serrés, à contempler tous ces tons de gris qui changeaient et se fondaient les uns dans les autres jusqu'au moment où, une fois encore, il se retrouva plongé dans l'obscurité.

Il se plongea dans l'atmosphère lugubre de l'ancien parc d'attractions, jadis si populaire, auquel les enseignes des rares baraques foraines qui restaient donnaient un air de fausse splendeur. Il avait l'impression de se trouver parmi les ruines de l'Antiquité, comme s'il avait été transplanté dans un autre lieu, à une autre époque, et il regardait les devantures fermées, à moitié détruites et couvertes d'affiches des stands de tir et des montagnes russes, se souvenant, en dépit des circonstances, des moments de joie et d'hilarité qu'il avait vécus en ces lieux jadis, au cours d'une autre vie, et, dans sa tête, il revoyait les lumières et revivait ces instants, mais avec un détachement total, comme si c'était un étranger qui riait et s'amusait et non pas lui. Il se souvenait de la *root beer*[1] mousseuse qu'il buvait alors, de sa grand-mère et de son grand-père et des caramels qu'il mangeait, mais ces souvenirs semblaient appartenir à quelqu'un d'autre, quelqu'un qui vivait ici, à une autre époque. Les couleurs des enseignes lumineuses qui avaient échappé à la destruction étaient sans doute tout aussi agressives qu'à l'époque, mais elles lui semblaient grises et, en brillant dans l'obscurité, elles ne faisaient guère que rendre les fissures de la chaussée plus apparentes.

Il prit une chambre dans un hôtel minable, s'assit tout habillé sur le lit, la tête contre le dossier. Il luttait contre le sommeil et pour chasser les visages qui apparaissaient devant ses yeux, et cette lumière qui affectait maintenant la

1. Boisson non alcoolisée qui n'a de bière que le nom. Fabriquée à partir du suc extrait de certaines plantes, dont le sassafras, mélangé avec du sucre et de l'eau gazeuse. (*N.d.T.*)

forme d'un nouveau visage, et s'approchait lentement des autres, mais, de temps en temps, sa tête piquait de l'avant et il s'endormait, puis il se réveillait en sursaut, en se débattant pour se libérer du passé et du futur.

Il ne parvenait pas à croire qu'il se trouvait vraiment dans cette chambre, que tout ce qui était arrivé était réellement arrivé ; tout cela n'était qu'un rêve ; il allait s'éveiller et tout redeviendrait normal. Mais ce n'était pas le cas. Et, en dépit de sa résistance, une force l'attirait de plus en plus profondément dans ses propres ténèbres, et il sentait que sa lutte était vaine.

Il était Harry White, le vice-président d'une société, et ce depuis plusieurs années déjà. Il jouissait de la considération et de l'admiration de ses pairs. Un homme important. Il avait une femme, un fils et une fille. Une famille merveilleuse qu'il aimait et chérissait plus que tout. Et qui l'aimait. De cela, il était certain. Il possédait une belle maison à Westchester. Bref, la réussite. Harry White avait réussi...

et, Oh, Dieu, si seulement il pouvait mourir...

pour ne plus être la proie de ce cancer qui le rongeait...

trouver un peu de soulagement...

c'est

tout...

juste

un

peu

de soulagement.

Il passa la journée du lendemain assis sur la promenade, à contempler l'océan. Un vent frais faisait moutonner les vagues et balayait le sable sur la plage. De temps à autre, quelqu'un passait, mais Harry restait prisonnier de sa solitude et du désespoir où le plongeait la honte. Il regardait fixement l'horizon, percevait confusément le bruit des vagues qui soulevaient le sable et venaient s'écraser contre la promenade, et s'enfonçait toujours davantage dans la gueule du démon.

À minuit, lorsqu'elle vit qu'il n'était pas rentré, Linda appela la police, puis Walt. En dépit de l'amabilité et de la courtoisie des policiers, elle trouva pénible de répondre à leurs questions. Oui, il s'était comporté de façon bizarre ces derniers temps, comme si quelque chose le préoccupait. Non, elle n'avait aucune idée de ce que ça pouvait être. Non, elle ne pensait pas qu'il eût une maîtresse. Oui, il avait été en traitement chez un psychiatre, le Dr Martin, mais il avait cessé de le voir depuis un certain temps déjà. Non, je ne sais pas du tout où il peut être, ni même s'il a quitté la maison de son plein gré, et elle leur remit une photo de Harry ; sur ces entrefaites, Walt arriva, répondit aux questions des policiers et leur dit que Harry était préoccupé par une affaire importante, et il insista sur le fait qu'il fallait le retrouver de toute urgence, et, finalement, la police partit et Walt resta en compagnie de Linda jusqu'à ce qu'il fût certain qu'elle allait bien, puis il s'en alla à son tour et Linda se coucha et, à force de pleurer, elle finit par sombrer dans un sommeil agité et peu profond.

Le lendemain, sa mère et la mère de Harry vinrent la réconforter et l'aider. Les trois femmes essayèrent de se trouver des occupations pour éviter de penser à Harry, mais, chaque fois que leurs yeux se croisaient, elles lisaient dans le regard de l'autre la peur et l'angoisse. Wentworth fit part des événements, tels qu'il en avait connaissance, aux autres membres du conseil d'administration hâtivement convoqués pour la circonstance. Il fut immédiatement décidé que Walt passerait en revue le travail effectué par Harry et verrait ce qu'il pouvait faire pour le poursuivre. De plus, von Landor fut appelé d'urgence. Dans l'immédiat, on allait faire pression sur la police pour qu'elle intensifie ses recherches afin de retrouver Harry dans les plus brefs délais.

Le soleil avait depuis longtemps disparu derrière l'horizon et n'était plus qu'un lointain souvenir, et Harry restait assis sur la promenade et continuait à regarder droit devant lui. Il semblait en quelque sorte figé dans cette position. Le vent soufflait plus fort maintenant, le sable lui cinglait la figure, et, au loin, dans la grisaille du soir, il entendait le vacarme du ressac. Il finit par se lever péniblement, tourna le dos à l'horizon invisible et regagna l'hôtel. Il s'assit sur le lit, la tête posée sur le dossier, fixant le bout de ses chaussures,

puis
il les enleva, ôta ses vêtements, se glissa entre les draps qu'il remonta jusque sous son menton et s'endormit.

Le lendemain, il quitta définitivement l'hôtel et entreprit une tournée interminable des magasins et boutiques de toutes tailles. Il erra çà et là dans les avenues et les petites rues de Manhattan, en marchant aussi lentement que possible. Il n'avait qu'un seul objet à acheter, et il disposait de tout le temps nécessaire pour trouver très exactement ce qu'il cherchait.

Sa famille attendait. Espérant. Essayant de survivre à ces heures angoissantes, interminables. Les trois femmes sautaient sur le téléphone dès qu'il sonnait. Linda essayait encore de se persuader que tout espoir n'était pas perdu, mais, intérieurement, elle était comme morte.

Elle continuait à prononcer des paroles encourageantes à l'intention des autres. Mais elle savait. Elle savait avec certitude.

La notion de temps n'avait plus de signification pour Harry. L'heure, le jour de la semaine n'étaient que des concepts vides. Les heures passaient, les jours passaient. Le samedi matin, il trouva très exactement ce qu'il cherchait. Les ciselures dorées qui ornaient le long manche recourbé étaient exquises. Posé sur le velours pourpre de son écrin, il était merveilleusement beau.

Il remonta la Cinquième Avenue jusqu'à Central Park, s'assit au bord du lac et regarda les canards glisser sur le reflet des gratte-ciel. Il resta assis là. Toute la journée. Les yeux fixés. Dans le même état de torpeur que celui dans lequel il avait regardé l'océan, marché le long des rues et couru les magasins et les boutiques. Une torpeur qui le privait de tout sentiment. C'était cette torpeur et cette absence totale de sentiments qui lui permettaient de faire ce qu'il devait faire... Cette torpeur... cette insensibilité. Cette insensibilité qui le maintenait en vie. Lui permettait d'agir. Mais, ô mort douce et éternelle, combien de temps cela allait-il durer ? Combien de temps encore allait-il pouvoir se maintenir au-dessus de ce gouffre noir et insondable de Harry White ? Il restait assis là. À écouter les pensées qui s'agitaient faiblement dans son esprit. Sentant la différence de température quand un nuage passait devant le soleil. Puis il s'éloignait. Il faisait chaud. Le soleil. Il le sentait réchauffer ses os. Curieux ! Des années qu'il n'avait pas senti la chaleur. Ou le froid. Il restait assis. Et regardait. Les canards troublaient le reflet des gratte-ciel sur le lac. Et les gratte-ciel se dissolvaient. Harry frissonna. Jamais ils ne formaient un tout. Presque. Et puis une autre ride. Et ils s'évanouissaient. Il regardait. Restait assis. Et regardait. Et le soleil sur son visage. Étincelant à cause de la réverbération. Dieu est aux cieux. Merde alors ! Râ aussi, non ? RÂ ! RÂ ! RÂ ! Tout ça, c'est des conneries ! ! ! Le soleil poursuivit sa course au-dessus du lac. Derrière les arbres. Ombres qui s'allongent. Fraîcheur qui tombe. Glaciale. Rien que des ombres. Ultime rayon de soleil... de plus en plus froid... de plus en plus sombre...

Nuit !

Nuit noire...

Nuit

noire ! Nuit noire ! Nuit noire !

Froid... qui glace les os. Froid qui glace la moelle. Froid mordant. Obscurité. Nuit noire. Lumières qui scintillent dans le lac. Noël. Lumière jaune près du banc. Au-dessus de Harry. Son ombre se replie sous le banc. Sous lui. Derrière lui. En lui. Sur le lac, lumières qui scintillent. Froid mordant. Frissons. Une lune qui l'ignore. Contemple son reflet et sourit. Des dizaines de lunes sur les rides du lac. La nuit noire se fait plus sombre encore. Seul. Personne. Seul dans la nuit. Seul face au lac. Seul avec la lune et les lumières scintillantes. Seul face à lui-même. Le froid ravive ses sentiments. Le froid, source de vie, De vie ! DE VIE ! Oh, Seigneur, non. NON ! NOOOONNN !

Sa tête tomba vers l'avant, il la prit dans ses mains et fixa le sol entre ses pieds...

Pourquoi faut-il que cela m'arrive à moi ? ? ? Pourquoi ?

Pourquoi ?

Il serra son paquet contre son ventre, se pencha et oscilla d'avant en arrière, d'avant en arrière, d'avant en arrière encore et encore et encore

encore une fois tandis que, dans son ventre et au creux de son estomac, il sentait renaître ces sensations issues du passé, et il frissonna pendant de longues et pénibles secondes qui, bout à bout, formèrent une éternité, et il sentit ce tiraillement au fond de sa gorge et il vit ces visages qui se dissolvent et le troisième qui se rapprochait et dont les traits se précisaient, et il entendit le rire de ses enfants et sentit la douceur et la chaleur de sa femme, et il vit l'expression douloureuse sur son visage, et il fit un effort et parvint à se mettre sur ses pieds, en ayant l'impression que son corps glacé et douloureux allait se casser en deux, et, en s'aidant du banc, il tenta de se redresser, sans y parvenir, et il resta courbé comme un vieillard sous la lueur jaune de la lampe, au bord du chemin, en proie à un terrible conflit, et il entendit des cris perçants monter de ses entrailles transformées en un champ de bataille où s'affrontaient les chiens de l'enfer et les chiens du ciel et les chiens de l'enfer déchiraient et lacéraient sa chair et l'odeur et le goût du sang les rendaient fous et plus féroces encore et les chiens du ciel conservaient un silence et une immobilité absolus et attendaient et les chiens de l'enfer les regardaient d'un air moqueur et plein de défi tout en déchirant et en arrachant la chair des entrailles de Harry White car ils savaient qu'ils pouvaient agir impunément, qu'ils n'avaient rien à redouter des chiens du ciel qui pouvaient certes les dévorer en l'espace d'un éclair et rendre au champ de bataille sanglant et putrescent sa fonction première mais pour cela, il fallait leur demander de se mêler à la lutte et les chiens de l'enfer savaient que cette supplique ne leur serait pas adressée et que les chiens du ciel ne pouvaient qu'attendre et regarder, immobiles et silencieux, tandis qu'eux continuaient à déchirer et à lacérer la chair de Harry White et plongeaient leurs gueules assoiffées de sang dans ses entrailles, les yeux fous, et ils s'avançaient avec un rictus de défi vers les chiens du ciel et leur crachaient à la tête le sang et la chair de Harry White et aboyaient et hurlaient leur défi pendant que les chiens du ciel immobiles et silencieux attendaient, souffraient, espéraient qu'ils allaient entendre ce mot qui leur permettrait de chasser ces monstres assoiffés de sang qui les déchiraient et les détruisaient et se moquaient d'eux comme de la chair qu'ils lacéraient, et ils attendaient, attendaient toujours ce mot, et ils percevaient l'angoisse de Harry White qui était en train de se faire dévorer et ils espéraient que, fou de douleur et de souffrance, il allait les appeler à l'aide, mais les chiens de l'enfer s'approchaient toujours plus et leur crachaient la chair mutilée de Harry à la tête ; et lui serra son paquet contre lui, remonta l'allée qu'il avait empruntée bien des fois, tourna dans la Cinquième Avenue et se dirigea vers la cathédrale Saint-Patrick.

Il marchait seul. Des voitures passaient. Mais il marchait seul. De temps en temps, il croisait un passant. Et pourtant il marchait seul. Il n'y avait personne avec lui. Sauf cet autre homme en lui, là où la bataille continuait à faire rage. Mais ici, dans cette avenue, il était seul. Harry White marchait et luttait seul.

Et dans sa solitude, il se sentit une fois encore écrasé au sein de la foule qui suivait le défilé de la Saint-Patrick. Défilé ? Aujourd'hui ? Quand ? Combien de temps s'était écoulé depuis qu'il avait vu la Cinquième Avenue submergée par une marée verte de flics, d'éboueurs, d'orchestres, de majorettes et de politicards de troisième zone ? ? ?

Des siècles ? Une éternité ? ? ?

Toute une vie ?

Il fit le tour de la cathédrale, rejetant péniblement la tête en arrière de temps en temps pour voir les flèches et les gargouilles. L'imposant édifice semblait presque rejoindre le ciel, et il paraissait impossible d'ébranler sa sérénité, comme s'il devait rester là, indestructible et inamovible, pour l'éternité.

Il s'arrêta près des marches du parvis et attendit, puis il les gravit et resta là, dans l'obscurité des portes massives. Il s'adossa au mur de pierre et sentit le froid le pénétrer jusqu'aux os, mais il s'y fit bientôt, s'emmitoufla dans son épaisse veste et serra son paquet contre lui. Il s'installa dans l'obscurité et le froid et attendit, les yeux fixés sur le sol entre ses chaussures.

Le temps passait lentement mais inexorablement. Mais le temps n'avait pas de sens. Jadis, le temps avait la plus grande importance ; à l'époque où, dans l'esprit de Harry, il y avait une sorte d'emploi du temps, un tableau de marche au succès, tableau de marche qu'il avait fait mieux que respecter. Il était arrivé avec plusieurs longueurs d'avance. À l'époque, cet emploi du temps, cette planification de sa réussite étaient tout pour lui et puis, au fur et à mesure qu'il atteignait les buts qu'il s'était fixés, ils perdaient peu à peu tout intérêt, et pourtant il continuait à aller de l'avant, encore et encore, mais pour aller où ? Il était arrivé. Où aller maintenant ? Où ?

Oui, autrefois le temps avait été l'une des composantes importantes, fondamentales de son existence, mais plus maintenant. Maintenant il se contentait de rester adossé au mur et de regarder le sol entre ses pieds et de laisser le temps passer ; le jour finirait bien par se lever. Le jour de Pâques, et les portes s'ouvriraient et il entrerait dans la cathédrale. Tout cela viendrait. En son temps. Et le temps n'avait plus d'importance. Plus maintenant.

Au fur et à mesure que la nuit avançait et que le matin approchait, le froid se fit de plus en plus mordant, mais il resta immobile. Peu avant le lever du soleil, en ce jour de la Résurrection, plusieurs personnes se joignirent à Harry sur le parvis de la cathédrale Saint-Patrick. Elles tentèrent à deux reprises d'engager la conversation avec lui, mais à chaque fois il feignit de les ignorer ou les accueillit par un haussement d'épaules et se tint à l'écart de ceux qui, comme lui, attendaient dans l'obscurité et le froid de ce petit matin pascal.

Vers l'aube, la foule se fit plus nombreuse et, bientôt, des lueurs apparurent à l'horizon, et puis des ombres aiguës se formèrent sur le sol tandis que le soleil montait dans le ciel bleu et sans nuages. Les conversations devinrent plus animées et plus joyeuses lorsque le soleil commença à réchauffer ceux qui attendaient. Les coups d'œil aux montres se firent plus fréquents et le bruit de la circulation matinale confirma la venue du jour. Harry aperçut vaguement des équipes de télévision qui mettaient leur matériel en place et entendit quelqu'un dire que le service serait retransmis dans le monde entier et que 200 000 000 de personnes assisteraient à la messe célébrée par le cardinal Leterman. Puis le bruit des énormes portes sculptées qui s'ouvraient inaugura officiellement la journée. Le dimanche de Pâques était arrivé.

Harry serra son paquet contre lui et entra dans la cathédrale. Il s'avança lentement mais sûrement vers le siège qu'il avait mentalement choisi. Il marcha jusqu'à la première travée de bancs, tourna à gauche, et s'assit. Et attendit.

L'espace entre ses pieds avait changé de couleur et de texture, mais c'était sans importance pour Harry qui continuait à fixer le sol et à serrer son paquet contre lui, sous sa veste. Il ne remarqua même pas les gens qui entraient dans l'église à pas feutrés, s'agenouillaient et priaient en égrenant leur chapelet. L'orgue jouait doucement, en parfaite harmonie avec le murmure qui montait de la foule des fidèles.

L'espace situé entre les pieds de Harry s'éclaira peu à peu tandis que le soleil s'élevait dans le ciel, et les vitraux s'animèrent, et la chaleur qui émanait des scènes d'amour qu'ils représentaient réchauffa les pierres massives de l'immense cathédrale.

IL EST RESSUSCITÉ LE SEIGNEUR QUE DIEU NOUS DONNE, ALLÉLUIA.

C'EST À LUI QU'APPARTIENNENT LE RÈGNE, LA PUISSANCE ET LA GLOIRE POUR LES SIÈCLES DES SIÈCLES.

La lumière du soleil commença à s'infiltrer dans les coins et recoins les plus obscurs de la cathédrale, dans les petites chapelles, éclairant doucement et tendrement les scènes de la Passion du Christ tout au long du chemin de croix

Le Seigneur soit avec vous.
Et avec votre esprit.
Que la paix du Seigneur soit toujours avec vous.
Et avec votre esprit.

et la prière fervente pour la rémission des péchés de l'homme par le Fils de l'Homme, et des vitraux éclairés par le soleil, les Saints se penchaient avec amour sur les scènes de la Passion et du chemin de croix et sur ceux qui célébraient la Résurrection, les invitant à louer Dieu au plus haut des cieux

Prions que son esprit fasse de nous des hommes nouveaux
pour que nous ressuscitions avec le Christ
dans la lumière de la vie.
Amen

et Harry continuait à fixer le sol, insensible à la merveilleuse atmosphère de joie, de paix et d'amour qui régnait autour de lui, et il était tellement replié sur lui-même qu'il n'avait conscience que de la douleur et du profond désespoir qui l'accablaient tout entier, et il avait le sentiment de n'être qu'un immense cloaque dans lequel il se débattait sans pouvoir en sortir

... Là où il passait, il faisait le bien
et il guérissait tous ceux qui étaient
sous le pouvoir du démon, car Dieu était
avec lui...

et il n'avait conscience que de cette pourriture omniprésente qui semblait se répandre dans tout son corps, dans ses bras et ses jambes, dans ses doigts et jusque dans ses os, au point d'en être presque visible, et cette pourriture hideuse et grotesque se nourrissait d'elle-même et devenait de plus en plus insupportable, et il ne pouvait que s'y plonger encore et encore, incapable de sortir de lui-même

... C'est à lui que tous les prophètes
rendent ce témoignage : Tout homme qui croit
en lui reçoit par lui le pardon de ses péchés.
Car telle est la parole du Seigneur.
Béni soit le Seigneur.

et serrer son paquet et son ventre à deux mains et plier un peu plus sous le poids de sa propre impuissance, de plus en plus horrifié par ce qu'il allait faire sans parvenir pour autant à hurler NON et à s'en aller, en proie à une angoisse irrésistible qui lui nouait les tripes et semblait glacer la moelle dans ses os et sa colonne vertébrale au point que ses jambes flageolantes étaient incapables de le supporter,

... Infinie est sa miséricorde.
Ce jour que fit le Seigneur
est un jour de joie. Alléluia.

et il se sentait irrésistiblement attiré par ce qui le terrifiait et l'horrifiait, et la voix du cardinal flottait dans la lumière oblique du chaud soleil de Pâques et les fidèles s'agenouillaient et courbaient la tête et Harry restait immobile et l'orgue continuait à se faire entendre et les chœurs chantaient tandis que le service se poursuivait et Harry sentait un flot de larmes lui monter aux yeux comme la mer à l'assaut de la falaise,

NOTRE PÂQUE A ÉTÉ IMMOLÉE : C'EST LE SEIGNEUR ;
RASSASIONS-NOUS DANS LA JOIE DU FESTIN DU SEIGNEUR !
ALLÉLUIA, ALLÉLUIA !

et il s'avança vers l'autel en compagnie des autres, se plaça au bout de la rangée, s'agenouilla et attendit, quasiment aveuglé par les sentiments qui l'assaillaient sans relâche, et soudain le temps redevint réalité et il prit conscience de l'approche du cardinal qui passait devant la rangée des croyants agenouillés devant lui en les bénissant, priant et déposant l'hostie sur leur langue et Harry entendait l'orgue et les chœurs et sa perception lui semblait accrue, décuplée, et le parfum de l'encens lui piqua les narines et il sentit l'odeur du velours sur lequel il était agenouillé et le cardinal se rapprochait toujours, en plaçant soigneusement l'hostie sur la langue de chacun des fidèles et en le bénissant d'une voix basse, presque inaudible, et Harry se mit à trembler et sa vue se troubla tandis que le cardinal se rapprochait encore et, lorsqu'il ne fut plus qu'à quelques pas, tout se brouilla devant lui au point de ne plus former qu'une masse indistincte et alors il sentit le surplis du cardinal l'effleurer au moment où ce dernier donnait l'hostie à son voisin et puis Harry sut qu'il était devant lui et à l'instant où il recevait l'eucharistie il avança la main d'un geste presque imperceptible et l'orgue se mit à hurler dans sa tête, et tout son corps et son âme malade se mirent à hurler et il rejeta brusquement la tête en arrière et ses yeux s'ouvrirent brutalement tandis que le cardinal bien-aimé restait là debout, les bras étendus, les yeux braqués au-dessus de lui, la bouche ouverte sur un cri silencieux, et son ombre était celle d'une croix, et les accords de l'orgue retentirent dans la cathédrale tandis que les chœurs entonnaient l'Alléluia et que les rayons du soleil se reflétaient avec un éclat presque aveuglant sur le long manche doré et ouvragé qui sortait de la poitrine du cardinal que la lame du couteau avait transpercée atteignant presque la colonne vertébrale, et le sang du cardinal se mit à jaillir inondant les hosties qui jonchaient le sol et ternissant l'éclat de l'or fiché dans son corps, et Harry se releva, se pencha au-dessus de la balustrade et regarda le visage et la bouche de l'homme de Dieu, aveuglé par la lumière qui se reflétait sur le manche doré, et lui cria : PARLE ! POUR L'AMOUR DE CE PUTAIN DE CHRIST, PARLE ! DIS-LE ! TU M'ENTENENENENENENENENENDS, sa voix roulant et résonnant dans la lumière sous les voûtes de pierre de l'immense cathédrale, se mêlant aux accords des grandes orgues et aux voix des choristes pour former un tout indissociable, DIS-LE, DIS-LEEEEEEEEEEE, et sa voix se perdait dans la nef tandis qu'il fixait la bouche ouverte et silencieuse, et les yeux exorbités du cardinal semblaient s'agrandir encore et du sang coulait de sa bouche muette et le cardinal tomba lentement sur le dos, bras étendus tel un Christ en croix, et Harry se pencha un peu plus au-dessus de la balustrade et regarda le sang qui coulait doucement de la bouche toujours ouverte et les yeux du cardinal qui continuaient à fixer un point au-dessus de lui et les jambes de Harry furent prises d'une atroce, d'une terrifiante faiblesse et il se sentit l'estomac creux comme sous l'effet d'une faim insatiable, et ça cognait dans sa tête tandis que ses hurlements couvraient les cris de la foule et les accords de l'orgue, DIS-LE, NOM DE DIEU DE BORDEL DE MERDE, DIS-LE, DIS-LE... S'IL TE PLAÎT... et la voix de Harry se brisa et il marmonna les derniers mots avant de s'écrouler sur la balustrade et de nouveau il se retrouva à genoux, regardant le manche doré et ouvragé presque invisible dans la lumière du soleil, et il s'écarta en titubant et en trébuchant tandis que les gens se levaient et hurlaient et montaient les uns sur les autres pour essayer de voir, pour essayer de porter secours au cardinal, et le chœur poussa un long gémissement lorsqu'il comprit ce qui venait de se produire et l'organiste s'écroula sur son clavier et les énormes tuyaux émirent un accord atrocement dissonant tandis que les gens quittaient leur banc et se bousculaient pour s'approcher de la balustrade, incrédules et horrifiés, appelant à l'aide, et les yeux de l'homme de Dieu ressuscité continuaient à regarder vers le haut et ceux des hommes de Dieu sur les vitraux continuaient à regarder vers le bas et Harry se fraya un chemin parmi la foule et se retrouva dans une chapelle latérale et il se retourna et son regard croisa celui du Christ en croix AAAAAAAAAAAA HHHHHHHH et il fut jeté à genoux et s'éloigna en rampant et il parvint à se remettre sur pied et fut poussé par la foule vers une porte, puis dehors dans la lumière aveuglante de ce beau dimanche de Pâques et il continua à avancer, se heurtant aux murs de pierre de la cathédrale et aux gens, jusqu'au moment où il se retrouva couché sur le capot d'une voiture, et il se redressa et s'appuya contre la voiture sentant en lui ce mal terrible et lancinant qui le pliait en deux et cette déliquescence horrible et moite qui naissait dans son ventre et propageait des traits de plomb fondu dans tout son corps, et il s'écarta de la voiture et avança en titubant de plus en plus vite parmi la foule tandis que les cloches de la cathédrale Saint-Patrick sonnaient et sonnaient et sonnaient encore et le glas résonnait dans la rue et dans sa tête et il essayait d'ignorer cette abominable semence humide et gluante qui jaillissait de son corps sans y parvenir car son pantalon collait à sa peau et il frissonna de froid et il continua à marcher par les rues jusqu'à un petit parc et il se laissa tomber sur un banc auquel il s'accrocha désespérément, des deux mains, sentant tout tourner en lui et autour de lui et son corps et son esprit étaient en proie à la même douleur, et, peu à peu, les battements de son cœur se firent plus lents et sa respiration reprit un rythme normal et il vit où il était et le temps redevint ce qu'il était, une réalité tangible et pénible, et il vit ce sur quoi il avait gardé les yeux braqués, il aperçut la petite fille qui remontait sa culotte et une dame qui semblait être sa grand-mère se pencher pour rabaisser la jupe de l'enfant et lui remettre son manteau neuf acheté pour Pâques, et Harry contempla la chair nue jusqu'au moment où il eut l'impression qu'on lui brûlait les yeux avec un fer chaud et il se plia en deux en saisissant son ventre à deux mains, se leva et se dirigea en titubant vers un arbre, s'appuya contre le tronc et, pris de nausées, il se mit à vomir et à vomir encore et il se laissa tomber à genoux, lentement, et sa tête pendait à son cou et il eut l'impression que tout son corps allait s'effondrer si cela continuait et pourtant il vomit encore et encore et de sa bouche ne coulait plus qu'une bile amère et il aurait voulu hurler mais il ne parvenait même pas à émettre un cri silencieux et il resta là, à sangloter, enfermé dans un mutisme pitoyable, à genoux et appuyé contre l'arbre, la tête basse reposant presque dans ses vomissures, et, après une éternité, il cessa de dégueuler et il lui sembla qu'un grand silence régnait sur le monde, exception faite des sanglots qu'il entendait, et il eut le sentiment terrifiant d'être perdu...

il contempla les vomissures et la bile qui s'étalaient à quelques centimètres de son visage et qui étaient lentement, presque imperceptiblement absorbées par la terre sur laquelle il était agenouillé. Il releva légèrement la tête. Regarda autour de lui. Il vit des choses. Des choses familières. Des gens. Certains le regardaient. D'autres l'ignoraient. Le silence. Tout était silencieux. Uniquement ces sanglots... sanglots. Sa respiration se ralentit. Des sons. Des bruits. Des voix. Il se remit sur pied, lentement, lourdement, en s'aidant de l'arbre. Les ombres étaient glacées. Au-delà, le soleil brillait. Il jeta un coup d'œil autour de lui. La grand-mère et la petite fille étaient toujours là. Il les entendait. Les voyait. Elles, et elles seules, il les regarda. Les regarda. Et trembla. Les regarda encore.
NOOOOOOOOOOOOOOOOOOOOON et il s'enfuit du parc et courut au hasard dans les rues, fuyant la lumière du soleil pour se réfugier dans l'ombre glacée et il courut en titubant jusqu'au moment où, le souffle court, il s'arrêta et s'appuya contre un mur, puis il repartit en longeant les murs, passant de l'ombre à la lumière, du froid à la chaleur, ayant perdu toute notion du temps, son esprit torturé contraignant son corps à avancer, et il sentit les sanglots lui remonter à la gorge, enfin, et ses yeux se remplirent de larmes et il pleura en continuant sa route le long des rues interminables jusqu'à l'extrême pointe de l'île soutenu par la certitude qu'il allait enfin pouvoir faire taire cette voix qui rugissait en lui, et dès qu'il se sentait sur le point de s'écrouler, il entendait la voix et sentait la présence des visages dans son dos et il repartait de plus belle et il finit par se retrouver sur un ferry-boat qui voguait sur les eaux du port, debout à l'avant dans le vent froid et cinglant, regardant l'eau verte défiler dans un nuage d'écume le long des flancs du bateau, et peu à peu il se mit à sourire, puis à rire en comprenant à quel point tout allait être simple et il rit de plus en plus fort, et les quelques per-

sonnes qui se trouvaient sur le pont et celles qui étaient dans les voitures le regardèrent en fronçant les sourcils ou en souriant et il continua à rire tout en montant sur le bastingage, les passagers l'observant en silence puis se mettant à hurler, et il étendit les bras, tel un oiseau, et il se pencha et lentement, lentement, très lentement son corps s'inclina vers l'avant et tomba et fendit son propre reflet et son ombre en forme de croix en pénétrant dans l'eau froide, et Harry fut un instant paralysé par le choc et, inconsciemment, il se mit à nager pour tenter de remonter à la surface, mais le poids de ses vêtements trempés, la force de la marée et des courants sous-marins l'attirèrent de plus en plus profondément dans les ténèbres glacées et pendant une fraction de seconde il cessa de lutter et resta immobile comme le sens véritable de son existence lui apparaissait soudain et il fit face à cette vérité pendant un bref et éternel instant, puis il ouvrit la bouche pour crier, mais aucun son n'en sortit, et elle resta ouverte tandis que son dernier souffle de vie remontait des profondeurs glacées sous forme de petites bulles qui vinrent mourir à la surface ensoleillée de l'océan où elles furent lentement et silencieusement entraînées vers le large.

LE TRADUCTEUR DU *DÉMON*

À quoi peut ressembler *La Sonate de Vinteuil* en allemand ? Mallarmé en turc ?

À quoi peut ressembler un « adaptateur » ? Par exemple, celui du *Démon*, le roman le plus apprécié en France du côté des amateurs de Selby Jr.

Marc Gibot est superbe. Quarante-deux ans, professeur d'anglais depuis une quinzaine d'années, moustache de Tatar, sourcils noirs à la Anthony Delon, ligne impeccable. Il habite à une dizaine de kilomètres de Chalon-sur-Saône, avec sa famille, une maison près d'un lac (naturel), où il pratique la planche à voile, la nage et la pêche. Il parle avec pondération. Comme il traduit. *Le Démon*, adaptation française du *Demon* de Selby, sans doute le titre le plus souvent cité par les amateurs d'ici, c'est lui. La traduction de cette interview-livre dont *Libération*, depuis une semaine, assure la publication, c'est encore lui. En quelque sorte, un label de qualité :

« Dès que j'ai eu fini, j'ai parfaitement dormi pendant deux nuits. Autrement, je me suis trouvé piégé... Comme pour *Le Démon*. Six heures du matin, un café, et au travail... Même phénomène de fascination, même tension pour ne pas perdre le ton. Dans *Le Démon*, c'était évident, j'étais complètement pris, absorbé, par le personnage. Un mois et demi de travail à raison de sept, huit heures par jour.

» J'avais commencé chez moi, pendant que je faisais passer le bac... Ensuite, j'ai emporté la machine à Bandol. J'étais absolument envoûté. Je passais mes journées à travailler là, devant la mer, et je ne descendais jamais à la plage avant cinq heures. Le soir, j'étais vidé.

» Ma femme avait senti cette fascination... Cela l'inquiétait, évidemment, tout en l'intéressant, car elle était forcée de se poser des questions sur moi, aussi. Pendant tout ce temps, *Le Démon* était le sujet exclusif de conversation. »

Comment Marc Gibot est-il devenu traducteur ? Par hasard, et occasionnellement. Il avait été un temps professeur d'anglais de Philippe Manœuvre qui, devenu grand, a fait appel à ses services. Premier bouquin traduit, en collaboration avec sa femme — Gabrielle Gibot — : *Docteurs assassins*. Ensuite, Eric Ambler (quatre volumes, dont *La Croisière de l'angoisse, L'Énergie du désespoir* et *Frontières des ténèbres*) : « J'aimais bien. Mais c'était un plaisir tout autre : langue facile. Pas d'envoûtement. »

Lorsqu'on lui demande si, pour lui, Selby est un écrivain de l'Amérique profonde, il répond non et oui. Non, parce que « l'Amérique profonde, c'est Walt Whitman ou Carl Sandburg. Ou surtout, Sherwood Anderson — *Winesburg, Ohio* — le maître de toute une époque — et d'Hemingway, qui lui a craché à la gueule ». Et oui, parce que « Selby, c'est vraiment une certaine tradition puritaine américaine ».

Comment travaille-t-il ? « C'est compliqué, pour quelqu'un qui a reçu une formation classique, sorbonnarde, comme moi. À cause des délais, c'est forcément moins rigoureux que ce qu'on pourrait faire en tant qu'universitaire : trois heures pour une page de version. Il faut trouver un moyen terme. Un premier passage, ensuite on revient. Par principe, je ne saute jamais un passage — ce qui se pratique couramment dans des traductions qui font autorité. Il m'est arrivé de rester une demi-heure devant deux lignes. Quand je tape — je tape lentement — c'est du définitif.

» Après ça, j'ai la chance d'avoir une épouse (elle aussi professeur d'anglais) qui relit tout, en corrigeant des points de détail. En général, la traduction est toujours "la moins mauvaise que j'aie pu trouver"... Et — ne soyons pas trop modeste — "la moins mauvaise qu'on pouvait trouver"... »

Comment a-t-il appris à parler l'anglais ? Aux États-Unis, où il est allé vivre, muni d'une bourse privilégiée, de quinze à dix-sept ans, à Buffalo, New York, dans une petite communauté bien-pensante de la fin des années 50. « C'était l'Amérique avec un grand A. C'était exceptionnel, à l'époque, d'avoir cette chance. J'étais émerveillé. Sans compter que le statut de boursier de l'AFS était fabuleux. Le lendemain de mon arrivée, après un voyage en bateau, il y avait ma photo en première page des journaux locaux. C'est dire l'état d'esprit de ces gens !...

» Une fois, j'étais dans une bibliothèque, j'ai demandé *Les Raisins de la colère*, on m'a répondu : "Non, monsieur", et quand j'ai insisté, on m'a expliqué que c'était une littérature de "mensonges et d'ordures". C'est cet esprit étroitement américain, régionaliste, fermé à l'information extérieure, refusant de s'assimiler des cultures du dehors (tout en n'ayant jamais fait que cela) qui explique que Selby ait fait scandale. Les gens dont il parle n'existaient pas, à l'époque. Selby est un écrivain de la grande ville. Et si l'on se réfère à la belle Amérique moyenne, même aujourd'hui, une Amérique qui lit peu, il n'est pas recevable. Pour un Américain courant, *Le Démon*, ça n'existe pas. Et même si ça existe, comme les gens de *Last Exit to Brooklyn*, il faut le cacher. L'intelligentsia elle-même n'est pas prête à recevoir ce genre de choses, langagières, ordurières, choquantes. »

Comment a-t-il appris à traduire ? En France : « Quand je suis rentré des États-Unis, je possédais deux langues (au point de rêver à ma mère en la faisant parler anglais). Ce n'est pas à la Sorbonne que j'ai appris à parler ; mais c'est là que j'ai appris à passer d'une langue à l'autre, ce qui est un exercice très particulier. »

Au bout, la rencontre littéraire d'Hubert Selby Jr. : « J'ai lu *Last Exit* en français : ça semblait "intéressant". Ensuite j'ai lu *The Room*, en anglais. Et *Le Démon* !...

» À mes yeux, Selby fait partie des grands. Il est éminemment original. Bien que souffrant d'une diffusion qui reste confidentielle, et malgré de petites facilités formelles comme ces lignes commençant au milieu...

» Et bien sûr, *Le Démon* est un chef-d'œuvre. De loin le plus accompli des romans de Selby. Pour un monsieur qui a reçu une éducation classique, c'est l'œuvre parfaite. Avec des scènes familiales absolument magnifiques. Et cette tension déchirante, à l'intérieur... Le mouvement dramatique doit aboutir là où il aboutit à la fin du livre. Pas une page de plus.

» C'est splendide, achevé... *Le Démon*, c'est le *Don Juan* — de Mozart, le seul que je connaisse parfaitement. Et le cri de Don Juan, au bout, n'est pas un cri de détresse, attention ! C'est "Merde", jusqu'au bout !

» Avec ça, d'un point de vue stylistique, Selby reste très classique ; mais dans ce cadre classique, ce qu'il raconte est terriblement nouveau. Ça fait du *Démon* un roman fabuleux, tellement fort... Je n'ai jamais eu le courage de relire l'ouvrage en entier. »

L'avenir de Selby selon Marc Gibot ? « Le problème, après avoir traduit cette interview, est d'imaginer ce que sera le cinquième livre... La force de ses romans était de ne jamais, jamais, donner de réponse. Maintenant, il a l'air de renoncer. C'est dramatique. Avant, il attaquait Dieu, c'était merveilleux ! Aujourd'hui, on dirait qu'il n'a plus la force... »

Une anecdote ? « Le jour où je suis tombé en arrêt devant une vitrine remplie d'exemplaires du *Démon*, à Noël. J'ai eu le sentiment, profondément, d'avoir joué un rôle important dans une création. »

Propos recueillis par BAYON.
Libération, 8 août 1983.

Impression réalisée sur Presse Offset par

BRODARD & TAUPIN

GROUPE CPI

La Flèche (Sarthe), 24119
N° d'édition : 1473
Dépôt légal : janvier 1984
Nouveau tirage : mai 2004

Imprimé en France